JN440653

산사

이형권 지음

학연문화사

山寺, 마음을 씻고 마음을 여는 곳

여덟 살 때였을까. 산벚꽃이 휘날리던 날에 떠난 초등학교 시절 봄 소풍이 나에게는 첫 여행이었다. 태어난 동네와 면소재지에 위치한 학교를 오간 적밖에 없던 천둥벌거숭이에게 퍽이나 신선한 경험이었다. 낯선 마을과 개울을 건너고 아득한 산길을 걸어서 우리가 찾아간 곳은 은적사(隱寂寺)란 작은 절이었다. 적막하게 숨어 산다는 이름만큼이나 깊은 산골에 자리잡고 있는 퇴락한 절이었는데, 초등학교 시절 내내 한 해도 빠짐없이 찾아갔던 곳이다.

그 가슴 떨리던 첫 여행에서 내가 본 것은 하늘을 덮고 있는 울창한 비자나무 숲과 세월의 무게를 못 이겨 금방이라도 주저앉을 것 같던 기와지붕이었다. 물푸레나무에 홈을 파서 계곡물을 끌어들인 약수터에는 분홍색 꽃잎이 가득 떠 있었고, 벌컥이며 마셨던 물맛은 지금도 내 삶의 갈증을 적셔 주는 감로수다. 법당에는 오금이 저릴 정도로 무서운 쇠부처님이 앉아 있었다. 긴 겨울 밤이면 아버지 무릎에서 귀에 못이 박일 정도로 들었던 전설 속의 주인공이었다.

"옛날 옛적 높바람에 늬가 일어 바다가 뒤집히던 날, 공세포 갯가에 무쇠를 녹여서 만든 부처님 한 분이 떠내려 왔드란다. 할배들이 이 분을 업어서 절에다 모시려고 했지. 대흥사로 가시자고 해도 움직이지 않고 미황사로 가시자고 해도 꿈쩍도 하지 않으시던 분이 은적사로 가시자고 하니까 짚더미처럼 가벼워지셨드란다. 은적사 뒷고랑에는 등잔테 고리 명당이 있지. 그곳에다 묘를 쓰면 이 부처님이 노해서 가뭄이 드는데 느그 조부께서 거기다 밀장을 했드란다. 경술년인가 한발이 들어서 논밭이 타들어 가자 장촌들 아낙들이 호미를 들고 올라가 파묘를 해부렀지. 그래서 한밤중에 아버지를 따라가 온 산중을 헤맨 적이 있었지……."

30년이 넘는 세월을 외지로만 떠돌다가 몇 해 전에 나는 귀향길에 아내와 아이들을 데리고 슬며시 그곳을 찾아간 적이 있다. 추억 속으로 가는 길은 여전히 아름다웠으며, 예나 지금이나 이름 없는 절로 숨어 있기는 마찬가지였다.

쓰러질 것 같았던 법당은 새로 단장되어 있었고, 기괴한 표정의 쇠부처님은 더 이상 두려운 존재가 아니었다. 바닷속처럼 신비한 바람 소리를 토해 내던 비자나무숲은 기억 속의 영상에 비해 초라하기 그지없었다. 그래도 그 그늘에 앉아서 나는 시골뜨기 학생들이 목청껏 불러제끼던 낭랑한 노랫소리를 다 헤아릴 수 있을 것 같았다.

한국인에게 절이란 이렇듯 사연이 있고 추억이 있는 공간이다. 불교의 의식과 신앙활동이 이루어지는 종교적인 공간을 뛰어넘어 역사와 문화가 살아 있는 곳이다. 거기에는 아름다운 건축이 있고 음악이 있고 공예가 있으며 회화가 있다. 어디 그뿐인가. 산사는 세속의 번뇌를 씻어 버리고 마음의 평화를 얻는 깨우침의 장소가 아니던가. 천년이 넘는 세월을 이어 오면서 한국의 불교는 우리 민족과 함께 영광과 고난의 세월을 살아왔으니, 산사에는 겨레가 이루어 놓은 정신문화의 총화가 들어 있다고 할 수 있다.

젊은 시절 세상과의 불화를 겪어 본 사람이라면 누구나 한 번쯤 산사를 그리워해 본 적이 있을 것이다. 벌써 아득한 세월이 되었지만, 나에게도 바람처럼 떠도는 나그네의 길이 부러워 산문을 찾아간 날이 있었다. 막연히 동경으로만 생각했던 그 길이 얼마나 치열한 인내의 삶인지를 깨닫는 것은 순간이었고 다시는 그런 호기를 부리지 않게 되었지만, 그래도 적막한 산중에서의 삶은 언제나 유혹의 대상이었다. 검푸른 산그늘에 휩싸여 긴 그림자를 드리우는 저녁 산사의 적요 속에 있을 때나, 조각달이 처마 끝에 떨고 있는 신새벽 스님의 도량석 염불을 듣고 있노라면, 산사는 일찍이 우리가 경험해 보지 못한 우주의 숨결까지 깨닫게 해 준다. 또 꽃피고 눈 내리고 소낙비 쏟아지는 산사의 사계는 어떠한가. 그 속에 앉아 있으면 세상의 모든 번뇌와 시름은 사라져 버리고 영혼까지 맑아지는 느낌이다. 잠시 머물다 가는 길손에게도 산사는 매혹적인 느낌으로 가득 차 있다.

내가 좋아하는 우리 산사의 아름다움은 진입 공간과 후원의 뒤안길이다. 진입 공간은 산사로 들어가는 오솔길이다. 내소사나 월정사처럼 곧게 뻗은 전나무 숲길을 걸어가기도 하고, 개심사나 고운사처럼 향기로운 소나무 숲길을 걸어가기도 한다. 선운사는 단풍나무 숲길이고 화암사는 자연 그대로의 산길이다.

한국의 산사는 어느 절집이든 속세의 번거로운 발길을 곧바로 허락하지 않는다. 멀지도 가깝지도 않은 아름다운 거리를 확보하고 있다. 마치 산에 피는 꽃이 '저만치' 혼자서 피어 있는 것처럼. 우리는 그 길을 통하여 마음을 씻고 이윽고 부처님이 계시는 구도자의 도량 산사에 이르게 되는 것이다. 길은 도(道)로 통한다. 그 길을 따라 걷다 보면 우리는 자신도 모르는 사이 한 단계 한 단계 세속에서의 번뇌를 벗어 버리고 청정한 몸과 마음이 되어 부처님 앞에 도착해 있음을 깨닫게 된다. 세속에서의 모든 것들을 버리고 새로운 세계로 진입하는 길, 그래서 산사로 들어가는 길은 처연하면서도 순결한 아름다움이 느껴진다.

산사의 후원은 수묵화의 여백 같은 공간이다. 진입 공간을 거처 성스러운 예배의 공간에서 이루어진 치열했던 정신들이 다시 자연으로 돌아가는 자리다. 한국의 산사는 자신이 위치한 산의 생김새와 성품에 따라 그 모습이 달라진다. 개활지의 벌판이나 심산유곡의 계곡, 툭 터진 산등성이나 깎아지른 바위 절벽 등, 자리잡은 산세와 위치에 따라 산사의 모습은 각기 다른 개성을 지니고 있다. 그러나 이들 산사가 간직한 공통적인 면모는 모두가 자연과 한데 어우러진 모습이다. 마치 어미 닭이 알을 품고 있듯이 산과 절은 한몸이 되어 있다. 그 중에서도 자연의 미가 가장 돋보이는 곳이 산사의 후원이다. 뒷산의 유연한 산세가 후원의 담장을 넘어오면 산사의 지붕선이 되고, 날아갈 듯한 처마의 곡선이 후원의 담장을 넘어가면 우아한 산자락에 스민다. 그곳에 야생의 차밭이 있고 동백나무숲과 청청한 대나무숲이 펼쳐진다. 울타리나 담장마저 없는 곳이 허다하고 자연과 산사의 경계는 모호하다. 단지 새가 울고 꽃이 피고 바람소리가 스치는 뒤안길만이 있을 뿐이다. 선방에 가부좌를 틀었던 스님들이 잠시 자리를 풀고 행선(行禪)에 나서던 후원의 뒤안길은 산사에서 가장 맑은 곳이다. 그 길을 따라 걷다 보면 속인의 마음속에도 한 줄기 청신한 바람이 일고 어느덧 옹달샘처럼 평화로워진다.

이렇듯 우리 산사는 진입 공간에서 후원의 뒤안길에 이르기까지 한 편의 음악처럼, 시처럼 전개된다. 그 의미는 마음을 씻고 마음을 여는 공간의 미학이고, 이를 한마디로 표현한다면 그윽한 아름다움이다. 산과 하늘과 숲과 바람이 어우러지는 자연의 오묘한 이치를 지혜의 눈으로 밝혀 내고 그 의미를 아름다운 건축으로 승화시켜 구도자의 사원을 만들어 놓았으니, 오늘 우리가 산사를 찾는 마음은 바로 그런 옛 사람들의 마음을 찾아가는 순례의 길이 되는 것이다.

다시 산사를 출간하며

지금도 산사를 생각하면 가슴이 설렌다.
오랜 세월 그곳을 일삼아 드나들고 있지만
여전히 나에게 산사는 신생의 숲처럼 싱그럽다.

암자로 오르던 대숲의 바람소리가 생각난다.
비안개 자욱한 봄날, 우화루에 올랐던 추억이 그립다.
스치듯 지나던 수행자의 쓸쓸한 뒷모습을 본 적도 있다.
산비알에 올라 겨울 산사를 내려다보는 일처럼 행복한 순간이 또 있을까.
늘 그리운 것은 저녁 어스름에 두고 온 산사의 적막과 쓸쓸함이다.

그러나 나의 연모는 여전히 먼 길을 서성이는 배후자와 같았으니
특별히 깊어지거나 그림자를 드리울 도량을 확보하지 못했다.
애초 세 권쯤으로 산사를 펴낼 생각이었는데
이내 마음이 시들해졌다.
나의 말들이 너무 가난하고 보잘 것 없는 탓이었다.

세월이 십년 쯤 흘렀다.
출판사는 문을 닫고 책은 잊혀졌다.
그렇게 묻어둔 일이었는데 지난 해
영문판 번역작업이 시작되었고

프라하에서 체코어로 곧 출판된다는 소식이 찾아왔다.
또 학연문화사 권혁재 사장님이 개정판을 내겠다고 했다.
시절 인연이 다시 찾아왔음인가.
사진첩을 들추어 옛사랑을 그리듯 새 단장을 하게 되었다.

내 마음의 산사는 오래된 마을처럼 여백이 깊다.
산사의 길을 걷다보면 생각의 뼈들이 가지런해지고
처마 끝 허공을 울리고 가는 풍경소리처럼 명징해질 때가 있다.
슬프고 아름답고 향기로운 그 시간의 파편들이
내 마음 속에 출렁일 때를 기다려본다.

2013년 4월 무심재에서 이형권

차 례

피안의 경계가 어찌 먼 곳에 있으리

개심사

함박눈이 쏟아지는 날 개심사는 피안의 절집과 같다.
단청도 없이 해묵은 심검당의 휘어진 기둥은 마치 전설 속의 풍경을 보여주는 듯하다.
삼동의 깊은 겨울이라 인적도 끊기고 외로운 겨울 산사는 홀연히 속세를 벗어난 듯
초연한 모습이다.

우리 민족에게 산은 더없이 중요한 숭배의 대상이었다. 오늘날에는 산 하나를 송두리째 허물어 내는 일쯤은 다반사지만 옛 사람들은 그 산 속의 나무 한 그루라도 조심스러웠다.

산에는 으레 그 터를 지켜 주는 영험한 분이 존재하시고 그 음덕으로 사람들의 마을에 평화가 찾아오리라고 생각했다. 살아서는 산자락에 의지하여 생을 풀어 나갔고 죽은 뒤에는 반드시 그 산 속에 묻혀 뼈를 남기고자 했다.

그들에게 있어 산은 지상의 마음이 하늘의 세계로 통하는 길목이었고, 또한 하늘나라의 마음이 머무는 신성한 장소였다. 그러므로 우리 국토의 뼈를 이루고 있는 산줄기에는 역사의 굽잇길을 넘어온 숱한 무용담과 함께 인간세계의 미혹함을 깨우치려는 선지자들의 발자취가 또 다른 크기와 높이로 쌓여 있는 것이다.

개심사 입구

개심사는 그 흔한 일주문도 세우지 않았다. 옛 그대로 작은 돌기둥에 새겨진 세심동과 개심사 입구라는 글씨가 일주문을 대신하고 있다. 그렇지만 그 어느 절보다 향기롭고 아름답다.

산을 열었던 사람들의 터

부처님의 깨우침이 이 땅에 들어온 뒤 산의 내력에도 사뭇 변화가 있었다. 그 숭고함과 위대한 힘에 의지하여 지혜를 깨우치려는 도(道)의 시대가 열린 것이다. 끝없는 욕심으로 빚어지는 인간세상의 번뇌 속에서 새로운 삶을 구하고자 했던 이들은 바랑을 짊어지고 산으로 향했다. 그리고 그 산중에서 마음 속의 부처를 찾아 헤매며 정진했다.

우리 국토는 그 용맹스런 수행처가 아닌 곳이 없다. 수미산 · 가야산 · 영취산 · 조계산 · 문수봉 · 관음봉 · 원효봉 · 국사봉 등 발길 닿는 곳이 곧 부처님의 품안이었다. 그리고 그 산에 깃들어 일가(一家)를 이룬 선사

(禪師)들은 저마다의 산문(山門)을 열었는데, 그를 따르던 문도들이 구름처럼 모여들곤 했다.

그러한 인연으로 산 이름은 언제나 절 이름과 한 쌍이 되어 부부처럼 입에 오른다. 상왕산(象王山) 개심사(開心寺)도 그렇다. 차령산맥이 서해바다로 빠져들기 전 그 흐름을 멈추고 생각에 잠겼는데, 그 모습은 가히 예사 땅에서 느낄 수 없는 상서로움으로 가득 차 있다.

붉은 소나무가 가득하고 그 솔밭에서 불어오는 솔바람 소리는 더없이 청신하다. 이 절집은 여느 절집과 달리 권위와 위엄을 가지고 사람을 압도하지 않는다. 가람을 둘러싸고 있는 산세도 그렇고, 절집의 자태 또한 소담하게 차려 입은 여인의 모습처럼 조용하기만 하다.

요즈음은 산사에도 세속의 번뇌가 깊어 돈 욕심으로 치장된 경우가 많다. 불도저로 산을 깎아 내고 무슨무슨 최대 규모를 자랑하는 축조물을 세우기에 바쁘다. 골짜기는 이미 유흥가로 변해 있고 관광객의 발길이 부산하기만 하다. 그러나 개심사는 처음 산을 열었던 사람들의 마음이 오롯이 간직되어 있는 보기 드문 절이다. 어인 일인지 이곳에는 넘치는 상가도 없고 번잡스런 구경꾼도 없다. 절집이 왜소하거나 퇴락한 것도 아니다. 크지도 작지도 않은 알맞은 규모에 고색이 창연한데, 그것이 외려 사람들의 눈에는 띄지 않나 보다.

헛된 소문만을 좇아 우르르 몰려다니는 우리네 대중들의 성향을 탓할 수도 있지만, 나는 이 터를 열었던 사람들의 간절한 기원 때문이지 않을까 하는 생각을 해 본다. 부귀와 영화를 구하려는 믿음보다 자기 스스로의 마음을 열라는 가르침이 이 터전에는 뿌리박혀 있는 것이다. 그러므로 이곳은 마음을 찾아 번민하는 사람만을 품어 안으려는, 그런 묘한 성정을 발휘하는 것이리라.

경지 연못
붉은 소나무 숲길의 계단을 걸어 절 입구에 도착하면 장방형의 긴 연못이 나온다. 개심사가 자리잡은 상왕산의 산세가 코끼리 형상을 하고 있어 코끼리 물통으로 만들어 놓은 것이다.

비산비야의 목장길 풍경

개심사는 충남 서산시 운산면 신창리 상왕산 기슭에 위치해 있다. 해미읍에서 당진 쪽으로 향하는 지방도로를 타고 5km쯤 달리다 신창마을에서 우회전하여 다시 2km쯤 더 올라가야 한다. 이 길에서는 찻길과 함께 어깨를 마주하고 달리는 비산비야의 전형적인 산등성이를 만끽할 수 있다. 온통 민둥산으로 깎인 산 언덕이 푸른 목초지로 변해 있고 한가로이 풀을 뜯는 소 떼의 무리가 펼쳐진다. 초행길이라면 그 낯선 풍경에 모두가 탄성을 지르게 된다.

이른바 유신시대 권력의 핵심이었던 국무총리가 개발한 삼화목장이다.

심검당 기둥
개심사는 옛 모습을 원형대로 간직한 때묻지 않은 절이다. 이 산을 처음 열었던 옛 사람들의 마음이 그대로 간직된 듯 어느 것 하나 소중하지 않은 것이 없다.

총 638만 평이라고 하나 우리 같은 사람들은 그 크기를 상상할 수도 없고, 그저 끝없이 펼쳐져 있다라는 표현밖에는 달리 도리가 없다. 아이러니컬하게도 이 목장은 그의 육군사관학교 후배들이 쿠데타적 사건을 일으키면서 부정축재로 판명되어 국가에 반납되었고, 지금은 '축협 한우개량사업소'라는 간판이 붙어 있다.

개심사 가는 길은 이 목장의 혜택인지 모르겠으나, 외줄기 신작로 길이 시멘트로 포장되어 예전보다는 길품이 수월해졌다. 목장지대 풍경 탓인지 다소 들뜬 마음으로 개심사 입구에 도착하지만 마중 나온 소나무숲은 어느 새 속세의 마음을 씻어 준다. 비탈진 언덕길에서 내려다보며 다정하게 길손을 맞는 소나무숲은 사시사철 그대로다.

개심사로 오르는 길은 두 갈래가 있다. 한쪽은 고향마을 뒷동산처럼 속살이 드러난 황톳길이고, 다른 쪽은 잡초가 알맞게 우거진 돌계단으로 이어진다. 오르내릴 때 번갈아 가면 느끼는 정취가 그만이다. 일주문은 물론 사찰을 알리는 안내판도 매표소도 그 무엇도 없다. 다만 나지막한 돌기둥에 보일 듯 말 듯 개심사 입구(開心寺入口), 세심동(洗心洞)이라고만 씌어 있다.

겨울 산사의 분위기 일품

그곳으로 오르는 길은 산의 호흡에 따라 굽어지고 꺾어지고 휘돌아 가며 온갖 생각들과 마주하게 한다. 결코 가파르거나 뒤처지지 않고 산이 만들어 준 그대로의 자연스러움을 느끼게 한다. 산새들의 울음소리도 청아하고 인적이 느껴지지 않는 길섶에서는 가끔씩 다람쥐가 나들이를 간다. 돌계단의 정성도 오래디오랜 옛 사람의 솜씨다.

여성 산악인으로 우리 나라 최초로 에베레스트를 정복하고 돌아온 지현옥 씨는 소감을 묻는 인터뷰에서 "고통스런 등정길에서 두 눈에 삼삼하게 떠올랐던 것은 푸른 숲과 바윗돌이 어우러진 아기자기한 우리 나라의 오솔길이었다"고 했다. 개심사로 오르는 길은 바로 그런 분위기의 오솔길이다.

외나무다리

코끼리 물통으로 만들어진 연못의 이름은 경지(鏡池)다. 거울 연못이라는 뜻인데 자신의 본성을 비춰 보라는 의미다. 그 위에 외나무다리를 배치해 놓은 이유는 이제까지의 모든 번뇌를 버리고 오직 참된 마음 하나로 부처님 품으로 들어오라는 상징이다.

대웅보전
조선 초기에 지어진 건물로 임진왜란 때 불타지 않고 보존되어 건축사 연구에 귀중한 자료가 된다. 지붕은 고려시대 건축처럼 단정한 맞배지붕을 하고 공포 장치는 조선 후기에 유행했던 다포 양식인데, 건물 안쪽은 주심포식 구성이어서 과도기적 면모를 보여 준다.

그 행복한 산사의 길이 끝나는 곳에는 수련이 피어나는 예쁜 연못이 있고, 그 연못의 외나무다리를 건너야 비로소 개심사 경내로 들어간다. 이 연못은 풍수지리상 개심사가 위치한 산이 코끼리 형상이므로 코끼리가 마실 물통으로 만들어 놓은 것이다. 그리고 이름을 경지(鏡池)라 부르는데 여기에는 절로 들어오는 사람들에게 자신의 참모습을 연못 속에 비춰 보라는 상징적 의미가 담겨 있다. 외나무다리는 모든 번뇌를 벗고 오로지 진리의 세계에 귀의하겠다는 일념으로 건너오란 뜻이다.

연못 위 외나무다리를 건너 만나는 개심사는 봄이면 꽃향기로 가득한 궁전이 되고 만다. 매화꽃 · 산유수꽃 · 오얏꽃 · 모란꽃 등의 온갖 꽃들이 고풍스런 절집과 어울려 피어나는데, 그 중에서도 겹벚꽃이 흐드러지는 날이면 탐스러운 꽃송이에 절집이 무너져 내릴 것 같다. 그래서 사람들은 화사한 봄날의 개심사를 으뜸으로 친다. 그렇지만 어디 꽃피는 춘삼월뿐이겠는가. 나그네의 여수를 아는 사람이라면 겨울 개심사도 잊지 못할 것이다. 봄과 여름 동안 무성하게 길러 온 마음자리를 비장하게 떨쳐 버리고, 그 빈터에 새로운 마음을 담고자 하는 것이 겨울 개심사다.

외진 절집에 사람들의 발길마저 끊어지고 오로지 지치도록 푸른 솔바람 소리만 고적할 때, 개심사의 진면목은 얼어붙은 마음의 빗장마저 고삐처럼 풀리게 하고 만다.

불타지 않은 조선 초기 대웅보전

개심사는 전형적인 산지가람으로 백제 의자왕 14년(653)에 혜감스님이 창건했다. 본래 이름은 개원사(開元寺)였으며, 고려 충정왕 2년(1350)에 처능대사가 중건하면서 개심사로 불리기 시작했다. 현재의 절집은 1941년 해체수리시 발견된 묵서명으로 1484년에 새롭게 중창했으며 그 뒤 17, 18세기에 한 차례씩 더 손을 본 자취를 알 수 있다.

이리하여 개심사는 우리 나라 사찰사에서 보기 드물게 임진왜란의 전화를 입지 않은 가람으로 건축사 연구에 귀중한 자료가 된다. 대웅보전과 심검당 · 무량수전 · 안양루가 팔을 두르고 에워싸듯 배치되어 있으며, 그 절마당에는 5층석탑이 자리잡고 있다.

명부전 동자상

명부전은 저승세계를 꾸며 놓은 전각이다. 십대 제왕이 재판관처럼 앉아서 살아 생전의 죄를 심판하는데, 사이사이 십대 제왕을 시봉하는 동자들의 표정이 더없이 맑고 깨끗하여 엄숙한 법정 같은 분위기를 순화시켜 준다.

보물 143호로 지정된 대웅보전은 조선 초기의 단정한 품위가 돋보이는 맞배지붕의 건축이다. 이 건축은 주심포 계통과 다포식 건축 수법이 혼재되어 있어 주심포에서 다포식으로 변화하던 시기의 기준점이 되기도 한다.

개심사의 또 다른 건축적 특징은 입구에서 대웅보전까지의 동선 체계가 다른 절들처럼 직선적이지 않다는 점이다. 부드러운 곡선의 흐름을 따라서 진입하게 되어 있어 한결 친숙한 느낌을 연출한다. 안양루 옆의 해탈문을 통해 절마당에 들어서면 대웅보전과 심검당, 요사체가 서로 어깨를 기댄 채 아늑하게 감싸 안고 있다. 거기에 맘껏 휘어진 나무의 자연스러움을 그대로 살린 요사채의 기둥과 문지방 나루는 눈길을 사로잡는다. 등을 구부린 사람처럼 힘겹게 받치고 있는 범종루의 기둥도 마찬가지다. 자연의 흐름을 한 치도 거스르지 않은 채, 거기에 멋을 부리고 지혜를 얹고자 한 선인들의 마음인 것이다.

또 지붕의 기와 끝에는 도자기로 구워 낸 하얀 연봉이 매달려 있다. 기능적으로는 수키와가 흘러내리지 못하게 고정시키는 역할을 하는데, 절집에서는 이를 감로수병이라 부른다. 그 생김새와 크기가 제각각인 것은 아무리 좋은 부처님의 말씀이라도 받아들이는 사람의 그릇에 따라 달라짐을 의미한다고 한다.

올망졸망 붙어 있는 절집을 구경하고 개심사의 진면목을 느끼기 위해

서는 명부전을 지나 산신각까지 올라야 한다. 이곳에 오르면 개심사의 자태가 한눈에 들어오고, 멀리 서해바다까지 흘러가는 산자락을 바라볼 수도 있다.

이곳에서 내려다보면 개심사는 이름난 스님네의 명리(名利)를 내세우지도 않고 화려한 수사의 법문도 강요하지 않는다. 마음처럼 머물렀다 흘러가는 계절과 솔바람 소리가 있을 뿐이다. 바로 이 점이 개심사를 가장 아름다운 절로 만들어 내는지도 모른다. 그 분위기만으로도 이미 감불(感佛)의 경지인 곳, 그곳이 개심사다.

벚꽃 떨어진 봄날

늦은 봄을 화려하게 장식한 개심사의 겹벚꽃이 떨어지는 날, 연분홍 꽃잎이 절마당을 이불처럼 덮고 있다.

내소사

전나무 숲길 지나 소담한 정취 어린 곳

내소사는 아담하고 조촐한 규모의 산사다.
절 뒤편 가인봉에 올라 내려다보면 멀리 줄포만과 어우러진 산세가 마치
깊은 항아리 속을 내려다보는 듯 고요하고 정겹다. 웅장하고 화려한 규모는 아니지만
그윽하게 깊은 맛이 있어 구름처럼 떠도는 나그네가 머물고 싶은 곳이다.

우리 나라 산천을 사랑하고 그 정취를 좋아하는 사람들에게 맑고 때묻지 않은 청순한 분위기의 사찰을 꼽으라면 으레 빠지지 않는 곳이 변산반도 내소사(來蘇寺)다.

사람들의 손길이 멀어져 황폐하게 버려져 있는 것도 아니고, 그렇다고 돈자랑을 하듯 화려하게 치장해 놓은 번잡스러움도 없다. 고색창연한 옛 분위기를 그대로 살리면서 깔끔하고 정성스럽게 가꾼 예쁜 절집이다. 더욱이 대웅보전 뒤편에 우뚝 솟아올라 절집을 내려다보고 있는 가인봉(佳人峰)은 그 이름만큼이나 찾아오는 사람의 마음을 사로잡는다.

한반도의 서쪽 끝

내소사는 한반도의 서쪽 끝 변산반도에 위치해 있다. 소백산맥에서 뻗어 나온 노령산맥이 정읍 쪽에서 멈추어서 다시 네 갈래의 지맥으로 나뉘어 전라도 땅을 형성하는데, 변산은 서쪽으로 뻗은 노령산맥의 한 줄기다.

내변산 직소폭포
내변산 봉래구곡을 따라가면 신석정 시인이 개성의 송도삼절에 견주어 매창, 유희경과 함께 부안삼절이라 명명한 직소폭포가 나온다. 30미터의 암벽단애를 거침없이 쏟아져 내리는 직소폭포는 연두빛 신록이 피어나고 복사꽃이 피는 봄날이면 무릉도원처럼 아련하다.

눈앞에는 우리 나라에서 유일하게 지평선이 보인다는 김제 만경평야가 펼쳐져 있고, 등을 돌리면 넓고넓은 서해바다가 소리치고 있다. 산은 일망무제의 들판에 몸을 풀었다가 천의 봉우리를 만난 듯 골짜기가 우거지고 깎아지른 바위절벽이 즐비하다. 흡사 흐느끼는 여인네의 머리칼처럼 헝클어져 마음 저리게 하는 산세다.

이러한 산세 탓인지 변산은 예부터 신선들이 사는 곳으로 숭배되었으며, 그 이름도 능가산 · 영주산 · 봉래산 · 소래산 등 불교적 색채가 짙다. 깊은 산 속 어느 곳에선가는 지금은 청학동으로 둥지를 옮겨 버린 댕기머리에 흰 도포를 입고 갓을 쓴 사람들이 살았었다.

능가산은 범어로 '그곳에 이르기가 어렵다'는 뜻을 지닌 이름이고, 소래산은 '다시 태어나기 위해 찾아온다'는 뜻을 담고 있다. 내소사는 이 능

가산의 품에 안긴 풍경 소리 그윽한 고찰이다.

전설에 의하면, 백제 무왕 때 혜구두타란 스님이 창건했으며 원래 이름은 소래사였다고 한다. 일설에는 신라가 당나라를 끌어들여 백제를 공격할 때 소정방이 변산반도로 상륙하여 이 절에 시주를 했기 때문에, 소정방이 다녀갔다는 뜻의 내소사로 개명되었다고 하지만 이는 근거 없는 이야기다. 조선시대 성종 때 간행된 지리지 『동국여지승람』에 소래사로 소개되어 있어 내소사로 바뀐 것은 조선 후기쯤으로 추정되기 때문이다.

필경 이곳의 산 이름이 불교적 색채를 담고 있듯이 내소사란 절 이름도 신선들이 사는 땅인 만큼, 번뇌 깊은 사람들이 찾아와 번뇌를 씻어 버리고 참된 마음으로 소생하여 돌아갈 수 있다는 의미를 간직하고 있을 것이다.

이러한 느낌은 내소사를 찾아왔던 옛 문사들의 기행시에도 잘 나타나 있다. "옛길은 적막하게 솔뿌리에 엉겼는데 하늘이 가까워 북두칠성을 만질 수 있네. 사람들은 하늘에서 내려온 듯 스님과 구름이 반칸 집을 나누었도다"라는 표현처럼 이곳은 우리 땅에서 찾으려 했던 이상향의 세계였다.

전나무 숲길을 지나 이르는 곳

전나무 숲길
일주문에서 천왕문에 이르기까지 600m에 이르는 전나무 숲길은 내소사에서 가장 사랑스럽다. 이 길을 걸어가다 보면 세상의 모든 시름을 벗고 아득한 전설의 세계로 들어가는 듯 신비롭다.

내소사를 사랑하는 사람들은 전나무 숲길을 두고두고 잊지 못한다. 어느 절집이나 산문에서 경내에 이르기까지의 길에서는 속세의 인연을 끊고 부처님의 세계로 귀의하는 청정함과 비감함을 느낄 수 있는데, 특히 내소사의 초입은 그러한 분위기로는 절정이다. 하늘을 찌를 듯 솟아 터널

능가산과 내소사
능가산 가인봉 아래 자리잡은 내소사는 고색창연한 백제의 고찰이다. 어머니의 품속처럼 아늑한 곳에 터를 잡았고, 담장에서 축대 · 연못 · 요사채에 이르기까지 어느 것 하나 정성스럽게 가꾸지 않은 것이 없다.

을 만들어 놓은 600m의 전나무 숲길은 말 그대로 장관이다. 길도 포장되지 않은 채 흙 냄새가 그대로 느껴지는 소담스런 오솔길이다. 때마침 불어오는 한 줄기 바람이라도 스친다면 온 숲이 연주하는 청아한 음악 소리에 흠뻑 젖어들게 마련이다.

전나무 숲길을 걸으며 세속의 온갖 시름을 씻어 버리면 그윽하게 맞이해 주는 내소사 도량에 이르게 된다. 산세가 병풍처럼 둘러쳤다는 표현이 더없이 어울리고, 집들은 ㅁ자형의 가람 배치로 처마 끝을 맞대고 있다.

대웅보전은 조선 중기 이후 유행했던 다포집으로 단청이 퇴색하여 나뭇결이 그대로 드러난 고풍스런 풍채다. 특히 이 법당은 인공적인 못 하나 쓰지 않고 순전히 나무로만 깎아 만든 것으로 의장(意匠)이나 기법이 뛰어난 조선 중기의 대표적인 건축이다. 마치 학이 날개를 펼치고 사뿐히 내려앉은 모습 같은데, 신비로운 전설 한 토막이 없을 리 있겠는가.

이 대웅보전을 짓던 목수가 3년이 넘도록 기둥은 세우지도 않고 법당의 외형과 내부를 장식할 나무토막만 깎았다고 한다. 이를 본 동자승이

대웅보전
쇠못을 하나도 쓰지 않고 나무로만 깎아 맞추어 지은 이 건물은 조선시대 중기를 대표하는 건축이다. 학이 사뿐히 내려앉은 듯한 지붕선과 화려한 공포장치와 꽃창살이 어우러져 규모는 작지만 최고의 장인정신을 보여 준다.

대웅보전의 내부
화려하고 복잡한 공포가 법당 내부를 장엄하고 있고, 물고기를 입에 물고 있는 용은 법당이 천상의 세계임을 말해 준다. 우물반자를 댄 천장에는 부처님이 영축산에서 설법할 때 하늘이 감동하여 공양한 꽃비를 상징하는 수많은 꽃 문양과 하늘나라에서 울려 퍼지는 악기들이 그려져 있다.

몰래 나무토막 하나를 감추어 버렸고, 일을 마친 목수가 나무토막을 헤아려 보니 하나가 부족하자 스스로 자신의 실력을 한탄하며 아직 법당을 지을 능력이 되지 못한다고 포기하려 했다. 이를 안 동자승이 뉘우치고 나무토막을 내놓아 일은 다시 진행되었지만, 목수는 끝내 그 나무토막을 부정한 재목이라 하여 사용하지 않고 완공했다고 한다.

그만큼 그 시대의 목수들이 치밀하고 전문인다운 경지를 가지고 있었

음을 후세에까지 알려 주는 이야기다. 그리고 이를 증명이라도 하듯, 내소사 왼쪽 천장의 공포 장치에는 한 칸의 빈 자리가 있다.

또 건물이 완공된 뒤에는 떠돌이 화승(畵僧)이 찾아와 단청을 하겠다고 자청을 했다. 단 100일 동안 아무도 자기가 일하는 법당 안을 들여다보지 말라고 했다. 99일째 되던 날, 이번에도 동자승이 궁금증을 이기지 못하여 몰래 창구멍을 뚫고 들여다보고 말았다. 법당 안에서는 파랑새 한 마리가 붓을 물고 날아다니며 그림을 그리고 있었는데, 동자승이 엿보는 것을 알아차리고 그 자리에서 피를 토하며 죽고 말았다. 그래서 이 법당의 오른쪽 벽면에는 단청 그림이 한 군데 빠진 데가 있다. 화려한 장식으로 치장되고 아름답기 그지없는 건축이지만, 이 법당은 인간의 힘으로는 완성할 수 없는 미완성의 작품으로 남겨 놓은 것이다.

내소사 대웅보전은 지극한 마음으로 완성하려 했던 목수와 화승의 정신이 담겨 있어 그런지 건축학적 지식이 없는 사람의 눈에도 첫눈에 완벽한 비례미가 느껴진다. 고려시대 때 지어진 우리 나라 최고의 목조건축인 부석사 무량수전과 수덕사 대웅전의 엄숙하고 장중한 건축미와는 차원이 다르지만, 내소사 대웅보전도 그들에 견줄 만한 무엇인가를 간직하고 있다. 작고 아담하지만 한없이 멋스러운 풍모가 소담한 여인네처럼 사람을 끌어들이는 다정함으로 말이다. 더욱이 주변의 산세와 어우러져 있는 분위기를 생각한다면, 그야말로 예쁘다는 표현이 그렇게 적절할 수가 없다.

꽃창살무늬와 당산나무

내소사가 우리를 매료시키는 또 하나의 보배로운 풍경은 대웅보전을

대웅보전 꽃창살

현존하는 사찰의 꽃창살 중 가장 오래 되고 아름다운 작품이다. 연꽃과 국화꽃이 가득 피어난 모습인데, 활짝 핀 꽃송이는 깨달음의 경지를 표현한 것이다.

장식하고 있는 창살무늬다. 정면 세 칸 모두 여덟 짝의 문짝이 온통 연꽃과 국화꽃으로 수놓아져 있는데, 화사하면서도 순박한 조선 야생화의 아름다움이 향기를 뿜어 내는 듯하다.

문짝을 꽃밭으로 장식하려 한 그 상상력부터가 우리의 감성을 일깨우는 감동이고, 거기에 한송이 한송이 온갖 정성을 다 쏟아 조각한 솜씨는 말 그대로 이름 없는 조선 목수의 혼처럼 피어나 있다.

조선 후기에는 많은 절집에서 꽃창살무늬가 유행하여 지금까지도 옛 모습을 간직하고 있지만, 대개가 울긋불긋한 단청으로 채색되어 있다. 내소사처럼 비바람에 씻겨 속살이 드러난 채 정갈한 숨결을 토해 내는 곳은 드물다. 화려한 꽃밭이면서도 번잡스럽기보다는 오히려 처연한 아름다움으로 사람의 마음을 오래도록 머물게 하는 것이다.

요사이 새로 지어지는 절집에서처럼 종교적 권세를 내세우기 위해 주문생산한 것이 아니라, 깎고 새기는 그 자체가 이미 부처님의 진리에 이르고자 하는 수행이었고, 거기에 마음을 바친 장인들의 정신이 있었기 때문일 것이다. 그래서 지극한 마음자리가 머물다 간 곳은 연륜이 깊을수록 그 정신도 더욱 새롭게 빛나는 것이다.

대웅보전에 올라 석가세존께 머리 조아린 뒤 절마당을 내다보면 봉래루 누각 너머 큰 나무 한 그루와 마주하게 된다. 절집 마당에 세월을 묻고 사는 당산나무다. 조선 후기에 불교가 중흥되면서 민간의 신들이 대거 절집으로 들어와 공경받게 되지만, 당산나무까지 들어온 경우는 내소사가 유일한 예일 것이다.

그 깊은 연유까지는 알아볼 방법이 없지만, 일주문 밖에는 할머니당산이 있고 절마당에는 할아버지당산이 있다. 예전에는 정월 대보름이면 매년 마을 사람들과 스님들이 함께 당산제를 올리고 능가산 골짜기에는 한

백의 관음보살상
대웅보전 불상 뒤편 벽에 그려진 후불벽화로 자비의 화신인 관음보살을 그린 것이다. 선필이 유려하고 채색이 생생하게 살아 있어 파랑새가 붓을 물고 그렸다는 전설이 실감난다.

바탕의 야단법석이 벌어지곤 했다. 요즘 세태에 어디 그러한 풍속이 온전할 리 있으리오만, 그래도 옛 의례대로 스님들이 당산제를 올리는 독경 소리는 그치지 않고 있다.

은산철벽을 나는 봉황새

이렇듯 승(僧)과 속(俗)이 구별됨 없이 넘나들고, 민초들의 삶과 부처님의 도량이 격 없이 어우러진 곳이 내소사다. 절집만 예쁘고 다정한 것이 아니라 스님네도 마찬가지다. 밤길로 찾아와 무턱대고 하룻밤을 청하는 나그네에게 차를 대접하며, 절간의 부처님을 찾아다니는 것도 좋지만 먼지 날리는 시골버스 속 촌로들의 주름살 속에서 배울 것이 더 많다고, 그들의 손을 따뜻하게 잡아 볼 수 있는 것이 더 큰 공부라고 가르쳐 주는 그런 마음들이 살고 있다.

그래서 범부(凡夫)인 것일까. 내소사 서래선림(西來禪林) 조실(祖室)이었던 해안(海眼) 큰스님의 부도비에는 해안범부지비(海眼凡夫之碑)라고 적혀 있다. 그 흔한 선사(禪師)도 아니고 대사(大師)도 아닌 범부(凡夫)인 것이다.

해안스님은 부안 격포 출신으로 어린 시절 내소사에 한문공부 하러 다니던 중 새벽 종소리와 목탁 소리에 반해 머리를 깎았다고 한다. 이때 나이가 14세였고, 18세 때에는 백양사 선방에서 용맹정진을 했는데, 조실이었던 학명(鶴鳴)스님으로부터 '은산철벽(銀山鐵壁)을 뚫으라'는 화두를 받았다. 7일 동안 자지도 않고 눕지도 않는 용맹정진 끝에 선방의 죽비 소리를 듣고 문득 깨달음을 얻었는데, 그것은 다름 아닌 "봉(鳳)은 은산철벽을 날아서 넘는다"라는 깨달음이었다.

> 鐸鳴鐘落又竹篦 목탁소리 울리고 종소리 떨어지고 죽비소리 들리자
> 鳳飛銀山鐵壁外 봉은 은산철벽을 날아서 넘었도다.
> 若人問我喜消息 만약에 사람들이 나에게 기쁜 소식을 묻는다면
> 會僧堂裡滿鉢供 회승당 안에 만발공양이라 하리라.

내소사로 들어가는 천왕문에는 그때 읊은 해안스님의 오도송이 주련으로 걸려 있어 발길을 멈추게 한다. 해안스님은 인간애가 넘치는 다정다감한 성품으로 해박한 교리와 선지(禪智)에도 밝아 구름처럼 신도들이 따랐다고 한다. 어쩜 '범부'란 그가 깨달은바, 은산철벽을 날았던 봉황새의 실체였을지도 모른다. 당대의 해안선사 같은 큰스님을 이웃집 아저씨처럼 범부라 부를 수 있는 곳, 그래서 나는 내소사 도량을 무한대로 사랑한다.

부석사

선묘낭자의 사랑이 깃든 뜬바위 절

양백지간에 자리잡은 부석사는 일망무제로 펼쳐지는 전망이 장엄하기 그지없다.
무량수전 · 안양루 · 범종루로 이어지는 지붕들의 선과 소백산맥이 조화미를 연출하여
절마당에서 바라보이는 풍경은 모두 부석사의 정원이 된다.

여행을 다니면서 절감한 말은 사무친다는 것이다. 산마루를 흘러가는 구름의 물결을 보았을 때나, 허물어진 폐사지에 지천으로 피어난 풀꽃송이를 만났을 때, 사무친다는 말은 절로 가슴을 울린다. 더구나 늦은 밤 낯선 길을 갈 때 산골짜기 외딴집에 깜박이는 불빛은 어머님이 기다리시는 고향 집처럼 가슴을 뭉클하게 한다.

나에게 이 사무친다는 말을 가르쳐 준 사람은 최순우(崔淳雨) 선생이다. 『한국의 미, 한국의 마음』이라는 책에서 고려 건축의 백미로 꼽히는 부석사 무량수전을 해설하면서 이런 글을 남겨 놓으셨다.

"소백산 기슭 부석사의 한낮, 스님도 마을 사람도 인기척도 끊어진 마당에는 오색 낙엽이 그림처럼 깔려 초겨울 안개비에 촉촉이 젖고 있다. 무량수전, 안양루, 조사당, 응향각들이 마치도 그리움에 지친 듯 해쓱한 얼굴로 나를 반기고, 호젓하고도 스산스러운 희한한 아름다움은 말로 표현하기가 어렵다. 나는 무량수전 배흘림기둥에 기대 서서 사무치는 고마움으로 이 아름다움의 뜻을 몇 번이고 자문자답했다."

부석사 무량수전 배흘림기둥에 기대 서서 저물어 가는 소백산맥을 바

라보며 사무치는 마음으로 조상님께 감사드린다는 이 글을 읽고, 나는 도저히 그대로 앉아 있을 수가 없었다. 낯선 길을 물어 부석사로 무작정 떠났다.

과연 선지식의 말대로 부석사 절마당에서 바라보는 소백산 자락은 사무치는 마음 그것이었다. 손을 대면 옛 사람들의 체취가 금방이라도 묻어날 것 같았고, 배흘림기둥에 몸을 기대어 바라보니 소백산맥의 연봉들이 조용히 흐느끼고 있는 듯했다. 마치 유년 시절 들판 저 멀리 바람에 나부끼는 만장의 붉은 행렬을 보았던 기억처럼, 까닭 모를 서러운 감정이 일기 시작했다.

나는 예나 지금이나 지극한 아름다움은 슬픔의 샘을 통하여 길러진다

안양루의 노을
안양루는 부석사 앞마당에 펼쳐지는 장엄한 풍경을 감상하기 위해 배치한 누각이다. 이곳에 "평생에 이런 경치 몇 번이나 볼 것인가" 라고 감탄한 김삿갓 시인의 시가 걸려 있다. 소백산 자락너머 붉은 노을이 질 때가 가장 아름답다.

범종루의 예불의식
범종루에 걸려 있는 큰북은 법고라 부른다. 목어, 운판, 범종과 함께 예불을 올릴 때 두드려 그 참다운 소리로 모든 중생을 구제한다는 악기다. 해질녘 노을 속에서 법고를 치면 그 소리의 파문에 소백산 일망무제의 산봉우리가 흐느껴 우는 듯하다.

고 믿고 있는데, 부석사는 첫 만남에서부터 그런 아름다움으로 나를 주체하지 못하게 만들었다. 정말이지 저무는 황혼의 햇살 속에서 보았던 산봉우리들은, 어느 시골장에 나온 아낙네들이 파장 무렵 축 늘어진 뒷모습으로 돌아가고 있는 듯한 그런 서글픈 모습을 하고 있었다.

그날은 우리 나라에서 가장 아름다운 건축이라는 무량수전을 비롯해 부석사가 자랑하는 문화유산에는 눈도 돌리지 못하고, 그저 그 산자락에 '사무친다'라는 감회만 늘어놓을 수밖에 없었다.

뜬바위에 얽힌 사랑 이야기

두번째 부석사행은 1745년에 만들어진 괘불이 걸린다는 예수제(살아 생전의 죄업을 미리 씻기 위해 극락에 가기를 기원하는 법회)를 보기 위해서였다. 그날은 절마당에 울려 퍼지던 범패 소리와 함께 고깔 쓴 어느 여인네의 승무에 넋을 빼앗기고 말았다.

파르라니 깎은 머리의 비구니는 아니었고, 삼단 같은 긴 머리를 고깔 속에 감추고 있던, 비승비속의 승무만 전문으로 하는 춤꾼인 듯 싶었다. 조지훈의 「승무」에서 나오는 그런 종교적 분위기는 아니었지만 남사당패의 유랑인생처럼 짙은 우수를 담고 있는 춤이었다.

그날 나는 승무를 추는 여인을 만난 인연인지, 부석사가 간직하고 있는 애틋한 사랑 이야기를 듣게 되었다. 그때까지만 해도 부석사에 대한 예비지식은 최순우 선생의 글과 문화재 안내판에 적혀 있는 의상대사가 창건했다는 연혁 정도였을 때다.

절집 살림을 맡고 있던 귀일스님의 배려로 부석사 요사체에서 하룻밤 묵으며 이야기를 들었는데, 그 전설 같은 이야기의 서두는 부석사 무량수전 아미타여래상 불단 밑에 돌로 깎은 용이 묻혀 있고 그것을 확인해 보았다는 데서부터 시작되었다.

옛날 옛적 의상대사가 당나라에 유학할 때였다. 심한 배멀미에 병이 들어 산둥반도 양주성 어느 신도 집에서 요양을 하게 되었는데, 그 집의 과년한 딸 선묘(善妙)라는 낭자가 그만 의상에게 반하여 연정을 품게 되었다. 선묘낭자는 온갖 교태를 부려 의상을 유혹하려 했으나 구도의 일념에 가득 찬 의상의 마음을 움직일 수가 없었고, 이에 더욱 감명받은 선묘낭자는 세세생생에 걸쳐 스님께 귀의하여 모든 것을 바치겠다는 서원

무량수전 저녁노을
부석사는 천왕문에서 무량수전에 이르기까지 아홉 단의 석축으로 이루어졌다. 이는 여러 단계의 수행을 거쳐 깨달음과 극락세계에 이르는 과정을 상징한다. 무량수전에 이르러 끝없이 펼쳐지는 산하의 풍경을 내려다보면 그런 건축적 이미지에 담긴 아름다운 의미를 깨닫게 된다.

을 세웠다.

의상은 몸이 완쾌된 뒤 종남산 지엄화상의 문하에서 10년 동안 화엄학의 정수를 체득하고 스승으로부터 법통을 인가받아 귀국길에 오르게 되었다. 이때 양주성 선묘낭자 집에 들러 그동안의 후원에 감사드리는 인사를 하려 했으나, 마침 선묘낭자가 출타 중이어서 만나 보지 못하고 떠나오게 되었다.

뒤늦게 의상대사가 귀국길에 오른다는 것을 안 선묘낭자는 그동안 준비해 두었던 법의(法衣)와 집기를 대바구니함에 담아 가지고 해안으로 달려나왔다. 그러나 의상대사를 실은 배는 이미 떠나가는 중이었다. 발을 동동 구르던 선묘낭자가 합장을 하고 "저의 참된 본심은 스님을 지극하게 공양하는 일입니다. 원하옵건대 이 옷함이 저 배에까지 이르기를 바라옵니다" 하고 기도를 하며 함을 바다 위에 띄우니, 갑자기 일진광풍이 불어 새털처럼 가볍게 날아 의상대사가 탄 배에 닿았다.

그녀는 또다시 "제 몸이 용으로 변하여 수천 리 뱃길을 보호하겠나이다"라고 맹세하며 바다에 뛰어드니, 바다의 신도 그녀의 원력에 감동하여 용이 되게 하였다. 그 뒤 선묘낭자는 용이 되어 서해바다의 풍랑을 잠재워 의상대사의 귀국길을 보살폈고, 이곳 봉황산 자락에 화엄종지를 펼치기 위해 전법도량을 만들 때도 이적을 보여 도왔다.

의상대사가 왕명에 따라 이곳에 화엄종의 도량을 세우려 하자 종파를 달리하던 무리들이 모여들어 방해를 했는데, 선묘낭자가 집채만한 바윗돌로 변신하여 그들의 머리 위에서 위협하자 혼비백산 흩어져 버렸다는 것이다. 그래서 뜬바위가 된 선묘낭자의 넋을 기리기 위해 부석사(浮石寺)라 이름했고, 무량수전 뒤편에는 선묘각이 있으며, 그 당시 이적을 만들었던 바위를 부석이라고 한다. 그 뒤 선묘낭자는 부석사를 영원토록 수호하기 위해 석룡으로 변해 무량수전 밑에서부터 절마당 석등 자리에까지 몸을 묻었고, 지금도 땅을 파 보면 석룡을 확인할 수 있다는 것이 이야기의 끝이었다.

고적한 절간의 밤늦은 시간에 들은 이 사랑 이야기는 사람의 마음을 굉장히 애틋한 심사에 젖어들게 했다. 바다에 몸을 던져 용이 되었다는 것은 후대에 신비화시킨 이야기겠지만, 이국의 수도승에게 마음을 빼앗긴

무량수전
고려 중기의 건축으로 현존하는 목조건축 중 가장 오래 되고 아름다운 건물이다. 사뿐히 고개를 쳐든 추녀의 곡선과 배흘림 기둥이 보는 이의 마음까지 상쾌하게 해 준다. 무한한 지혜와 생명을 지니고 서방 극락세계를 주재하는 아미타여래가 모셔져 무량수전이라 불린다.

선묘낭자
무량수전 뒤편 선묘각에는 부석사의 수호신인 선묘낭자의 진영이 모셔져 있다. 의상대사를 사모하여 만든 옷함을 들고 바닷가에 서 있는 모습이다.

한 여인이 부모형제의 반대에도 무릅쓰고 그를 따르기 위해 낯선 타국까지 쫓아와서 보여준 사랑은 어느 순교자 못지않은 거룩한 느낌으로 다가왔다.

석룡이 되어 무량수전 아래 묻혀 있다는 설화적 구조, 그리고 그녀의 사당이 만들어져 있는 점, 또 선묘정(善妙井)이라는 우물이 있어 가뭄 때 기도를 드리면 감응이 있다는 기록 등은 모두 이러한 순교적인 사랑의 감동이 있었기에 만들어졌을 것이다.

다음날 나의 답사는 무량수전 뒤편 선묘각에 올라 1300년 전 사랑을 위해 이곳까지 찾아와서 부석사에 묻힌 한 여인의 사무치던 마음을 생각하는 것으로 만족하고 하산하게 되었다.

극락정토에 이르는 길과 9품 만다라

세번째 걸음에서 나는 부석사의 낱낱과 이모저모에 눈을 돌릴 수 있었다. 일주문에서 무량수전에 이르기까지 부석사는 수많은 축대와 계단으로 이루어져 있으며, 그 축대와 계단으로 오르는 길이 참으로 매력적이란 것도 알았다. 계단 하나하나를 오를 적마다 세상은 점점 아득해지고, 그 마지막 계단을 넘어서자 극락정토를 뜻하는 안양루와 무량수전이 우아한 모습으로 마중 나와 있었다.

이를 두고 최순우 선생은 창건주 의상대사의 뛰어난 안목이라고 말씀하셨다. 무한대로 펼쳐진 소백산맥의 봉우리들을 절마당으로 끌어안기 위해 경사진 봉황산 중턱을 깎아 수많은 계단과 축대로 배치하고, 축대 또한 겹겹이 앞산 능선에 조화시키기 위해 조금씩 각도를 달리해 놓았다. 이는 자칫 지루해지기 쉬운 구성에 신선한 동감을 제공하고, 또 가람과 산세를 조응시키기 위해 계산된 것임을 알 수 있다. 이러한 세심한 마음이 하나하나 모아져 최고의 건축 부석사가 만들어졌고, 김삿갓의 감탄 어린 시가 나온 것이다.

진입공간의 미학
부석사의 구품만다라 건축배치는 하품 중품 상품으로 구별되는데 마지막 상품의 경지인 안양루와 무량수전이 위치한 지역은 건축의 옆면과 측면이 동시에 보이도록 45도 각도로 틀어 생동감 넘치는 공간구성을 연출하고 있다.

> 평생에 여가 없어 이름난 곳 못 왔더니
> 백발이 다 된 오늘에야 안양루에 올랐구나.
> 그림 같은 강산은 동남으로 벌려 있고
> 천지는 부평같이 밤낮으로 떠 있구나.
> 지나간 모든 일이 말 타고 달려오듯
> 우주간에 내 한몸이 오리마냥 헤엄치네.
> 인간 백세에 몇 번이나 이런 경관을 보겠는가
> 세월이 무정하네 나는 벌써 늙어 있네.

더욱이 놀라운 것은 이 가람 배치가 단순히 산중턱이라는 입지조건 때문에 임의적으로 계단과 축대를 배치한 것이 아니고, 도량 자체를 커다란

누하진입의 공간 구성

극락과 깨달음의 세계를 향해 가는 부석사의 9품 만다라 가람 배치는 수많은 돌계단과 석축을 지나 올라간다. 그 길에 범종루와 안양루 밑을 통과하는 누하진입 공간이 있다. 어두운 터널을 통과하여 빛의 세계를 느끼듯이, 누마루 밑을 통과하여 더 높은 세계를 발견했을 때의 감동과 환희가 훨씬 커진다.

불법의 세계로 상징화하기 위해 9품 만다라의 이미지를 구현했다는 점이다. 중심축선도 일직선으로만 뻗어 오르게 한 것이 아니고, 마지막 안양루에 오르면서 살짝 꺾이게 하여 자연스러운 공간감을 연출하고 있다.

9품 만다라는 『관무량수경』에 나오는 극락세계에 이르는 방법으로, 하품하생(下品下生)에서 중품중생(中品中生)을 거쳐 상품상생(上品上生)에 이르기까지 아홉 단계를 착한 행실과 공력으로 지극하게 수행하면 극락세계에 환생할 수 있다는 내용이다.

부석사의 도량은 바로 이 9품 만다라의 상징으로 천왕문은 하품하생, 범종루는 중품중생, 안양루는 상품상생이고, 무량수전 앞에 이르면 누구라도 업을 씻고 극락정토에 이르게 된다는 것이다.

양백지간에 자리잡은 화엄종찰

부석사는 신라가 삼국을 통일한 해인 문무왕 16년(676)에 의상대사가 창건했으며 화엄종의 종풍을 날린 곳이다. 통일신라기의 가장 중요한 정치적 이데올로기였던 화엄사상이 서라벌과는 멀리 떨어져 있는 변방에서 뿌리를 내리고 펴져 나갔다는 것은 의문점이지 않을 수 없다.

화엄사상의 요체인즉, 우주의 본질은 서로 상대적 관계에 의해 유지되는 것이기 때문에 그 상대적 관계를 바로 보고 거기서 하나와 전체의 원리를 꿰뚫어보아야 한다는 것이다. 하나가 전체이고 전체가 다시 하나가 된다는 원융사상으로, 그 당시 국가경영에서 가장 절실했던 사상이자 철학이었다. 삼국이라는 이질적인 국가체제가 하나로 통일되기 위해서는 국가적 통치체제 구축도 중요했지만, 무엇보다도 삼국의 백성들이 하나로 융합될 수 있는 정신적 구심점이 필요했기 때문이다.

그런데 그 첫 출발점을 태백산맥과 소백산맥이 나뉘는 봉황산 중턱으로 삼은 것은 이곳이 그만큼 중요한 지역이었음을 의미한다. 고구려와 신라가 일찍부터 힘을 겨루었던 군사적 요충지로, 신라는 이곳을 장악해야만 백제와 고구려 지역으로 뻗어 나갈 수 있는 교두보를 마련할 수 있었다. 그러므로 통일 초기 이곳에 삼국 경영의 새로운 사상적 웅지를 펼친 데에는 국토의 외진 곳에 위치한 수도 경주의 단점을 보완하기 위한 정치적 의미가 담긴 것으로 보인다.

의상대사 이후 화엄종의 중심도량으로 자리잡은 부석사는 고려 초에 병화를 입었다가 11세기 중반 원융국사에 의해 중수되었고, 고려 말에는 진각국사가 대규모 중창불사를 일으켜 면모를 일신했다. 부석사가 자랑하는 무량수전과 조사당 건축도 이때 지어진 건축이며, 우리 나라에서 가장 오래 된 목조건축이자 우아한 아름다움으로 이름이 높다.

최순우 선생은 무량수전은 사뿐히 고개를 든 지붕선의 곡선과 주심포의 아름다운 기둥이 절묘하게 조화되어 상쾌하기 이를 데 없고, 문창살에서 문지방 하나에 이르기까지 꼭 갖출 것만 갖춘 필요미의 절정이라 했다. 이러한 부석사의 품격은 오늘날 우리 문화를 되돌아보게 하는 바가 크다.

경제력의 성장과 함께 1980년대 이후 우리 나라 산간벽지의 절집에서는 대규모 중창불사가 유행하고 있는데, 크기와 규모만 자랑할 뿐 부석사 무량수전과 같은 엄정하면서도 너그러운 자태는 찾아보기 힘들다. 위압적이거나 거드름을 피우기가 일쑤이지, 절집을 찾는 사람을 끌어안고 넉넉한 마음으로 융화되는 옛 사람들의 솜씨는 흉내내지 못하고 있다.

무량수전에는 그 건축적 아름다움만큼이나 손색이 없는 국내 최고의

소조불상이 모셔져 있는데, 그 불상이 여느 법당에서처럼 남쪽 정면을 보고 있는 것이 아니라 동쪽 벽면을 향해 앉아 있다. 서방 극락정토를 관장하는 아미타여래로 화엄종 사찰에서 주불인 비로자나불을 모시지 않고 아미타불을 모신 점이 이색적이다. 원융국사 비문을 보면 창건 당시부터 이와 같은 양식을 간직하고 있음을 알 수 있는데, 의상대사가 화엄사상을 대중화시키려 할 때 서민들 사이에 널리 퍼져 있는 아미타 신앙을 곁들여, 보다 실천적인 화엄교단을 건설하려 했기 때문이다. 그래서 법신불인 비로자나불을 모셔야 할 화엄종의 근본도량임에도 파격적으로 아미타여래를 모신 것이며, 그만큼 의상대사는 현실적이고 실천적인 가치를 우선에 두었던 것이다.

아미타여래좌상
무량수전에 모셔진 부석사의 본존상으로 흙으로 빚은 소조불상이다. 석굴암 본존불에 비견될 만큼 당당함과 균형미를 갖추고 있다. 법당의 서쪽에서 동쪽을 바라보고 있는 독특한 배치인데, 이는 아미타불이 서방 극락세계에서 동쪽을 바라보고 있다는 교리에 따른 것이다.

석등에 조각된 보살상
완벽한 형태로 남아 있는 창건 당시의 유물인 석등은 그 자태가 매우 아름답다. 불을 켜는 화사석의 각 면에 새겨진 보살상이 수줍은 듯 미소짓고 있다.

무량수전 앞에는 천왕문 밖의 당간지주와 함께 창건 당시를 대표하는 유물인 석등이 있는데, 세련되고 깔끔한 조형미가 당대의 최고 가는 걸작품이다. 화사석 각 면에는 아름다운 보살상이 조각되어 있는데, 고개를 살짝 돌리고 수줍은 듯 미소를 짓고 있는 모습이 일품이다. 무량수전 편액은 홍건족의 침입으로 안동까지 피난을 왔던 공민왕이 쓴 글씨라고 한다.

무량수전을 둘러보았으면 3층석탑이 있는 뒤편 오솔길을 따라 조사당

안양루

불교에서 안양이란 극락세계를 뜻한다. 수많은 석축과 돌계단으로 오르는 부석사의 길은 한 걸음 한 걸음이 극락과 깨달음의 세계로 가는 길이다. 그 길의 성스러움을 돌계단의 상승감으로 표현했다.

으로 올라가야 한다. 법당의 위치보다 훨씬 높은 곳에 위치하여 가람 전체를 내려다보고 있는데, 이곳은 의상대사의 흉상과 영정을 봉안한 곳이다. 소박하면서도 간결한 느낌을 주는 맞배지붕으로 무량수전과는 또 다른 건축적 아름다움을 지니고 있다.

조사당 벽면에는 고려시대의 벽화가 그려져 있어 국보로 지정되었는데, 지금은 벽면 전체를 떼어 내어 보호각에 보존하고 있고 모사한 그림이 그려져 있다. 조사당 건너편에는 단하각 · 응진전 · 자인당 등이 자리잡고 있다.

부석사 주변은 온통 사과밭이기 때문에 사계절을 두고 저마다 색다른 풍광을 보여 준다. 봄이면 사과꽃이 눈발처럼 휘날리고, 겨울이면 황량하기 그지없다. 그 중 부석사에서 가장 아름다운 때는 가을날 빨간 능금이 주렁주렁 매달릴 때다. 일주문으로 오르는 길이 노란 은행잎으로 카펫을 깔아 놓은 듯하고 무성했던 잎새들이 오색 낙엽으로 드러누울 때, 안양루에 올라 소백산맥을 바라보면 그 느낌이 한층 선연하게 다가온다.

대흥사

선지식들이 머물다 간 향기로운 자취

서산대사 이후 대흥사는 13대에 걸쳐 종사와 강사를 배출하여
조선 후기 최고의 도량으로 발돋움했다.
부도전에는 대흥사의 화려했던 시절을 말해 주는 54기의 사리탑과 27기의 탑비가 즐비하게 서 있다.

이 땅의 마지막을 보기 위해 해남에 간다. 영산강을 건너고 월출산을 비껴 가면 어느 새 길은 옷섶이라도 잡고 늘어질 듯 정겹다. 우리 산하의 끝자락에 위치하여 그 모진 역사의 소용돌이를 감내하며 살아온 땅. 눈매가 선한 막내누이처럼 안쓰럽고, 마주 잡은 손길에선 금방이라도 인정의 물기가 묻어날 것만 같은 곳. 해남이란 지명을 떠올리면 가슴 속엔 어느 새 애틋한 향수가 인다.

그래서일까, 많은 사람들은 이 땅을 슬픈 유배자의 고향으로 노래했다. 서울에서 가장 멀리 떨어진 후미진 변방이기에 은둔자와 유배의 땅이라는 것이다. 하지만 해남은 결코 넋두리 같은 유배문화의 싹은 틔우지 않았다. 딱히 유배지로 명성을 날릴 만큼 위리안치의 세월을 보낸 이도 없었다. 고산(孤山) 윤선도(尹仙道)의 해남 생활을 유배로 생각하는 이가 있지만, 이는 엄연한 본향으로의 귀향이자 낙향이었다. 다만 해남은 진도나 제주도 같은 그 절해고도의 뱃길에 오르던 길목으로 남달리 유배객의 체취가 잦았던 곳인 것만은 사실이다.

그러면 이 땅에 스민 역사와 자취를 무어라 이름 지어야 할까. 아직은

마땅히 드러낼 수식어가 부족하지만 해남 사람들은 '한듬정신'이라고 표현한다. 한듬정신이란 대흥사가 자리잡은 두륜산(한듬산)에서 비롯된 말로 '모든 것을 한아름으로 껴안는다'는 뜻이다. 대륙문화와 해양문화가 교차하는 지점에서 자신들의 주체성을 지켜 내면서도 주변의 문화를 받아들여, 이를 새롭게 창조해 내는 정신이 땅끝 사람들의 기질이자 특성이라는 것이다.

해남은 한반도 땅끝이라 부르지만 출발점이라고 볼 수도 있다. 천릿길을 달려온 산맥이 머리를 돌려 자신의 근본을 돌아본다는 회룡고조(回龍顧祖)의 풍수 이야기처럼 백두산과 땅끝이 둘이 아님을 해남 땅은 말해 준다.

역사 속에서도 그렇다. 해남은 언제나 국토의 변방이었지만 새로운 문

북 미륵암 마애불
백두대간의 수레바퀴가 흘러와 마지막에 맺힌 명당 터라는 뜻으로 두륜산이라 부렸다는 대흥사의 가장 오래된 유적은 북 미륵암의 마애불상이다. 거대한 바위에 새겨진 이 불상은 마치 경주 설굴암 불상처럼 위엄을 갖추고 있다. 통일신라시대 장보고가 해상왕국을 건설하고 땅끝바다를 주름 잡았을 때 조성된 것으로 보인다.

화가 상륙하던 전초기지이기도 했다. 한반도와 중국 · 일본이 교류하던 해상교통의 요충이 바로 여기였으며, 이 물길을 따라서 선진문화가 융성했다. 저 유명한 장보고가 주름잡던 청해진(靑海津)의 무대가 바로 땅끝의 바닷길이었고, 해남 땅 곳곳에 흩어져 있는 800여 기의 지석묘는 활발했던 고대문화의 증인들이다.

이러한 해남 땅의 역사는 아득한 고대사의 시간 속에서만 찾아지는 것이 아니다. 임진왜란의 전초전이었던 을묘왜변이나 명량해전에서 보인 치열했던 항쟁정신은 자기 땅을 지키겠다는 문화적 자긍심의 발로였다. 또 바야흐로 새로운 시대가 열리는 전야와 같던 조선조 말기에는 다산 정약용, 추사 김정희, 초의선사, 소치 허유와 같은 기린아들이 이 땅에서 실사구시의 정신을 길렀다.

자기 것을 지키면서 아집에 빠지지 않고, 새로운 것을 포용하면서 더 큰 세계를 꿈꾸는 한듬정신. 그래서 이 땅의 정신에 매료되어 황석영은 『장길산』을 썼고, 김지하는 감옥생활 이후 황폐해진 정신적 혼란기에 '애린'을 찾아 헤맸는지 모른다. 그 한듬문화의 상징이자 거점이 되는 곳이 바로 대흥사(大興寺)다.

백두대간의 마지막 혈처

대흥사는 두륜산(頭崙山) 품속에 들어 있다. 명산에 명찰이라는 말처럼 그 산세와 이름이 예사롭지 않다. 중국 곤륜산(崑崙山)의 줄기가 동쪽으로 뻗어 백두산(白頭山)을 이루고, 다시 백두산이 이곳 해남까지 달려와 마디 굵은 혈처를 이루어 두륜산을 만든 것이다. 그러한 까닭에 두륜산에는 곤

륜산과 백두산의 이름이 한 자씩 취해져 있다.

가련봉과 두륜봉을 우두머리로 하고, 고계봉 · 도솔봉 · 혈망봉 · 향로봉이 마주 앉아 장관을 이루고 있다. 봉우리뿐만 아니라 이 산의 골짜기는 예부터 아름답기로 소문난 곳이다. 우리 나라에서 봄이 가장 일찍 찾아와 오랫동안 머문다 하여 장춘동(長春洞)이라 불렀으며, 아홉 굽이를 돌아가면 세속의 번뇌를 벗어 버리는 선경이 있다고 믿었다.

대흥사는 크게 세 번 마음을 씻어야 정토의 세계에 도달할 수 있다는 일주문 · 천왕문 · 불이문을 지나야 하는데, 일주문을 지나면 이 터의 역사를 한눈에 보여 주는 부도전이 있다. 우뚝우뚝 솟아 있는 돌덩이들의 행렬이 장관을 이룬, 말 그대로 비석들의 밭이다. 부처님의 법이 쇠잔해

두륜산 대흥사
두륜산 골짜기에서 흘러내린 금당천을 중심으로 대흥사는 남원과 북원으로 나뉘어진다. 북원에는 대웅보전과 침계루 · 설선당 등이 자리잡고 있는데, 넉넉한 두륜산 자락에 안겨 있는 모습이 평화롭기 그지없다.

지고 삼엄했던 종통의 기운마저 허물어졌을 때, 그 시련의 바다에서 오히려 씩씩하게 법화를 피워 올린 대흥사의 넋이 모여 있다.

그렇지만 이 도량의 역사가 언제부터 시작되었는지는 뚜렷하지 않다. 절집의 내력을 기록한 『대둔사지』에는 514년 신라 법흥왕 때 아도화상이 창건했다고 나온다. 하지만 이때라면 해남은 백제의 영토였고, 또 그 시절의 절터나 유물의 자취를 발견할 수 없어 그야말로 전해 오는 이야기가 되고 만다. 다만 응진전 앞의 3층석탑, 북미륵암의 마애불과 3층석탑이 모두 신라 말기나 고려 초기의 유물이므로 이들의 자취로 하여 창건 연대를 추정할 수 있을 뿐이다.

그러므로 대흥사는 백제나 신라의 중앙정권 또는 왕실의 후원 아래 성립된 사찰이라기보다, 나말여초 남해안 일대에서 활약했던 지방 호족들과 해상세력들의 발원으로 세워진 사찰이었을 가능성이 높다. 당시 해남에는 녹청자를 생산하여 활발하게 대외무역을 한 세력이 있었고, 대흥사는 이들의 구심점이었다. 해상왕 장보고의 청해진이 바로 이들과 밀접한 관련이 있었을 것으로 보이는데, 장보고가 살해된 뒤 대흥사는 더 이상의 뚜렷한 자취를 남기지는 못했고, 오늘날과 같은 명성을 얻게 된 것은 모두 서산대사와의 인연으로 비롯되었다.

천불전 용머리
천불전 중앙 기둥 위에는 두 마리의 용머리 조각이 돌출되어 있다. 상상의 동물인 용의 신체적 특징은 머리는 소, 뿔은 사슴, 배는 뱀, 꼬리는 물고기를 닮았으며 수염과 여의주, 발톱을 갖추고 있다. 불국정토로 인도하는 사찰의 수호신으로 법당에 등장하는 것은, 법당이 부처님과 불자들을 태우고 극락세계로 가는 반야용선임을 상징하는 것이다.

기화이초가 아름다운 곳

임진왜란 때 산문을 떨치고 일어나 수도승의 가사에 핏자국을 묻히면서까지 나라를 구하고자 했던 청허당(淸虛堂) 서산대사는, 묘향산에서 입적하며 자신의 의발(衣鉢)을 머나먼 땅끝 대흥사에 전하도록 유언했다. 임종을 지키던 제자들은 이 의외의 유언에 어리둥절할 뿐이었는데 서산대사는 이렇게 말을 이었다.

원교와 추사 글씨
침계루는 대웅보전 천불전 현판과 함께 신지도로 유배 왔던 원교 이광사가 쓴 것이다. 구불구불한 획에서 우리 산천에서 흔히 볼 수 있는 화강암의 골기가 느껴지고 졸졸거리며 흐르는 시냇물 소리가 들리는 듯하다. 무량수전은 추사 김정희가 제주도로 유배 가기 전 대흥사에 들러 쓴 것인데 획이 두툼하고 힘이 넘쳐 보인다.

"두륜산은 보기 드문 꽃과 풀이 항상 아름답고 옷과 먹을 것이 끊이질 않는다. 북으로는 월출산이 하늘을 괴는 기둥으로 있고, 남으로는 달마산이 지축과 연결되고 있고, 동쪽으로는 천관산, 서쪽의 선은산이 마주 솟아 있다. 바다와 산이 둘러싸 지키고 골짜기가 깊고 그윽하니 만세토록 훼손되지 않을 땅이요, 장차 종통(宗統)이 귀의할 장소다."

이후 대흥사의 역사는 불길처럼 일어나 구도자의 귀의처가 되었다. 서산대사의 유언처럼 물의 재난, 불의 재난, 바람의 재난이 넘볼 수 없는 삼재불입지지(三災不入之地)였고, 13명의 대종사(大宗師)와 13명의 대강사(大講師)라는 성인들을 배출하여 무너진 종통을 일으켜 세웠다. 이름마저 크게 흥했다고 하여 대흥사로 바뀔 정도였다.

대흥사가 이렇듯 큰 기지개를 펼칠 수 있었던 데에는 무엇보다도 서산

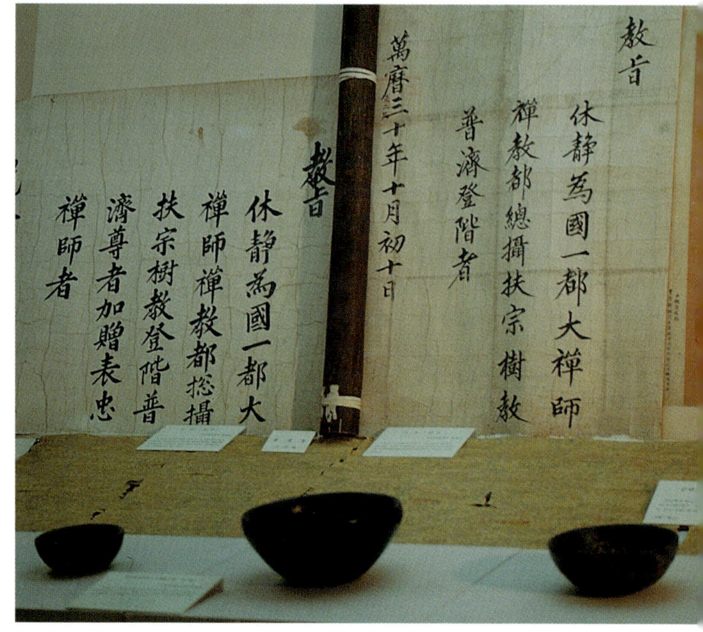

표충사, 서산대사유품
표충사는 다른 절에서는 볼 수 없는 유교 형식의 사당이다. 임진왜란 때 승병을 이끌고 활약했던 서산대사와 사명대사, 처영대사의 진영을 봉안하고 있다. 표충사 편액은 정조 임금의 친필 글씨다. 대흥사 유물관에는 서산대사의 유품인 가사와 발우, 친필 선시, 신발 등이 있다. 서산대사가 평생 사용한 발우는 법의 상징으로, 서산대사가 묘향산에서 입적하면서 자신의 법을 대흥사에 전하라 하자 이 발우를 모시고 수많은 문도들이 대흥사로 모여들었다.

대사의 후광을 빼놓을 수 없지만, 더 근본적으로는 서산대사가 예언한 대로 이 땅이 장차 종통의 귀의처가 될 수 있는 불씨를 간직하고 있었기 때문이다. 과연 서산대사의 예언처럼 이 땅은 큰 정신이 깃들 수 있는 곳이었고, 새로운 시대의 여명기를 밝혀 줄 선지식들의 보금자리였다.

서산대사는 조선시대 불교의 선교(禪敎) 양대산맥을 하나로 통일시킨 암흑기 불교의 중흥조다. 이제까지는 호국불교의 선봉으로만 부각되어 그의 진면목이 빛을 발하지 못했으나, 그의 참다운 모습은 철저한 수행자의 길에 있었다. 전란이 끝나자 모든 직책을 제자들에게 물려주고 묘향산에 은둔한 것도 그다운 모습이었다.

그는 또 선은 부처의 마음, 교는 부처의 말씀이라 하여 선과 교를 하나로 통일시킨 바와 같이, 원효와 지눌로 이어져 내려오던 우리 나라 불교

금강문

눈 내린 날 일주문을 지나 천왕문으로 오르는 풍경은 신비롭다. 서산대사가 대흥사를 일컬어 기화요초가 아름답고 삼재불입지지라 했는데, 인적이 끊긴 새벽 산사에서 그 분위기를 실감할 수 있다.

의 일승적 기풍을 되살려 냈다. 전란에 휩싸인 백성을 구하고 나라를 지키기 위해 수도승의 가사에 핏물을 적신 것도 그러한 정신의 발로였다. 특히 그가 남긴 영롱한 선기(禪氣) 어린 시편들은 이제까지 중국풍에 젖어 있던 구태를 버리고, 토속적이고 서정적인 우리 고유의 정신으로 창조해 낸 새로운 경지였다.

덧없이 흐르는 외기러기
찬 그리매 가을 하늘에 진다.
저문 산비 지팡이 재촉하고
먼 강바람 삿갓을 벗긴다.

다도의 성지 일지암

초의선사는 일지암에 은거하며 차밭을 일구고 우리 나라 차에 대한 예찬을 담은 『동다송』을 저술했다. 그는 유학과 도교 등 당대의 여러 지식을 섭렵하여 다산이나 추사 같은 대학자들과 폭넓게 사귀었으며, 범패와 서예 · 시 · 문장 · 그림에도 능했다.

이렇듯 따뜻하고 맑은 느낌으로 솟아나는 순 토종의 시정신은 훗날 더없이 소중한 한 떨기 꽃으로 피어나는데, 바로 실학사상의 여명이 되는 것이다.

청허당 서산대사의 법맥이 전해진 이래 대흥사는 13대에 걸쳐 끊이지 않고 조선 불교를 대표하는 고승대덕을 배출하게 되는데, 그 중에서도 마지막 봉우리가 초의선사였다.

차를 통한 향기로운 만남

우리 나라 차문화의 성인으로 불리는 초의(草衣)선사는 24세 때부터 대흥사에 머물면서 이름을 떨치기 시작했다. 나무뿌리와 열매로 배를 채우고 솔잎이나 띠풀로 몸을 가린다는 뜻으로 초의(草衣)라 이름 짓고 한 칸 초옥으로 지은 일지암(一枝庵)에 칩거했는데, 일지암이란 이름은 "뱁새도 언제나 한마음으로 살기 때문에 나뭇가지 끝에 살아도 늘 편안하다"는 한산(寒山)의 시에서 따온 것이다.

이 시절 강진에 유배 와 있던 다산 선생과 청교(淸交)를 이루었으며, 이를 통해 당대의 명사들과 승속(僧俗)에 구애됨 없이 어울리게 되었다. 다산을 필두로 해서 추사 김정희, 해거도인 홍현주, 자하 신위, 위당 신관호, 소치 허유 등과 두터운 교유를 나누었다.

특히 동갑내기 추사와는 각별한 사이로 두 사람은 서화 취미가 맞고 지극히 차를 사랑하여 그리움이 묻어나는 편지를 주고받기도 했다. 추사의 9년에 걸친 제주도 유배 시절에는 다섯 차례나 찾아가 위로했으며, 한 해는 반년 동안 함께 머무는 우정을 보이기도 했다.

조사전 진영

정조임금으로부터 사액을 받은 표충사 영역에는 조선 후기 대흥사에서 불교문화를 꽃피웠던 고승들의 초상화가 모셔져 있다. 서산대사의 유지가 전해진 이후 13대에 걸쳐 배출한 대종사와 대강사의 모습이다.

초의선사는 또 일지암에 주석하면서 다도를 생활화하고 차 한 잔에 깨달음의 마음이라는 선다일여(禪茶一如)의 경지를 일구었으며, 『동다송』이란 우리 나라 차문화의 고전을 저술했다.

그러나 초의선사를 세상 사람들이 알고 있는 것처럼 차의 달인으로만 보아서는 착오다. 그는 선 · 교 · 율을 겸한 당대의 선지식이었으며 시 · 서 · 화에 음악까지 겸한 풍류인이자 예술가였다. 다산 정약용, 추사 김정희와 같은 내로라 하는 석학들과도 어깨를 나란히 했으며, 그 만남이 차를 통하여 더욱 향기로워졌다.

그래서 초의선사의 동다송(東茶頌)에는 한 시대의 어둠을 걷어 내고 새로운 시대의 등불이 되고자 했던 고뇌 어린 선각자들의 예지가 응축되어 있다. 누구도 동다송에서 실학정신을 이야기하진 않지만, 분명 거기에는 그러한 정신이 간직되어 있다. 즉 우리 것은 우리 것이어야 한다는 것, 중국에 목매는 사대적인 것이 아니라 우리 것이 더욱 우수하다는 것을 깨닫지 않으면 장차 우리 민족은 영원히 가라앉을 것이라는 깨우침이 그가 말한 '동다(東茶)'의 의미에 담겨 있다. 수도승이자 대둔문화의 주인공이었던 그에게는 지극히 당연한 귀결이었을지도 모른다.

대흥사 부도전에 가 보면 그러한 옛 사람들의 체취가 맥박처럼 살아 있다. 서산대사 · 초의선사를 비롯한 13대 종사와 강사, 그리고 이름 없는 무명승의 사리탑에 이르기까지 크고 작은 돌덩이들이 빚어 낸 어울림은 무어라 표현할 수 없는 벅찬 감동을 준다.

무려 54기의 부도와 27기의 탑비에 새겨진 조각들의 모습은 다양하고, 강아지 · 도롱뇽 · 바닷게 · 도깨비 등 토착신앙의 상징물들도 수놓아져 있다. 불교만 고집하여 딱딱하게 굴지 않고 토속적인 정신들이 함께 어우러져 춤추며 뒹굴고 있는 것이다.

대웅보전 삼존불
대흥사의 주불전인 대웅보전은 정면 5칸, 측면 4칸의 웅장한 전각이다. 법당 내부에는 주불인 석가여래좌상을 중심으로 좌우에 약사여래와 아미타여래를 협시로 한 삼계여래상을 모셨다.

민중들의 전통적 신앙과 불교가 만나고, 여기에 당대 선비들의 고뇌 어린 사상까지 깃들어 새로운 정신으로 용틀임하는 듯하다. 초의와 다산의 만남이 그러했고, 초의와 추사의 만남이 그러했을 것이다. 그리하여 우리는 머나먼 천릿길 저 땅끝 해남에 가서 늘 새롭게 창조되고 젊어지려는 향기로운 정신을 수혈받게 되는지도 모른다.

송광사

피안의 세계로 가는 길의 풍경

열여섯 명의 국사를 배출한 승보사찰 송광사는 연꽃처럼 피어오른 조계산 자락에 안겨 있다.
중국 선종의 중흥조인 육조 혜능선사의 호를 따라 이름붙여진 조계산은
한국불교를 대표하는 조계종의 근본도량이다.

눈 내린 날 겨울 산사의 오솔길은 순결하기 그지없다. 세상의 번거로운 생각들을 생선의 뼈처럼 가지런히 추스려 바라보게 한다. 잘 살아온 일, 못 살아온 일, 허물 많은 세월들이 홑이불을 덮고 창백하게 떨고 있다.

아무도 오르지 않는 그 길에 발자국을 남기고 걸어가는 일은 설렘과 두려움이 교차한다. 바랑을 짊어지고 떠도는 수도승의 행각도 아니고 먹이를 찾아 나선 산짐승의 행렬도 아닌, 번뇌 많은 속인이 걸어가는 길은 언제나 사위스러울 뿐이다.

개울을 건너 헐벗은 산자락을 돌아 대숲 길에 들어서면 적막하던 겨울산도 푸근해진다. 어느 스님의 배려인지 길가에는 나무의자가 놓여 있고, 그곳에 앉으면 그리움에 야윈 바람 소리가 휩쓸고 지나간다.

길은 다시 작은 암자로 이어지고 터널 같은 대숲을 지나 사립문을 열면 주인 떠난 암자가 해쓱해진 얼굴로 길손을 맞는다. 봄이면 매화꽃이 피고, 여름이면 후박나무 잎새에 빗소리가 정겹고, 가을이면 가랑잎이 쌓이고, 겨울이면 푸른 대숲이 춤을 추는 곳……. 스님은 강원도 어느 산골의 오두막집으로 떠나셨고, 암자엔 빈 의자와 흰 고무신만이 남아 있다.

불일암 대숲길
무소유의 길을 따라 불일암으로 가는 대나무 숲길은 송광사에서 가장 아름다운 길이다. 불일암을 지을 당시 법정스님이 손수 만드신 길인데 이 길을 따라가면 암자로 가는 길은 때묻지 않는 피안의 세계로 들어가는 느낌이다.

불일암 빈 의자
불일암은 법정스님이 짓고 오랫동안 머물며 글을 쓰신 곳이다. 세상에 알려진 후 찾아오는 사람이 많아 수행에 방해가 되자 거처를 오대산 쯔대기골의 수류산방으로 옮기셨다. 입적 하신 후에도 법정스님이 불일암에 머물며 수행하던 그 모습을 그대로 간직하고 있다. 손수 만들었다는 빈 의자가 지금도 주인을 기다리고 있는 듯하다.

산은 텅 비어 있고 바람 소리만 가득하다. 마른 잎이 부딪치며 사운거리는 신갈나무숲과 은은한 솔바람이 화음을 이루고 지나가면 심연의 파도 소리 같은 대숲 바람이 온 산을 흔들어 놓는다.

인적이 끊긴 날 암자는 대숲의 도량이다. 모두가 제 빛을 잃고 숨죽여 동면의 계절을 견디고 있을 때, 대숲만이 홀로 깨어나 청아한 목소리로 겨울을 노래한다. 작은 바람 한 점이라도 허투루 보내지 않고 잎새에 숨겨 두었다가 빈 의자와 흰 고무신의 적요를 채우고 처마 끝의 풍경 소리를 울린다. 고요할 때는 우물 속처럼 적막하지만 때를 만나면 함성처럼 걷잡을 수 없는 것이 대숲의 바람 소리다.

청산은 나를 보고 말없이 살라 하고
창공은 나를 보고 티없이 살라 하네.
탐욕도 벗어 놓고 성냄도 벗어 놓고
물같이 바람같이 살다가 가라 하네.

나옹스님의 선시처럼 산중에 홀로 앉아 대숲 일렁이는 소리에 귀를 적셔 본다. 세상사 모든 일이 한줌 재처럼 흩어지고 겨울 산맥처럼 뼈를 드러낸 지난 세월들이 나를 돌아보게 한다. 어제는 어느 길손이 머물다 갔으며 내일이면 또 그 누가 이 바람 소리 들을 것인가. 돌아보면 세상도 암자도 모두가 순간을 머물다 가는 바람의 거처인 것을……. 그래서 겨울 암자의 풍경은 차마 바라볼 수가 없다.

길은 옛 스님들이 걸었던 국사로를 따라 또 다른 암자로 이어지고 부도전을 지나면 또다시 대나무 숲길, 그 너머에 큰절이 있다. 일주문을 지나 들어가는 진입로를 버리고 굳이 산중의 오솔길을 돌아서 찾아가는 이유는 이 길이 진정 산사로 가는 길답기 때문이다. 홀로 걷는 산길에 적막한 바람 소리만이 벗이 되어 주고, 그 길에서 저녁 예불시간에 울려 퍼지는 법고 소리와 범종 소리를 듣게 된다면 조계산은 온몸으로 거룩한 사원이 된다. 그래서 나는 이 길을 피안의 세계로 가는 풍경이라 부른다.

16명의 국사를 배출한 승보사찰

송광사는 양산 통도사, 합천 해인사와 함께 우리 나라 삼보사찰이다. 절집에서는 불(佛) · 법(法) · 승(僧)을 가리켜 불교 교단을 구성하는 세 가

조계 총림 송광사

큰 산에는 큰 절이 있고 큰 인물이 난다. 승보사찰 송광사는 연꽃 같기도 하고 둥지 같기도 한 가람. 눈 밝은 이는 이 땅의 생리를 금닭이 알을 품고 있는 형국이라 했다. 닭은 번식력이 강한 새, 이런 땅에 수도장을 지으면 구름처럼 수행자가 몰려오게 마련이었다.

지 근본으로 꼽는다. 삼보사찰이란 이들 세 가지의 상징적 보배를 간직한 사찰을 뜻한다. 송광사는 보조국사 지눌을 비롯한 16명의 국사를 배출하여 승보사찰, 통도사는 자장율사가 가져온 석가모니 진신사리와 금란가사를 모시고 있어 불보사찰, 해인사는 고려 팔만대장경을 보관하고 있어 법보사찰이라 불린다.

이들 삼보사찰은 한국 불교를 상징하는 대표적인 종합 수행도량으로 총림이라 불리기도 하는데, 그 중에서도 송광사는 해인사와 함께 양대산맥을 이룬다.

임경당
거울 같은 연못에 그림자를 드리우고 있는 집 임경당은 자신의 내면을 바라보라는 향기로운 말씀으로 이루어진 건축이다. 세속의 번거로운 생각들을 고기뼈처럼 가지런히 추스려 거울 앞에 비춰 보게 한다.

가야산 해인사가 장엄한 암봉들로 이루어진 산세로 남성적이고 활달한 기상을 보여 주는 절이라면, 조계산 송광사는 어머니의 품속처럼 아늑하고 너그럽다. 마치 소담하게 피어난 연꽃처럼 맑고 우아한 자태를 간직하고 있다.

송광사는 그 조계산 아래 연꽃의 화판에 해당되는 자리에 둥지를 틀고 마치 어깨와 어깨를 마주칠 듯 정겨운 모습으로 앉아 있다. 굳이 높은 곳에 오르지 않아도 절 뒤편 돌담길을 따라 걷다 보면 이 절이 얼마나 아름다운 선으로 이루어졌는지 절로 감탄이 나온다.

겹겹이 둘러싸인 봉우리는 탐스러운 연봉처럼 피어올라 있고 그 능선이 잦아들어 가람의 능선을 이룬다. 그 모습이 마치 큰 새가 알을 품고 있는 듯 다정하여 금계포란(金鷄抱卵)의 명당이라 한다. 그래서 아무리 거칠고 들뜨기 쉬운 성정의 수행자라도 이 산자락에 둥지를 틀면 차분하게 가라앉아 순화되게 마련이다.

이 산을 조계산(曹溪山)이라 부르는데 오늘날 한국 불교를 대표하는 조계종(曹溪宗)의 이름이 여기에서 나왔다. 조계종은 신라 때부터 내려오던 구산선문의 총칭으로 고려 숙종 때 대각국사 의천에 의해 수립된 천태종에 대립해서 부르게 된 명칭이다. 조계란 중국 선종의 중흥조인 혜능선사의 별호로 우리 나라 구산선문이 모두 혜능선사의 종풍을 따랐으므로 조계종이라 부르게 된 것이다.

그런데 본래 이 산은 송광산(松廣山)이었다. 온 산이 소나무로 가득 차 있어 솔뫼라 부르던 것이 어원이고, 지눌(知訥)스님이 화순 모후산에서 나무로 깎은 솔개를 날렸더니 송광사 국사전의 뒷등에 떨어져서 솔개가 잡아 준 터라는 의미의 솔개산에서 유래했다는 설도 있다.

산 이름이 절 이름으로 바뀐 데에는 송광산의 송(松)을 파자하면 '十八公'이 되는데 이는 장차 18명의 선지식이 배출되어 불법을 널리 펼친다는

법정 스님 다비식
평생 수행자의 모습으로 철저하게 무소유의 삶을 실천했던 법정스님은 화려한 다비식을 거부하고 조촐하고 간소한 다비식을 원했다. 조계산에 구름처럼 모여든 군중들이 다비장에서 스님의 마지막 가시는 길을 지켜보며 추모의 마음을 달랬다.

의미를 담고 있기 때문이다. 실제로 송광사는 고려시대에서 조선 초기에 이르기까지 16명의 국사를 배출하여 승보사찰이 되었다. 절에서는 앞으로도 두 분의 큰스님이 배출되리라고 믿고 있고, 그래서 16국사의 진영을 모신 국사전의 내벽은 18칸으로 되어 있다.

송광사의 창건은 신라 말 혜린대사에 의해서다. 창건 시기에 대한 정확한 문헌 기록이 남아 있지 않지만, 처음에는 길상사라 불리던 조그마한 절이었다. 고려 중엽에 이르러 보조국사 지눌(1158~1210)이 이곳에서 불교개혁 운동을 펼치면서 우리 나라 선종불교의 요람이 되었고, 이름도 조계산(曹溪山) 수선사(修禪社)로 바뀌었다.

진리의 소를 찾는 사람

송광사 중흥주라 할 수 있는 보조국사 지눌은 황해도 서흥에서 태어나 8세의 어린 나이로 입산하여 구도자의 길을 걸었던 인물이다. 25세 때 스님들의 과거시험이라 할 수 있는 승선(僧選)에 합격하여 출세의 길에 올랐으나, 세속의 영화에 뜻을 두지 않고 구도의 길에 매진하기 위해 홀연히 남행길에 올라 제방선원을 돌며 정진에만 몰두했다. 그는 이 시절 대립과 갈등으로 반목하고 있던 고려 불교의 현실을 직시하고 선과 교를 하나로 통합하기 위한 원대한 이상을 품었다. "부처님이 입으로 설한 것이 교요, 마음으로 전한 것이 선"이라고 설파하며 팔공산 거조사에서 정혜결사를 조직했는데, 이는 당시 타락한 불교의 면모를 일신하려는 혁신운동의 불씨가 되었다.

그의 개혁사상의 지표를 한마디로 요약한다면 선정과 지혜를 함께 닦아야 한다는 정혜쌍수(定慧雙修)다. 그리고 그 실천방법은 깨달음을 얻은 뒤에도 그 경지를 더욱 심화시키기 위해 계속해서 닦아 나가야 한다는 돈오점수(頓悟漸修) 사상으로 압축할 수 있다.

당시 지눌이 살았던 시대는 정중부·이의방을 중심으로 한 이른바 무신란의 시대였으며, 끝없는 권력다툼의 소용돌이 속에서 표류하고 있었다. 이러한 와중에서 승려들 또한 현실정치의 물결에 휩쓸려 수행자 본연의 위치를 잊고 타락의 늪에 빠져들었다. 고려 중기의 불교는 이런 외적인 위기상황과 함께 내부적인 문제도 심각했다. 그것은 불립문자(不立文子)를 내세우는 선종과 경전을 중심으로 하는 교종불교의 마찰이었다.

대각국사 의천 같은 이가 통합의 노력을 기울이기도 했지만 선종과 교종 간의 대립과 갈등은 여전히 지속되고 있었다. 지눌은 양분된 선종과 교종을 회통시켜 내적 갈등을 극복하고 정법을 구현하는 철저한 수행가풍을 일으켜 세우는 것이 당시 고려 불교의 시대적 과업임을 직시하고 있었다.

지눌은 그 고뇌 어린 참구와 정진을 통해 41세 되던 해에 지리산 상무주암에서 드디어 대각을 이루었다. 『대혜어록』을 읽던 중 "선정은 고요한 곳에 있지도 않고 또 시끄러운 곳에 있지 않으며 올바른 반연에 응하는 곳에도 있지 않고 생각하고 분별하는 곳에도 있지 않다. 그러나 먼저 고요한 곳이나 시끄러운 곳이나 날마다 반연에 응하는 곳이나 생각하고 분별하는 곳을 버리고 참구하지도 말아야 한다. 만일 갑자기 눈이 열리면 그것이 비로소 집안일임을 알 것이다"라는 구절에서 크게 깨치게 되었다.

그 뒤 지눌은 깨우침을 사회화하고 당시 불교의 썩은 나뭇가지를 잘라내기 위해 결사운동을 발원했다. 그리고 평생의 교화처로 길상사를 택하고 팔공산 거조사에 있던 정혜결사를 이곳으로 옮겨와 수선결사로 개칭했으며, 생을 마감할 때까지 철저한 수행과 가르침으로 후진양성에 진력했다.

초창기에 수행자 중심으로 출발한 수선결사는 그 뒤 왕실 · 귀족 · 서민 할 것 없이 많은 사람이 이 결사운동에 참여하여 종교운동의 차원을 넘어 사회운동으로까지 확산되었으며, 당시 고려 사회의 타락한 정신사에 청신한 기운을 진작시켰다.

'진리의 소를 찾는 사람'이라는 뜻으로 목우자(牧牛子)라 불린 지눌스님의 서릿발 같은 청정한 승가의 정신은 마지막 임종의 모습에서 잘 드러난다. 입적하던 날 지눌스님은 이른 새벽 목욕재계하고 법당에 올라 향을 사른 후 큰북을 쳐 대중들을 운집시켰다. 그리고 육환장을 들고 법상에 올라가 제자들과 일문일답으로 가르침을 내린 뒤 마지막으로 육환장을 높이 들어 법상을 내려치고 "일체의 모든 진리가 여기에 있느니라" 하고는 앉은 채 열반에 들었다고 한다.

그 뒤 송광사는 청진(淸眞) · 진명(眞明) · 원오(圓悟) · 원감(圓鑑) · 자정

(慈靜)·자각(慈覺)·감당(堪堂)·혜감(慧鑑)·자원(慈圓)·혜각(慧覺)·각진(覺眞)·정혜(淨慧)·홍진(弘眞)·고봉(高峯) 순으로 대를 이어 가며 나라의 사표가 되는 국사를 배출하여 승보사찰의 영예를 누리게 된 것이다.

부도전
조계총림의 율원으로 쓰이는 부도암 옆에는 30여 기의 부도탑이 즐비한 부도전이 있다. 양지바른 언덕배기에서 조계산 봉우리를 시원스레 바라보고 선 명당 터인데, 지눌스님 이후로 송광사를 빛낸 고승들의 사리탑이다. 아무도 찾아오지 않는 숲 속에 숨은 듯이 자리잡고 있다.

승보를 받드는 가람 배치와 진입 공간의 미

덕 높은 스님들이 머물렀던 자취로 하여 송광사는 여느 사찰의 가람 배치와는 차이가 있다. 법보사찰 해인사가 대적광전 뒤 가장 높은 곳에 장경각을 배치하고 통도사 대웅전 뒤편에 금강계단이 있듯이, 송광사도 대웅보전 뒤편 높은 언덕에 스님들의 수행 공간이 자리잡고 있다. 축대를 쌓아 건물을 배치하는 산지사찰에서 스님들의 수도장을 법당을 내려다보

포행 중인 스님들
긴 겨울을 나는 동안거 중 잠시 가부좌를 풀고 포행을 나온 두 스님의 발걸음이 여유롭다. 조계산의 부드러운 산세는 자칫 들뜨기 쉬운 성정마저도 온화하게 감싸 준다는데, 스님들의 뒷모습에서 이를 느낄 수 있다.

는 자리에 배치하는 경우는 극히 드문 일이다. 그러나 송광사는 승보 사찰의 성격을 드러내 보이기 위해 스님들의 수행 공간을 사찰의 가장 윗자리에 배치해 놓았다. 조계총림의 방장스님이 주석하고 계시는 삼일암과 하사당, 납자들의 선방인 수선사, 16국사의 진영을 모신 국사전 등이 여기에 해당되는 건축이다.

또 이들 수행 공간보다 한 단계 더 높은 산등성이 위에서 보조국사 지눌스님의 사리탑이 송광사 전역을 내려다보고 있어 이 사찰의 독특한 가풍과 성격을 엿볼 수 있다. 새벽예불 때면 하루도 거름 없이 송광사 스님들의 행렬이 이어지고 결연한 수행의 정신이 다져진다.

또 송광사에서 특이한 점은, 이처럼 거대한 사원의 마당에 탑이나 석등을 비롯한 어떤 기념물도 세워져 있지 않은 점이다. 풍수지리설에 따라 연꽃 형상의 절터에 무거운 석물을 세워 놓으면 가라앉기 때문이라는 해석도 있지만, 이곳이 수선결사의 도량인 만큼 모든 번거로움을 피하고 오로지 마음을 깨쳐 도를 이루려는 선종사찰의 특징이기도 하다.

다음으로 송광사에서 눈길을 끄는 것은 진입 공간의 아름다움이다. 소나무와 전나무 · 활엽수림이 빽빽하게 들어차 청량한 기운이 감도는 숲길을 따라 오르면, 조계산에서 흘러내리는 물소리에 귀를 적시고 호젓한 모습으로 서 있는 일주문을 만나게 된다. 큰절의 유명세에 비해 위압적인 크기를 자랑하지 않고 예스런 모습 그대로 정감 어린 자태를 간직하고 있다.

그 일주문 돌층계의 소맷돌에는 귀엽고 앙증맞은 모습의 돌사자상이 앉아 있다. 집에서 키우는 복슬강아지처럼 목에 방울을 달고 있는 두 마리의 돌사자 중 한 마리는 앞발을 다소곳이 들어 턱밑에 기댄 모습이다. 그 표정엔 속탈하여 환생을 꿈꾸는 듯한 신비로움까지 감돈다. 이런 옛 사람들의 솜씨와 마음이 스며 있기 때문에 절집으로 들어가는 길은 더욱 향기롭다.

또 일주문을 지나면 척주각(滌珠閣)과 세월각(洗月閣)이라 씌어 있는 두 개의 아담한 전각이 자리잡고 있다. 다른 사찰에서는 볼 수 없는 송광사의 독특한 건물인데, 죽은 자의 위패를 사찰에 모실 때 하룻밤을 모시고 제를 지내며 혼백을 깨끗하게 씻기는 곳이다. 구슬을 씻는다는 척주각은 남자의 혼백을, 달을 씻는다는 세월각은 여자의 혼백을 씻기는 곳이다.

척주각과 세월각을 지나 누각에 오르면 옛 사람들의 안목은 한층 심오한 세계를 펼쳐 보인다. 속세와 성역을 구분하려는 듯 완강한 몸짓의 시냇물이 흘러내리는 곳에 돌다리와 누각, 승방의 건물들이 배치되어, 빛나는 말씀들로 이루어진 사찰건축의 아름다운 사유가 어떤 경지인지를 보여 준다.

흐르는 개울물에 수중보를 만들어 연못을 만들고 그 위에 수상누각을 지어 주변의 풍경을 감상할 수 있게 했고, 시내 위에 놓인 무지개 모양의 돌다리는 신성한 곳으로 들어가는 통로임을 상징하고 있다. 돌다리 위에 지어진 누각의 이름은 우화각(羽化閣), 겨드랑이에 깃털이 돋아나 신선의 세계로 들어간다는 뜻이다. 우화각 상류에 웅장하게 펼쳐진 2층의 누마루는 시내를 베개 삼아 누워 있다는 뜻으로 침계루(枕溪樓)라 불리고, 아래쪽 수상누각과 이어지는 요사채는 거울 같은 물가에 임해 있는 집이라는 임경당(臨鏡堂)으로 불린다.

계곡에 발을 담그고 거울 같은 시냇물을 바라보고 있는 집 임경당에는 육감정(六鑑亭)이란 또 하나의 현판이 붙어 있다. 이는 사람의 감각기관인 안(眼)·이(耳)·비(鼻)·설(舌)·신(身)·의(意) 육근을 관조하여 마음의 본성을 찾는다는 뜻이다. 선(禪)이란 인간이 보고 느끼는 현상을 타파하고 그 속에 깃든 변치 않는 마음의 실체를 찾아가는 것이니, 건축에 담긴 의미 하나하나가 모두 선의 경지를 드러내고 있는 것이다.

그 심오한 경지는 임경당 아래 대각폭포에서도 숨김없이 드러난다. 침

계루 위쪽 조계산 바위계곡을 자유분방하게 쏟아져 내리는 계류가 세속에서의 번뇌를 상징하는 것이라면, 임경당 아래 고요히 호수를 이룬 수면은 번뇌가 사라진 구도자의 마음을 뜻한다. 그리고 그 아래 징검다리를 넘어 우렁차게 쏟아져 내리는 폭포는 이름 그대로 깨달음의 세계를 상징한다.

이렇듯 옛 사람들은 무심한 자연의 현상도 그냥 흘려보내지 않고 거기에 종교적 상징성과 사유를 부여해 수행자의 공간으로 승화시키고, 이를 낱낱의 건축적 이미지로 도해하여 공간을 꾸몄으니, 사찰에는 언제나 향기로운 말씀들이 묻어나게 마련이다. 그들은 분명 구도의 과정에서처럼 일상생활에서도 심미안의 소유자다웠다. 송광사 뒤편 다비장 가는 길을 따라 부도암에 이르면, 옛 시절 이 조계산중에서 지혜의 눈을 밝히던 스님들의 자취가 수십 기의 부도탑으로 향기를 뿜어 내고 있다.

단풍으로 물든 송광사
송광사는 오색단풍이 화려한 빛을 품어내는 늦가을 풍경이 제일 사랑스럽다. 그중에서 일주문과 세월각 척주당 임경당 우화각 침계루가 어울어진 진입공간의 풍경이 아름답다. 마치 극락세계의 정원을 보는 듯 자연과 인공의 건축물들이 정겹게 조화를 이루고 있다.

선암사

무우전과 달마전은 매화꽃 향기에 취하고

선암사는 고풍스럽다. 단청은 벗겨지고 기와지붕엔 이끼가 가득하다.
그렇지만 그것은 쓸쓸한 모습으로 퇴락해 가는 것이 아니다.
거기에는 문짝 하나라도 그대로 두어 옛 사람의 마음을 이어 가고자 하는 가풍이 살아 있다.

내가 좋아하는 옛 그림 중에 「패교심매도(覇橋尋梅圖)」와 「매화초옥도(梅花草屋圖)」가 있다. 「패교심매도」는 당나라 시인 맹호연이 패교를 건너 설산에 들어가 매화를 찾아다녔다는 고사를 소재로 한, 조선 후기 영조 때의 문인화가 심사정의 그림이다.

이른 봄 눈 속에서 피어나는 매화를 찾아 나귀를 타고 온 맹호연과 그를 따르는 동자가 지금 막 패교 앞에 도착한 순간을 그렸는데, 헐벗은 겨울나무 숲의 삭막한 풍경이 고독한 나그네의 심정을 잘 말해 주고 있다.

「매화초옥도」는 조선 말의 화가 전기(田琦)가 그의 벗 오경석에게 그려 준 것이다. 깊은 산 속 매화꽃이 가득 핀 산정의 오두막집 창가에 한 선비가 앉아서 피리를 불고 있고, 그 친구를 찾아서 홍의(紅衣)를 걸친 나그네가 살곳이 다리를 건너 매화나무숲으로 들어서고 있는 장면을 화폭에 담았다. 하늘은 금방이라도 눈보라가 몰아칠 듯 잔뜩 찌푸려 있는데, 오두막집 주변 매화나무 군락에는 눈송이 같은 흰 꽃이 만발하여 스산하면서도 화사한 느낌이 묘한 대조를 이루어 두 사람의 만남을 한층 운치 있게 해 준다.

남쪽에서 매화꽃이 핀다는 소식이 들려오면, 나는 이 산수화 도록을 펼쳐 들고 깊은 밤 홀로 앉아서 우수에 젖곤 한다. 쓸쓸히 설산을 헤매는 맹호연의 풍류와, 매화꽃이 피었다는 소식을 듣고 친구의 산정(山亭)을 찾아가는 붉은 옷을 걸친 선비의 여정이 한없이 부럽기 때문이다.

선암사 매화꽃
깊고 그윽한 골짜기를 지나 맑은 산빛의 생기가 감도는 곳에 선암사가 있다. 봄이면 그 뜨락에서 매화꽃이 만개하여 달마전과 무우전은 매화꽃 향기에 취해서 세월을 잊는다.

이런 밤엔 광주에 있는 친구에게 전화를 한다. 다짜고짜 옛 추억을 들먹이다가 봄이 오는 조계산에서 만나자고 약속을 해 버린다. 그곳에 꽃이 피고 물이 흐른다는 화류수개(花流水開)의 절 선암사가 있기 때문이다.

매화꽃을 찾아가는 향기로운 길

조계산은 전남 순천시 송광면 · 주암면 · 낙안면에 걸쳐 있는 산이다. 고려시대에는 우리 사상사의 한 획을 그었던 종교개혁 운동의 근거지였고 굴곡의 현대사에서는 남도 사람들이 겪은 수난의 아픈 세월이 간직된 곳이지만, 그리운 벗과 함께라면 매화꽃을 찾아가는 서정과 낭만의 여로가 되기도 한다.

무엇보다도 이른 봄 조계산에 가면 이 땅에서 가장 기품 있게 피어나는 노매(老梅)의 아름다움을 만날 수 있다. '호남제일선원'이란 편액이 붙어 있는 달마전 뜨락에 피어나는 매화꽃은, 메마른 나뭇가지 사이로 떠오르

대웅전 뒤뜰
선암사는 오래되고 낡은 절이다. 기와지붕에 이끼가 가득하고 추녀 끝에는 세월의 무게가 역력하다. 퇴락한 절집의 뜨락에는 사철 화려한 꽃이 피어나 전설 같은 분위기를 자아낸다.

는 겨울 밤의 달빛처럼 청초하면서도 환한 꽃그늘을 만들어 준다.

매화는 만물이 추위에 떨고 있을 때 봄소식을 제일 먼저 알려 주는 꽃으로 옛 사람들의 사랑을 두루 받았다. 그래서 고색창연한 절집의 뜨락이나 은둔지사들이 머물렀던 산정에는 빠짐없이 묵은 매화나무가 세월을 지키고 서 있다.

선암사의 매화가 언제부터 꽃을 피우며 이 땅의 봄을 노래했는지는 알려져 있지 않다. 하지만 고목이 되었을 만큼 연륜이 깊다. 적요만이 가득한 달마전 선방과 근심이 사라져버린 집 무우전도 봄이 오는 길목에서는 매화꽃 향기에 취해 그 빛이 더욱 예스러워진다.

백년이 되었는지 오백년이 되었는지 천년이 되었는지, 그 나이를 헤아리는 일은 부질없다. 해마다 이 꽃그늘 아래서 봄빛을 나누었던 옛 사람들의 만남과 풍류를 생각하면서, 나는 세상의 일을 떨쳐 버리고 조계산중에서 길을 잃고 헤매는 나그네가 되고 싶어진다.

신선의 세계로 오르는 돌다리

매화꽃도 매화꽃이지만 이 땅에서 선암사만큼 절다운 절도 없다. 대부분의 절집이 화려하게 단장을 하여 고졸한 맛을 잃어 가고 있지만 선암사는 아직도 옛 모습 그대로다. 전각들은 마치 화장을 하지 않은 얼굴처럼 담백한 모습이다. 단청을 했을지라도 세월의 무게가 고스란히 담겨 고풍스럽기 그지없다. 가람 배치도 주변의 산세와 잘 어울려 자연스럽고 조화로운 짜임새를 보여 준다. 마치 오랜 방황 끝에 다다른 성스러운 공간처럼 안온하면서도 평안한 느낌을 간직하고 있다.

선암사의 아름다움은 먼저 산문에 오르는 길에서부터 시작된다. 매표소에서 일주문까지 약 1500m의 호젓한 산길은 조계산에서 흘러내리는 유연한 계곡미와 어우러져 산사로 오르는 아름다운 진입 공간을 보여 준다. 그 아름다움이란 세속에서의 온갖 번뇌와 번거로운 일상을 벗어 버리고 깨달음의 공간으로 들어가는 의미를 담고 있다. 굳이 종교적 교리나 강설을 내세우지 않고서도 자연스럽게 깨달음의 경계가 어떤 것인지를 마음으로 느끼게 해 주는 것이다.

그 길에는 그곳에 내재된 아름다움의 의미를 더욱 돋보이게 승화시켜 주는 승선교(昇仙喬)와 강선루(降仙樓)가 있다. 자태만큼이나 이름도 멋스러운, 신선이 되어 오르는 다리이고 신선들이 내려와 노니는 누각이다.

승선교와 강선루

선암사로 들어가는 진입 공간에는 신선의 세계로 오르는 승선교와 신선들이 내려와서 머문다는 강선루가 있다. 맑은 계곡물에 어리는 모습이 한 폭의 그림처럼 아름답다. 승선교는 호암대사가 자신을 구해 준 관음보살을 기다리기 위해 세운 무지개 다리라는 전설이 전해진다.

승선교는 자연암반 위에 화강암의 장대석을 다듬어서 짜 맞춘 반달 모양의 홍예 위에 둥글둥글한 냇돌을 사용하여 만든 돌다리다. 돌을 다룬 솜씨가 참으로 정교하기 그지없다. 홍예 밑에서 올려다보면 부드러운 선으로 이루어진 둥근 천장을 연상케 한다. 멀리에서 바라보면 소낙비가 멈춘 푸른 하늘에 떠 있는 무지개처럼 예쁘다. 더욱이 무지개 모양의 승선교에 올라 바라보는 강선루는 흐르는 개울물에 그림자가 어리어 천상의 누각처럼 선경을 자아낸다.

강선루를 지나 일주문에 오르는 길은 점차 경사가 높아지고 사찰 입구임을 알려 주는 인공 숲이 조성되어 있다. 그 입구에 삼인당(三印塘)이라 불리는 연못이 있다. 삼인당은 경내에서 흘러내려오는 물줄기를 모아서 만든 타원형의 연못으로, 불국사 청운교 · 백운교 아래의 구품연지와 통도사 금강계단 옆의 구룡지처럼 불교적 사상을 배경으로 만들어진 신라시대의 조경문화다. 연못 중앙에는 섬이 배치되어 있고, 연못가에는 세 그루의 잣나무가 꼿꼿한 그림자를 드리우고 있다. 마치 구도의 길에서 만난 세 사람의 도반(道伴)이 피안의 세계를 응시하고 있는 듯하다.

삼인당을 지나 일주문 앞에 이르면, 경사진 조계산 자락을 여러 단으로 깎고 축대를 쌓아 건물들을 배치한 가람이 웅장한 모습을 드러낸다. 가람은 넓은 가슴을 열어 자신의 면모를 다 보여 주는 듯하지만 실제 눈앞에 들어오는 정경은 아무것도 없다. 단지 외줄기 길만을 열어 놓았다.

일주문을 지나고 가파른 경사의 범종루 밑을 통과해 대웅전에 이르기까지, 중심축선에 해당하는 이 동선의 흐름은 호젓하면서도 긴 여운으로 이어져 온 진입 공간의 느낌과는 사뭇 다르다. 외부 공간으로 이어지는 연속적인 느낌은 찾아볼 수 없을 만큼 짧은 직선으로 집중되어 그간의 분방했던 감상을 일격에 잡아 주는 듯하다.

그리고 마지막 단계에선 웅장한 규모의 강당이 길을 막고 사찰의 중심영역인 대웅전으로 가는 길의 동선을 차단하고 있다. 중국 선종의 중흥조인 육조 혜능선사가 살던 조계산과 선암사가 위치한 산 이름이 같다 하여 '육조고사(六朝古寺)'라는 편액이 걸려 있는 만세루다. 이 강당의 존재로 하여 도입부의 길은 끝이 보이지 않는 아득한 세계로 흩어져 버리고 새로운 개념의 공간으로 도약하기를 요구한다.

폐쇄와 개방을 반복하는 가람배치

달마전 돌우물

달마전 뒤뜰에는 아름다운 우물이 있다. 선방의 수좌들이 치열했던 화두를 놓고 잠시 휴식을 취할 때 몸과 마음을 다스리던 차를 끓이던 물이다. 차나무 뿌리를 스치고 지나온 물을 네개의 돌우물에 갈무리 했는데, 그 옥빛 물속에 푸른 산과 흰 구름이 머물러 있다.

단절과 절망, 그 아득한 길의 의미가 내재된 만세루의 모퉁이를 돌아서야 대웅전은 확 트인 마당과 함께 웅장한 자태를 드러낸다. 두말 할 것도 없이 절집의 핵심공간인 법당의 이미지를 극대화하기 위한 구성이다.

좌우에 스님들의 수행처인 설선당과 심검당을 거느리고 만세루를 마주 보고 있는 대웅전은, 조선시대 중창된 사찰에서 흔히 볼 수 있는 터진 ㅁ자형 구조다. 주변에 큰 규모의 전각들이 연이어 있어 중심영역으로서의 느낌은 다소 약하지만, 마당 가운데 서 있는 두 기의 석탑을 이용하여 중심성을 회복하고 있다. 그리고 무엇보다도 완벽해 보이는 대웅전의 자태와 깔끔한 처마선이 탐방객의 시선을 끌어들이는 흡인력을 가지고 있다.

선암사 대웅전은 조선 후기에 지어진 그만그만한 분위기를 간직하고 있는 목조건축 중 단연 돋보이는 솜씨다. 특히 중후하면서도 날아갈 듯 상큼하게 펼쳐지는 처마는 그 어떤 건축도 흉내내지 못하는 아름다운 선을 보여 준다.

선암사가 자리잡은 터는 풍수적으로 장군이 수많은 부하들을 거느리고 호령하는 장군대좌형이라고 한다. 우리가 이 대웅전의 모습을 바라보면서 절로 즐거워지는 까닭은, 그 장군이 압도적인 크기와 힘을 내세우지 않고 은근하면서도 조용한 가운데 위엄을 지닌 덕장으로서의 면모를 갖추고 있기 때문이다.

대웅전의 생김새를 유심히 살펴보면 이런 느낌은 누구나 공감할 수 있다. 우선 다른 사찰의 대웅전처럼 뒷모습이 담장이나 축대로 답답하게 막혀 있지 않다. 복도와 같은 긴 통로와 계단을 따라서 각기 독립된 구조의 전각들로 이어진다.

선암사의 건축 공간
나라 안에서 최고의 건축으로 꼽히는 선암사의 가람 배치는 무질서한 가운데 질서를 갖추고 있으며 막힌 듯 열려 있는 공간이다. 다양한 용도의 전각들이 독립적 구조를 지니면서도 하나로 어우러져 일체감을 이루고 있다.

동선의 흐름도 종횡으로 막힘이 없다. 대칭과 비대칭을 반복하는 원통전 · 응진각 · 무우전 영역이 적절하게 공간을 확보하며 자유분방한 가운데 나름의 질서체계를 확립하고 있다. 이는 한 건물에만 초점을 맞추어 위계질서를 부여하는 단선적 공간 개념이 아닌, 건축의 이미지를 중첩시켜 폐쇄와 개방을 반복하는 가운데 복합적 이미지를 창조하는 매우 뛰어난 안목으로 이루어진 것이다.

이러한 선암사 건축미의 비밀은 무엇보다도 주어진 자연 조건과 조화를 이루려는 정신에서 비롯된다. 선암사 후원의 차밭에서 내려다보면, 부드러운 조계산의 능선에 안겨 있는 아늑한 산사의 분위기를 한눈에 조망할 수 있다. 좌우로는 여러 겹의 산줄기가 펼쳐지고 눈앞의 전망은 시원하게 트여 있다. 구도자의 수도장으로는 더할 나위 없다. 말갛게 새로 돋는 차잎을 보노라면, 어디선가 천년 전 이곳에 서서 터잡이를 하던 스님들의 목소리가 들려오는 듯하다.

괘불

선암사는 고려시대 대각국사 의천에 의해 천태종의 중심사찰로 크게 융성했다. 이를 기리기 위해 해마다 가을이면 대각국사 탄신일에 큰 법회를 연다. 이때 대웅전 앞마당에 괘불이 내걸려 멋진 야단법석이 펼쳐진다.

후원의 차밭

선암사의 건축은 달마전 뒤뜰 차밭에서 자연으로 다시 돌아간다. 인공의 건축적 공간과 천연의 자연 사이에 야생의 차밭이 향기롭게 펼쳐져 아름다움은 바람처럼 넘나든다. 후원의 차밭에서 내려다보면, 겹겹이 이어지는 절집의 지붕선들과 조화를 이룬 조계산의 산세가 오랫동안 가슴에 와 닿는다.

선운사

눈물처럼 지는 동백꽃과 애달픈 상사화

선운사가 자리잡은 절터는 앞산과 뒷산이 서로 마주 보고 길게 펼쳐지는 골짜기다.
그래서 가람 배치를 이 산세에 조화시키기 위해 젓가락처럼 길게 펼쳐 놓았다.
대부분의 전각들이 맞배지붕을 하고 있는 것도 단정하면서도 가지런한 분위기를 연출하기 위해서다.

선운사에 가신 적이 있나요. 바람 불어 설운 날에 말이에요.
동백꽃을 보신 적이 있나요. 눈물처럼 후두둑 지는 꽃 말이에요.
나를 두고 가시려는 님아 선운사 동백꽃 숲으로 와요.
떨어지는 꽃송이가 내 맘처럼 하도 슬퍼서
당신은 그만 당신은 그만 못 떠나실 거예요.
선운사에 가신 적이 있나요. 눈물처럼 동백꽃 지는 그곳 말이에요.

송창식이 불렀던 이 노래처럼 고창 선운사(禪雲寺)는 동백꽃으로 유명하다. 노래 속의 화자는 그리운 임과의 이별을 앞두고 있다. 마음이 변해서 영영 떠나 버릴 것 같은 연인에게 마지막으로 이별여행을 떠나자 하는데, 그곳이 동백꽃 지는 선운사다. 자신의 눈물처럼 후두둑 떨어지는 동백꽃을 보여 주면 변해 버린 마음이 혹시 돌아올지 모른다는 애오라지 희망을 가지고 있다.

그렇지만 그는 선운사로 가자고 적극 말하지 못한다. 그냥 선운사에 가 본 적이 있는지, 동백꽃을 본 적 있는지를 묻고 있을 뿐이다. 떨어져 누운

동백꽃보다 여린 마음을 지닌 그는 어쩜, 사랑하는 사람 앞에선 말도 꺼내지 못하고 선운사 동백숲에 와 있는지도 모르겠다. 눈물처럼 떨어지는 동백꽃을 보면서 목이 메여 사랑의 연가를 부르고 있는지 모르겠다. 그래서 동백꽃이 피고 바람이 부는 날이면 이 땅의 사람들은 선운사를 떠올리게 되고, 그곳으로 훌쩍 떠나고 싶은 여수에 젖게 된다.

하지만 남도에 동백꽃이 피었다는 소식을 듣고 선운사를 찾아간다면 필경 “선운사 고랑으로 선운사 동백꽃을 보러 갔더니 동백꽃은 아직 일러 피지 않았다”는 미당의 시만 읽고 오게 될 것이다. 삼월이면 보길도나 오동도 같은 남해안에는 동백꽃이 한창이지만, 선운사 동백꽃은 새색시처럼 검푸른 잎새 뒤에 숨어서 가슴만 태우고 있을 때다. 선운사 동백은 늦잠꾸러기 미녀처럼 봄바람이 코끝을 스치고 진달래꽃이 온 산을 붉게 물들이고 난 사월 중순이 넘어서야 꽃망울을 터트리기 시작한다. 이유인즉 우리 나라 동백나무 섭생의 북방한계선에 위치해 있기 때문이다. 그러므로 선운사 동백은 겨울에 피는 동백이 아니라 봄에 피는 춘백인 셈이다.

동백꽃과 상사화

서정주 시인이 노래 한 후 동백꽃은 선운사의 상징처럼 되었다. 남해안에 피는 동백꽃에 비해 북한계선에 위치해 늦은 봄에 핀다. 절정기에 꽃송어리 째 뚝뚝 떨어지는 모습이 아픈 사랑과 비극적인 사연을 연상케 한다.
늦장마가 지고 초가을로 접어들면서 피는 꽃무릇은 평생 잎과 꽃이 만나지 못한다 해서 상사화라 불린다. 핏빛처럼 붉은 꽃이 온 계곡에 가득 피어나는 모습은 동학군들의 슬픈 전설을 간직하고 있다.

눈물처럼 동백꽃이 지는 곳

동백꽃은 진초록의 잎새 속에 숨어 달아오른 숯불같이 피어날 때도 아름답지만, 나무 밑에 흥건히 떨어져 있는 모습이 더욱 매혹적이다. 또 모가지째 뚝뚝 떨어지는 동백꽃은 다른 꽃들처럼 한순간에 시들어 버리는 것이 아니라 오랫동안 붉은빛으로 남아 있다가 시나브로 시든다. 그래서 동백은 떨어져도 열흘은 간다는 말이 있고, 절개를 지키는 한 많은 여인의 모습과 같다 하여 여심화(女心花)라 부르기도 한다.

봄꽃들이 다투어 피어나는 시절 선운사가 눈물처럼 떨어지는 동백꽃의 절이라면, 뜨거웠던 여름이 저물고 가을이 시작되는 길목에선 상사화가 피어난다.

상사화는 평생을 가도 꽃과 잎이 한 번도 만나지 못하고 그리워만 하다 시든다는 비련의 꽃이다. 겨울 눈 속에서 난초 잎 같은 잎이 무성하게 돋아나는데, 꽃을 보지 못하고 기다림에 지쳐 말라 버린다. 그리고 억수 같은 장마비가 퍼붓고 지나간 9월 초순쯤 흔적도 없던 자취 속에서 꽃대가 올라오기 시작한다. 꽃대는 마치 마늘종 같은 모습인데, 그 끝에서 족두리처럼 화려한 진홍색 꽃송이가 무리를 지어 피어난다.

꽃은 화사하게 피어나 간절히 잎을 기다려 보지만 역시 잎을 만나지 못하고 시들어 죽는다. 꽃이 필 때는 잎이 없고 잎이 필 때는 꽃이 없으니, 서로가 그리워하면서도 만나지 못하는 슬픈 사랑을 보는 듯하다. 그래서 이별초라 불리고, 꽃말도 이루어질 수 없는 사랑이다.

또한 이 꽃은 열매를 맺지 못한다. 종자로 번식하지 못하기 때문에 뿌리를 통해 영양번식을 한다. 장마철 빗물에 땅속줄기가 뿌리째 뽑혀 떠내려가다가 시냇가나 계곡의 언덕배기를 만나면 참았던 울음처럼 꽃을 토

해 낸다. 물기를 머금은 습한 골짜기라면 어느 곳을 불문하고 피어나는 상사화 군락은 그래서 지상에서 볼 수 있는 가장 슬픈 꽃밭이다.

정읍 내장사와 고창 선운사, 영광 불갑사, 함평 용천사에 이르기까지 한반도 서남해안의 절집 골짜기에 무슨 사연이라도 간직한 듯 유난스레 상사화가 핀다. 사찰에선 이 꽃의 뿌리를 말려 가루를 내 탱화의 방부제로 쓰기도 했고, 또 어느 스님이 세속의 여인을 연모하다 만나지 못하고 죽은 넋이라는 애틋한 전설이 전해지기도 한다.

그런데 선운사 골짜기에서 피어나는 상사화는 마치 수많은 군중이 피

선운사 계곡의 단풍
동백꽃과 상사화에 이어 선운사가 가장 아름다울 때는 늦가을 단풍철이다. 일주문 계곡에서부터 이어지는 화려한 애기단풍나무가 군락을 이루어 도솔암까지 터널을 이룬다. 녹색의 차밭과 어우러져 그 빛깔이 더욱 선명하고 호수처럼 고요한 계곡물에 반영을 드리운 모습이 환상적이다.

도솔암 마애불
도솔암 내원궁의 바위벼랑에 새겨진 고려시대의 마애불로 그 크기가 17m에 이르는 거불이다. 이 마애불의 배꼽 속에 비결이 숨겨져 있고, 이 비결이 세상에 나오는 날 한양이 망한다는 소문이 있어 동학도들이 이를 탈취하여 혁명의 기폭제가 되었다.

를 흘리고 쓰러진 것처럼 처절할 때가 있다. 이른 새벽 나뭇잎 사이로 눈부신 햇살이 비출 때, 상사화는 붉은색이 아니라 선연한 핏자국을 보는 듯하다. 그래서 도솔암 선재스님은 상사화를 두고 좋은 세상을 기다리다가 보람도 없이 쓰러져 간 동학군들의 넋이라고 했다. 이 골짜기가 우금치에서 패주해 온 동학농민군들이 최후를 마친 곳이기 때문이다.

미륵부처 배꼽 속에 감춰진 비결

남도의 소금강이라 불리는 도솔산에 자리잡은 선운사는 동백꽃과 상사화만큼이나 아름다운 절이다. 울창한 단풍나무 숲길을 지나 천왕문을 들어서면 운동장처럼 넓은 마당 위에 가람이 자리잡고 있다. 마치 춤을 추듯 유연하게 흘러가는 앞산과 뒷산의 산세에 조화를 이루기 위해 모든 건물들을 젓가락처럼 길게 배치해 놓은 것도 특징이다. 단청빛이 퇴락해 고색이 짙고, 지붕의 형태는 모두가 맞배지붕으로 통일되어 단아한 멋을 보여 준다.

사적기에 따르면, 선운사는 557년 백제 위덕왕 때 검단선사가 창건하고 1318년 고려 충숙왕 때 효정선사가 중수했다고 한다. 고려 말 왜구들의 침탈로 폐사가 된 것을 1472년 조선 성종 때 행호선사가 쑥대밭으로 변한 절터에 외롭게 서 있는 9층석탑을 보고 발심하여 대대적인 중창을 이루었다. 그 뒤 왕가의 혼기(魂記)를 모시는 어실(御室)이 자리잡을 정도로 영화를 누렸는데 정유재란 때 모두 잿더미가 되고 말았다. 현재의 가람은 1613년 광해군 때 무장현감 송석조가 원준대사와 함께 재건한 것이다. 이렇듯 선운사는 1500년의 세월 동안 피었다 지는 동백꽃처럼 소실과 중건의 역사를 되풀이하며 숱한 사연을 남기고 있다.

그 중에서도 빼놓을 수 없는 것이 창건에 얽힌 이야기다. 검단선사가 절을 세우기 전 이곳은 산적과 해적 떼들의 소굴이었다. 검단선사가 소금을 팔러 다니다 이곳에서 하룻밤을 묵게 되었는데, 다음날 아침 도둑 떼의 소굴에 큰 소동이 벌어졌다. 간밤에 호랑이 한 마리가 내려왔다가 마당 가운데서 죽었는데, 시체를 도무지 움직일 수가 없었다. 힘센 장정들 수십 명이 달라붙어도 꿈쩍하지 않는 괴이한 일이 벌어지자, 도둑 떼들은 검단선사에게 어찌 된 영문인지를 물어 왔다.

검단선사가 이 말을 듣고 호랑이를 살펴본 뒤 아무 말 없이 한 손으로 가볍게 들어서 옮겨 버렸다. 도둑들은 검단선사의 도력에 감화되어 개과천선했고, 스님은 그들에게 소금 만드는 법과 종이 만드는 기술을 가르쳐서 자립할 수 있게 했다.

검단선사로부터 소금 만드는 법을 배운 도둑들은 그 뒤 선량한 백성으로 살며 자신들에게 새로운 삶을 열어 준 스님의 은덕을 기리기 위해 보은염이라 하여 소금을 바쳤고 마을도 '검단'이라 불렀다.

검단선사에 대한 이야기는 지금도 선운사 주변 마을에서 영웅담처럼 회자되고 있다. 한번은 선운사에 도둑이 들자 검단선사가 금은보화를 마음껏 가져가도록 했다. 그런데 도둑들이 자루를 짊어지고 도솔산을 넘어간 뒤 열어 보니 모두가 가랑잎으로 변해 있더란 것이다.

또 도솔암 뒤편 70m의 거대한 바위벼랑에 새겨진 마애불도 검단선사가 도술을 부려 새겨 놓은 것이란다. 이 미륵부처님 배꼽 속에 새로운 세상을 만들 수 있는 신비스런 비결을 숨겨 놓았는데, 이 비결이 세상에 나오는 날에는 한양이 무너지고 천지가 개벽하는 세상이 온다는 이야기가 널리 퍼졌다. 그러나 거기에는 비결과 함께 벼락살이 봉해져 있기 때문에 비결을 꺼내려 하면 벼락을 맞아 죽는다는 것이었다. 결국은 벼락살마저도 물리칠 수 있는 영웅이 나와야만 이 비결을 얻을 수 있다는 뜻이다.

조선 후기 전라감사로 왔던 이서구가 마애불 배꼽 속에서 서기가 뻗치는 것을 보고 비결을 꺼냈는데, 갑자기 뇌성벽력이 치는 바람에 혼비백산하여 그냥 집어넣고 회로 봉해 버렸다는 이야기도 있다. 이는 이서구가 선정을 베푼 청렴한 목민관으로 지방민들의 신망을 받았으나, 현 지배체제의 위민정책으로는 근본적 개혁이 불가능하다는 민중들의 의식이 표현된 것이다.

지장보살상

선운사 관음전에 모셔진 이 보살상은 1476년 성종 때 만들어진 것이다. 고려불화에 나오는 보살상처럼 화려한 모습으로 조선시대 만들어진 최고의 조각이다. 지옥에서 고통 받고 있는 중생들을 구제한다는 지장보살상이다.

결국 도솔암 미륵부처님의 배꼽 속에 숨겨진 비결은 더 뛰어난 영웅을 기다린 셈인데, 그 주인공은 다름 아닌 동학혁명의 두령들이었다. 1894년 갑오년 농민봉기가 일어나기 전 전라도 일대에는 이 미륵비결이 세상에 나오면 한양이 망한다는 이야기가 들불처럼 번져 나갔다. 불안정한 정국 속에서 모두가 도솔암 미륵부처님을 주목하게 되는데, 무장의 손화중 장군 휘하에서 이 비결을 꺼내자는 말이 나왔다. 벼락살을 걱정하는 이도 있었지만 손화중은 "이서구가 열었을 때 이미 벼락살이 쳤으므로 이제 괘념치 말라" 하고, 대나무를 엮어서 발판을 만들어 도솔암 마애불의 배꼽 속에서 비결을 꺼냈다. 이 소문이 삽시간에 퍼져 나가 동학군의 손에 비결이 들어갔다고 하자, 주저하던 농민들이 새로운 세상에 대한 확신을 갖고 대거 동학교단으로 몰려들어 농민전쟁의 기폭제가 되었던 것이다.

일본인이 훔쳐갔다 돌려준 지장보살상

선운사는 또 남해 용문사, 철원 심원사와 함께 우리 나라 3대 지장 기도도량으로 유명하다. 지장도량이란 죽은 이의 영혼을 천도하는 기도가 잘 이루어진다는 도량이다. 왕실의 복을 비는 원찰이 되었던 것도 이곳이 유서 깊은 지장 기도도량이었기 때문이다.

그런데 선운사 지장신앙은 천지인(天地人)을 숭배하는 삼재사상과 혼합되어 삼장신앙으로 발전했다. 삼장신앙이란 하늘나라의 중생들을 구제하는 천장보살, 인간세상의 중생을 구제하는 인장보살, 지옥의 중생들을 구제하는 지장보살을 경배하는 신앙인데, 선운사에는 이 세 분의 보살상이 모셔져 있다. 선운사 관음전에 봉안된 지장보살은 조선 성종 때 왕실의 원찰로 중창되면서 조성한 것으로 보이는데, 우리 나라에서 가장 아름다운 지장보살로 꼽힌다. 화려한 의복에 장신구를 갖춘 모습에서 귀족적 풍모를 느낄 수 있고, 도톰한 얼굴과 섬세하게 빚은 손가락이 인상적이다. 이 보살상은 일제 때 일본인 유력자가 탐을 내어 훔쳐갔는데, 집안에 우환이 끊이질 않고 불길한 일들이 계속되자 고창 경찰서장에게 소포로 되돌려주었다는 영험담을 갖고 있기도 하다.

도솔암 천장보살은 미륵불이 계시는 하늘나라 도솔천의 내원궁에 모셔져 있다. 선운사 지장보살상보다 풍성한 용모를 지니고 있는데, 손에 바퀴를 굴리고 있는 모습이 미륵보살의 화신으로 여겨진다. 참당암의 인장보살은 청동으로 만들어진 두 보살상에 비해 자그마한 석상으로 조성된 것이 특징이다.

이 밖에도 선운사에는 특별히 유명세를 치르는 문화유산이 많은데, 그 중에서 절 입구 부도전에 세워진 백파선사 비문을 빼놓을 수 없다. 탁본

을 하도 많이 해 가는 바람에 글씨를 보호하기 위해 콩기름을 발라 놓았다는 이 비는 백파선사와 논쟁을 벌이다가 친구가 된 추사 김정희 선생이 쓴 것이다. 추사가 제주도 유배를 다녀온 뒤 쓴 득의작(得意作)으로 알려져 있는데, 힘찬 기운과 함께 어느 곳에도 걸림 없이 자유자재했던 활달함이 느껴지는 글씨다.

그러나 선운사에서 내 마음 속의 문화유산을 꼽으라면 사천왕상 무릎 밑에 깔려 있는 음녀상과 만세루 건축을 들겠다. 무심코 지나쳐 가는 길손에게는 무망한 것이겠지만, 거기에는 우리의 마음 속까지 환하게 밝혀 주는 옛 사람들의 정신이 담겨 있다.

음녀상의 눈빛과 만세루의 굽은 나무

사찰에서 천왕문은 부처님이 계시는 대웅전 지역으로 들어가기 전 사바세계와 정토세계를 구분짓는 경계구역에 위치해 있는 문이다. 그곳에는 험상궂은 사천왕이 동서남북 네 방위를 지키고 있는데, 그들 발 밑에는 악귀들이 짓밟혀 고통 속에서 신음하고 있다. 산문에 들어오는 구도자들의 마음을 가다듬게 하고, 중생들에게는 인과응보의 고통을 가르치기 위한 상징들이다.

그런데 다른 절집들의 천왕문과는 달리 선운사 사천왕의 무릎 밑에는 흙먼지를 뒤집어쓴 음녀상(淫女像)이 있다. 삼지창을 치켜든 광목천왕의 무르팍에 짓눌려 형벌의 세월을 감내하고 있는 것이다.

조각 솜씨도 일품이지만 이 여인의 눈빛에서 뿜어 나오는 의미가 미묘한 파장을 일으킨다. 그것은 어쩜 욕망의 허망한 굴레를 깨닫지 못하고 허우적

천왕문 음녀상

천왕문은 사찰로 들어가는 3문 가운데 두번째 문으로 불국토의 네 방위를 수호하는 사천왕상이 지키고 서 있다. 위협적인 인상을 한 사천왕은 사악한 무리를 힘으로 굴복시켜 교화하는 임무를 띠고 있다. 선운사 사천왕상 발 밑에서는 음탕한 여인이 벌을 받고 있다.

대웅보전
선운사는 서해 바닷가에 위치하여 겨울이면 눈이 많이 내려 설경이 아름답다. 대웅보전은 정유재란 때 왜병들의 방화로 불에 타 광해군 때 다시 지어진 것으로 정면 5칸, 측면 3칸의 큰 법당이다. 맞배지붕을 하여 단아하고 엄숙한 분위기인데, 기둥의 간격이 넓어 안정된 느낌을 준다.

거리는 세속의 모든 인간들에게 내려진 형벌의 모습이 아닐까. 미망 속에서 헤매는 인간들에게 벌받는 여인의 서늘한 눈빛은 오늘도 빛나고 있다.

만세루는 대웅보전 앞에 자리잡고 있는 강당 건물이다. 겉모습은 대웅보전 못지않게 엄숙한 분위기로 정유재란 후 다른 건물들과 함께 중건한 것이다. 그런데 이 만세루 건축의 목재를 자세히 들여다보면, 기둥에서 서까래에 이르기까지 온전한 것이 하나도 없다. 모두 토막나고 휘어진 것들이고 짧은 것은 꺾쇠로 연결하여 썼다. 다른 법당들을 짓고 남은 쓸모없이 버려진 자투리로만 지어진 까닭이다. 이는 목재 부족으로 인한 궁여지책이라기보다 더 큰 뜻을 보여 주기 위한 것이다.

명부전 지붕과 산세
선운사 산신각 앞에서 명부전 지붕을 바라보면 앞산의 모습과 지붕이 쌍둥이처럼 닮아 있다. 지붕의 외연이 확대되면 그대로 산세가 되고, 산세가 절집으로 들어오면 지붕 속에 스며들어 그렇게 다정할 수가 없다.

아무리 보잘것없고 쓸모 없는 나무토막일지라도 사용하는 사람의 안목과 솜씨에 따라서 얼마든지 훌륭한 건축이 될 수 있는 것처럼, 제아무리 못난 중생일지라도 부처님 품속에서는 모두가 소중하고 존재의 가치가 있다는 것을 교훈적으로 말해 준다.

봄이면 동백꽃이 피고, 가을이면 상사화가 피고, 배꼽 속에 비결을 감추고 동학의 함성을 들었던 절, 추사의 따스한 인간미가 스며 있고 사천왕상에 짓밟힌 여인의 눈빛이 살아 있는 절 선운사는 언제 가 보아도 우리의 발길을 오래도록 머물게 하는 정겨움을 간직하고 있다.

빗장을 걸어잠근 깨달음의 공간

화암사

화암사는 들어가는 길이 옹색하다. 어디를 보아도 열려 있는 대문은 보이 않는다.
화암사에 살았던 옛 스님들은 번뇌의 입을 틀어막듯 대문을 막아버렸다.
완강한 모습의 누각이 위압적인 모습으로 지키고 선 자리,
비밀통로 같은 작은 문을 내놓았을 뿐이다.

요즘 들어 속세를 떠나 있는 절다운 절을 보기가 힘들어졌다. 이름 없는 작은 암자를 제외한 대부분의 절집들은 자동차와 관광객들로 넘친다. 길품은 수월해졌지만 대신 그 옛날 우리를 감동시키던 고색창연한 산사의 풍경은 사라진 지 오래다.

더구나 1980년대 이후 대규모 중창불사가 이루어지면서 사찰건축에서는 자연과의 조화라는 미덕이 크게 훼손되고 말았다. 외형적 화려함을 추구하는 저급한 논리에 휩쓸려 길손의 마음까지 행복하게 감싸 주던 공간의 질서는 찾아보기 어렵게 됐다. 주어진 자연의 정경을 존중해 주면서 그곳에 또 하나의 세계를 창조해 냈던 수준 높은 건축적 사유를 상실해 버린 것이다.

하지만 전라북도 완주군 운주면 가천리 불명산 자락에 자리잡고 있는 화암사는 그 외풍으로부터 아직 의연하다. 첩첩산중에 묻혀서 문명의 이기를 거부한 채 학처럼 고고하다.

우선 이 절은 찾아가는 길부터가 남다르다. 위락시설로 흥청대는 여느 사찰과는 달리 음식점 하나 보이지 않는다. 드문드문 산골 농부의 외딴집만이 이정표가 되어 준다. 산문을 알리는 그 어떤 조영물이 배치되어 있

화암사로 오른 길
이름을 빛내기 위해 부끄러움마저 저버리는 시대, 화암사는 스스로 모습을 감추고 깊은 산중에 들어앉아 향기를 발하는 절이다. 무서리가 내린 날 아침 수줍게 피어난 한 떨기 산국처럼 아름다운 곳, 그곳에 가면 구도자의 작은 우주가 있다.

지도 않다. 오직 농로가 끝나는 곳에서 곧바로 이어지는 호젓한 오솔길만이 나그네를 마중 나와 있다. 꾸며지지 않은 야생의 길 그대로다. 그러나 이 길은 그냥 산길이 아니다. 속세를 등지고 저 깊은 마음의 세계를 향해 가는 구도자의 길이다.

하늘이 만들고 땅이 감춘 땅

절집은 인적이 끊긴 길을 따라서 휘적휘적 20여 분쯤 오르면 바위벼랑 위에 둥지를 틀고 앉아 있다. 가파른 낭떠러지를 쇠사다리를 밟고 올라서면 비로소 산문의 초입에 이른다. 그 첫인상이 흡사 도솔천에라도 올라온 기분이다. 500년 전 어느 선지식은 화암사에 중창비를 세우면서 그 느낌을 이렇게 적어 놓았다.

"절은 고산현 북쪽 불명산 가운데 있는데 골짜기가 그윽이 깊숙하고 봉

화암사 전경

숨소리마저 들리지 않을 것 같은 깊은 산중, 선정에 든 스님처럼 앉아 있는 화암사의 풍경은 깊은 우물 속 같은 정적이 감돈다. 극락전 · 우화루 · 적묵당 · 불명당 건물이 사방에서 마주 보고 앉아 텅 빈 마당의 적요를 응시하고 있다.

우리들은 비스듬히 연해 있다. 사방을 둘러보아도 길이 없고 인마(人馬)가 끊겨 있어서 나무꾼이나 사냥꾼마저도 이를 수가 없다. 골짜기 입구에 바위벼랑이 있는데 높이가 가히 수십 척이나 되고, 뭇 골짜기의 시냇물이 한 골로 모여 흐르니 큰 폭포를 이룬다. 바위벼랑의 허리에 너비 한 자 정도의 가느다란 길이 있어 그 벼랑을 타고 들어가면 이 절에 이른다. 골짜기는 가히 만 마리의 말을 갈무리할 만큼 넓고, 바위가 기묘하고 나무는 늙어 깊고도 깊은 성채를 이루고 있다. 참으로 하늘이 만든 것이요, 땅이 감추어 둔 도인의 복된 땅이다."

화암사의 아름다움은 이렇게 환상적인 입지 조건을 찾아 낸 터잡기로부터 시작된다. 굳이 명산에 명승이라고 내세울 만큼 높이와 크기와 화려

함을 지니고 있지는 않지만, 사람들의 발길이 찾아들기 힘든 오지의 산골짜기에 땅과 하늘이 감추어 둔 이런 복된 땅을 찾아 낸 것은 물론 눈 밝은 스님들의 안목이었을 것이다.

텅 빈 마당의 미학

처음 이곳을 발견한 선지식의 눈에 비친 절터는 부처님 손에 들려 있는 염주처럼 느껴졌다. 염주는 달처럼 둥근 모습이고, 그 속에 번뇌를 밝히는 지혜가 들어 있으므로 불명산(佛明山)이라 이름지었다. 절집을 지어 놓고 보니, 그 모습이 험한 바위절벽 위에 피어 있는 한 떨기 꽃과 같아 꽃바위 절이란 뜻의 화암사(花巖寺)가 된 것이다.

이름을 풀이해 보면 이 산중 역사의 시작과 끝이 보일 것도 같다. 깊은 산 속 정적이 흐르는 곳, 수행자들이 선정에 들기 좋은 터였으니 가람의 구성은 많은 사람이 찾아드는 대중교화처가 아니라 자신의 내면을 들여다보는 선승들의 수행처로 만들어진 것이다.

세속의 발길을 거부하기 위해 빗장을 걸어잠근 토굴 같은 절, 이런 까닭에 화암사의 건축은 철저히 내부 중심적인 폐쇄성으로 이루어졌다. 힘겹게 바위절벽을 올라서 마주하는 절집이건만 넉넉한 품을 벌려 길손을 반겨 주질 않는다. 오히려 위세등등한 사대부의 저택처럼 엄숙하고 완강한 인상이다.

정면에는 허공에 떠 있는 듯한 우람한 구조의 누마루가 압도하듯 발길을 가로막고 있다. 그 둘레는 마치 난공불락의 요새처럼 돌담장으로 울타리를 치고 있다. 그리고 무엇보다도 대문이 보이질 않는다. 눈썹 같은 문

극락전 마당의 그늘
화암사 극락전은 정면 3칸, 측면 3칸의 맞배지붕 건물로 조선시대에 다시 지어진 것이다. 한일 건축사 연구에 귀중한 자료가 된 하앙 구조가 발견되어 관심을 끌었다. 텅 빈 마당에 내린 그늘이 한층 신비로운 느낌을 자아낸다.

지방을 넘어가는 문간채의 진입 공간이 있기는 하지만, 이것은 대문이라기보다 비밀통로와 같은 쪽문일 뿐이다.

사물을 눈여겨보는 마음을 가진 사람이라면 이쯤에서 발길을 멈추고 의문에 빠져들게 된다. 밀치고 들어가면 금방이라도 삐걱거리는 소리가 들려올 것만 같은 통문. 그 작은 문 앞에 서서 황급히 자신을 추스려 보거나 깊은 한숨을 몰아쉬며 머뭇거리게 된다. '이 절은 아무나 들어오는 곳이 아니니 함부로 발길을 들여놓지 마시오'라는 의미가 읽혀지기 때문이다.

절집 안에 전해 오는 이야기도 이런 사연을 잘 말해 준다. 누마루 오른쪽이 본래 대문 자리인데 여기에다 큰 문을 설치하면 사람들이 너무 많이 찾아들어 수행하는 데 방해가 되므로 대나무를 심어 막아 버렸고, 문간채에 작은 문을 내어 공부하는 도인들만 들어올 수 있도록 했다는 것이다.

그렇지만 화암사는 일단 이 문턱을 넘기로 작정하고 발길을 들여놓는

사람에게는 대단히 의미 있고 신선한 공간의 미학을 체험하게 해 준다. 문간채와 누마루, 적묵당에 딸린 부엌이 교차하는 세 건물의 모퉁이를 옹색스럽게 통과하면 극락전 앞마당의 확 트인 세계에 이른다. 부처님 앞에 이르는 진입 공간의 동선이 이와 같을까. 마치 어둡고 답답한 터널을 통과하여 광명의 세계에 이르는 것처럼 극적인 효과를 연출한다. 이는 두말할 것 없이 깨달음에 이르는 길과 그 순간의 이미지를 포착하여 건축적으로 보여 주는 것이다.

가람 배치의 내부 구조 또한 전형적인 선종사찰의 형식을 취하고 있다. 주불전인 극락전과 스님들의 선방인 적묵당과 불명당, 그리고 우화루 강당이 ㅁ자형 구조를 이루고 그 중심부의 마당은 빈 공간으로 남겨 놓았다. 이 세상의 중심은 텅 비어 있지만, 그것은 눈에 보이지 않는 진리로 가득 채워져 있다는 공(空)사상을 표현하고 있다.

그러므로 화암사의 건축 공간에서 가장 중요한 핵심요소는 바로 이 텅 빈 마당에 있다고 할 수 있다. 교종사찰에서처럼 여러 가지 교리나 형식에 맞추어 건물들을 나열하는 것이 아니라, 가람의 한복판에 빈 공간을 두고 사방에 건물들을 배치하여 정적인 구도를 보여 준다. 단순하고 수평적인 구조의 미학을 통해 오히려 고요하면서도 심오한 정신세계를 드러내는 것이다.

그래서 화암사 극락전 마당 한가운데에 서면 깊은 우물 속에 빠져 있는 듯한 전율에 휩싸인다. 적묵당 선방에서 툇마루 너머 마당에 떨어지는 추녀의 그림자들을 보며 빛을 읽고 바람을 느끼며 하늘의 별을 헤아리는 구도자의 호흡이 느껴지기 때문이다. 그 선방의 기둥에는 청산(靑山)과 백운(白雲)이란 글귀가 씌어 있다. 선승들은 분명 이 텅 빈 마당에서 번뇌가 사라진 뒤의 푸른 산과 흰 구름을 보았을 것이다.

극락전 하앙 구조와 꽃비 내리는 집

그러나 이 아름다운 의미가 살아 있는 화암사가 세상에 알려지기 시작한 것은 극히 최근의 일이다. 1978년 문화재관리국의 학술조사에서 극락전의 하앙(下昻) 구조가 발견되면서부터다.

하앙 구조란 공포와 지붕의 서까래 사이에 끼워진 또 하나의 긴 부재를 말하는데, 이 위에 도리를 가로지르고 서까래를 얹으면 처마를 길게 빼낼 수 있는 건축기술이다. 강수량이 많은 평야지대 건축에서 습기로부터 건물을 보호하기 위해 만들어진 양식이다.

중국과 일본의 건축에 흔히 쓰이고 있는 이 하앙 수법은 우리 나라에서는 실재 유구가 발견되지 않고, 단지 고려시대 청동탑의 모형에서만 그 흔적이 확인되었다. 그래서 일본 학자들은 중국의 건축술이 한반도를 거치지 않고 일본으로 직수입되었다는 주장을 펴는 근거로 활용했는데, 화암사의 극락전이 발견되면서 이들의 논리는 궁색해져 버렸다.

하앙 구조는 백제 건축에서 널리 사용된 수법으로 보인다. 화암사의 극락전이 백제계 건축 양식을 계승하고 있고, 백제의 장인들이 일본에 건너가 지어 준 호오류사의 금당과 5층탑에도 이런 하앙 구조가 사용되고 있기 때문이다.

현재 화암사 건축은 조선 초기에 중창된 것이 임진왜란으로 불타자 1605년 선조 때 다시 지은 것이다. 다행히 조선 초기에 중창할 때까지 백제의 건축 양식이 남아 있었고, 17세기에 다시 지을 때에도 앞 시대의 형식을 그대로 고수했기 때문에 역사의 둘도 없는 증언자가 된 것이다.

극락전과 함께 화암사에서 주목받는 건축은 우화루(雨花樓)다. '꽃비가 내리는 집'이라는 아름다운 당호를 지닌 이 건축은 기둥이 훤칠하게 높

고, 지붕선의 느낌이 부챗살처럼 산뜻하게 펼쳐져 마치 허공에 떠 있는 듯한 느낌이다. 그런데 이 건축은 앞쪽에서 볼 때는 다섯 개의 기둥이 떠받치고 있는 2층 구조지만 극락전 앞마당에서 보면 단층으로 이루어졌다. 마당을 넓게 쓰면서 수평적 구조에 건물들을 배치하는 평지형 공간을 연출하기 위해 이런 입체적인 아이디어를 창안해 낸 것이다.

극락전 하앙구조
하앙이란 서가래와 도리 사이에 처마 무게를 받치는 건축 부재를 하나 더 설치해 일반 지붕보다 처마를 더 길게 빼낼 수 있도록 한 것이다. 목조건축은 비를 맞으면 썩어서 문제가 발생하니 비가 들치지 않도록 처마를 길게 만들기 위해 이런 방법을 사용하였다.

하지만 한국 건축의 고전으로 꼽히는 이 절집은 언제 누구에 의해 창건되었는지 알 수가 없다. 조선시대 초기에 세워진 중창비에 원효대사와 의상대사가 머물며 수도했다는 내용만 전해질 뿐, 그 이상은 무명의 세월을 고집하고 있다.

연혁과 자취를 알 수 없이 공백으로만 남아 있는 그 오랜 세월 동안 이곳에서 빗장을 걸어잠그고 살았던 도인들의 발길도 끊어진 지 오래고, 지금은 주지스님과 공양주 보살, 허드렛일을 도와 주는 노인 한 분이 덩그렇게 절을 지키고 있다.

초겨울 노루꼬리처럼 짧은 햇살이 머물다가 산등성이를 넘어가 버리면 추녀마루는 어느 새 산그늘에 젖어 쓸쓸한 빛이 역력해진다. 항아리 속같이 깊은 산골이라 유난히 밤이 길다는 곳, 극락전 뒤란의 대나무숲이 몸을 뒤척이며 울음소리를 내기 시작하고 절마당에는 하나 둘씩 초롱초롱한 별들이 쏟아져 내린다.

나그네는 적묵당 툇마루에 앉아서 오래도록 일어서질 못한다. 아, 천길 바위벼랑 위에 피어 있는 한 떨기 야생화 같은 절, 화암사의 밤은 또 어떤 속삭임을 들려줄 것인가.

미황사

땅끝에 핀 한 떨기 야생화 같은 절

달마산 중턱에 자리잡고 있는 미황사는 대둔사와 함께 조선 후기에 번성했던 사찰이다. 법랍 높으신 스님들의 참선도량인데 진도 앞바다로 떨어지는 노을이 아름다워 낙일관(落日觀)을 닮았다.

때묻지 않고 사랑스런 절집을 꼽으라면 나는 가장 먼저 땅끝 미황사(美黃寺)를 떠올린다. 천릿길을 달려온 국토의 숨결이 다하는 해남 땅 달마산(達磨山) 중턱에 자리잡고 있는데, 여관은 물론 가겟방 하나 없을 정도로 세상의 때가 묻지 않았다. 외롭고 적막한 고찰의 분위기가 그대로 살아 있고 인심 또한 옛 것이어서, 노독에 지친 나그네라면 하룻밤의 여수를 풀 수도 있다. 흰 눈이 내린 겨울의 풍경은 가히 절경을 넘어선 피안의 절집 같은 분위기다.

미황사는 전라남도 해남군 송지면 달마산 기슭에 있다. 해남읍에서 완도 쪽으로 40리 길은 더 가야 하는 외진 곳이다. 지금은 보길도까지 연결되는 땅끝 관광이 개발되어 포장도로가 되었지만, 예전에는 불편한 교통만큼이나 알려지지 않은 쓸쓸한 곳이었다. 그러나 찾아가면 그 쓸쓸함만큼이나 의연한 산하를 느낄 수 있는 곳이 미황사다.

미황사 가는 길은 해남읍을 거쳐 가는 것보다 강진읍에서 백련사와 다산초당이 있는 만덕산 줄기를 타고 가는 길이 좋다. 완도 못미처 해남군 북평면 남창에서 우회전하여 월송으로 들어가는데, 이 길은 한반도의 장

엄한 역사인 백두대간이 영암 월출산에서 기를 모았다가 만덕산 · 두륜산 · 달마산 · 땅끝 사자봉까지 이어지는 장쾌한 퍼레이드를 벌인다. 거대하다거나 으리으리한 골격은 아니지만 그 품격이 우렁차고 다부진 암봉들이다. 그 중에서도 절정이 달마산이다.

칼바위 능선이 병풍처럼 둘러쳐져 있고 대붕(大鵬)이 날개를 퍼득이는 형상이다. 사자가 웅크리며 포효하는 모습이고 용과 호랑이가 어금니를 드러냈으며 운무 속에서는 신기루처럼 솟아 있다. 그래서 달마산은 일찍이 남쪽의 금강산이라 불렸고, 풍랑을 만나 표류해 온 송나라의 벼슬아치도 "해동 고려국에 달마명산이 있어 그 경치가 금강산보다 더 낫다 하여 구경하기를 원하였더니 이 산이 바로 달마산이구나" 하고 찬탄했다.

미황사는 이 달마산을 가사장삼처럼 두르고 삼매에 들어 있는 선사의

달마산과 미황사
우리 나라 육지의 절 가운데 가장 남쪽에 있는 미황사는 달마산 바위능선을 병풍처럼 두르고 있어 범접할 수 없는 기상을 보여 준다. 조선 후기에 중건된 대웅보전은 비바람에 단청이 다 지워져 나뭇결이 드러나 화려하면서도 정겨운 느낌이 든다.

대웅보전 단청
미황사의 대웅보전 1754년에 중건된 것으로 화려한 자태가 조선 후기를 대표하는 건축이다. 특히 법당 내부를 장엄한 그림과 단청이 매우 아름다운데 다른 법당에서는 볼 수 없는 천불도가 그려 있다. 온갖 향기로운 꽃과 악기와 부처님의 모습으로 가득 채워져 불국정토를 표현한 법당이다.

모습이다. 그 품격이 활연대오하여 범할 수 없는 기상을 느끼게도 하고, 황혼녘 잔광이 부서질 때면 더없이 쓸쓸하고 적막하기도 하다. 이름 없이 묻혀 버린 그 역사를 생각하면 더욱 그렇다.

남방전래 설화를 간직한 천년 고찰

미황사의 역사는 신라시대 의조(義照)화상으로부터 비롯되었다. 1692년 숙종 18년에 병조판서를 지낸 민암이 지은 미황사 사적기에는 창건에 얽힌 이야기가 소상히 적혀 있는데, 그 내용이 자못 신비롭다.

때는 신라 35대 경덕왕 8년(749), 땅끝 사자포 앞바다에 홀연히 돌배 하나가 나타났다. 배에서 아름다운 범패 소리가 들려왔는데, 사람들이 다가가면 멀어져 가고 돌아서면 가까이 오고 하기를 며칠 동안이나 계속했다.

의조화상이 두 사미승과 향도 100여 명을 데리고 목욕재계하고 지극한 기도를 올리자 배가 육지에 닿았다. 배 안에는 금으로 된 함과 검은 바위가 들어 있었다. 금함을 열어 보니 놀랍게도 화엄경 · 법화경 · 비로자나불 · 문수보살 · 보현보살 · 40성중 · 53선지식 · 60나한 · 탱화 등이 가득 차 있었다. 이것을 내려 임시 봉안하고 검은 바위를 깨뜨리자 검은 소[牛] 한 마리가 뛰쳐 나오더니 삽시간에 큰 소가 되었다.

이날 밤 의조화상의 꿈에 금인(金人)이 나타나 말하기를 "나는 우전국(인도)의 왕인데 이곳의 산세가 일만불(一萬佛)을 모시기에 좋아 보여 인연토로 삼았다. 경전과 불상을 소에 싣고 가다가 소가 누워 일어나지 않는 곳에 절을 세우라"고 일러 주었다.

다음날 스님이 그 말대로 했는데, 소가 달마산 중턱에 이르러 한 번 넘어지고 다시 일어나 한참을 가다가 크게 울음소리를 내며 넘어지더니 다시 일어나지 못했다. 의조화상은 처음 소가 누웠던 자리에 통교사(通敎寺)를 짓고 그 다음 자리에 미황사를 지었다. 미황사란 이름은 소가 울 때 그 울음소리가 지극히 아름다워 미(美)자를 취하고, 금인의 황홀한 빛을 상징하여 황(黃)자를 취해 지은 것이다.

이 창건설화는 다분히 전설적이어서 모두 사실로 받아들이기는 어렵지만, 우리 나라 불교의 남방 해로전래설을 뒷받침하는 귀중한 자료가 된다. 불교 남방 해로전래설은 4세기 말 중국을 통해서 불교가 전파되었다는 통설과는 달리, 이미 1세기경에 낙동강 유역에 건국한 가야와 전라도 남해안 지방으로 직접 전래되었다는 주장이다.

이 남래설은 구체적인 고증 자료가 없어 문제되긴 하지만 설화적 얼개와 정황으로 보아 무시할 수가 없다. 가야라는 국명이 인도의 지명을 그대로 따르고 있다는 점과 허왕후와 수로왕의 전설, 칠불암 설화 등도 그 개연성을 높여 준다. 또 전라도 해안지방의 몇몇 사찰에서도 남래설의 흔적을 볼 수 있는데, 그 중에서 미황사 창건설화가 대표적이다.

미황사의 경우 희미한 구전으로 내려오는 것이 아니라, 오래 전부터 전해 오던 이야기를 정리해서 사적비에 기록한 것으로 보아 자료적 가치가 더 높다.

비문을 쓴 민암은 이 설화를 소개하면서 "석우(石牛)와 금인(金人)의 이야기는 너무 신비해 속된 귀로는 의심이 갈 만하나 연대를 따져 고증하려는 것은 부당한 일이다. 지금이라도 미황사에 가면 경전과 금인, 탱화, 성상 등이 완연히 있다"고 자신의 안목까지 밝히고 있다. 미황사 아랫마을 이름도 예전에는 불경을 짊어지고 쓰러진 소를 묻었다 하여 우분동(牛墳洞)이라 불렀다.

대둔사와 필적할 선지식의 도량

미황사는 한창 번성할 때 통교사를 비롯하여 도솔암·문수암·보현암·남암 등 열두 암자가 즐비했고, 고승대덕들이 끊이지 않은 도량이었다. 지금은 미황사만이 쓰러질 듯한 그 명맥을 유지하고 있지만, 가람터를 살펴보면 결코 허장성세가 아니다. 웅장하면서도 날아갈 듯 앉아 있는 대웅보전의 격조가 그렇고, 동백나무 숲속에 허물어진 옛 터의 돌담들도

그 위용을 느끼게 한다. 대웅보전 마당에 올라서기 전 주춧돌만 박혀 있는 누마루 터도 2층의 아홉 칸이었던 웅좌였다.

미황사 대웅보전은 잘생긴 절터만큼이나 아름답다. 정유재란 때 불탄 것을 1754년 영조 때 중수했으며, 그 생김새가 화려하고 정교하기 이를 데 없다. 조선 후기 다포 양식의 건축으로는 단연 돋보이는 솜씨다. 막 허튼 돌로 쌓은 기단 위의 우아한 차림새도 그러하려니와 내부를 장식한 문양과 조각 단청들도 찬탄할 만하다.

대웅보전 뒤편의 응진당도 대웅보전과 비슷한 시기에 지어졌는데, 내부 벽면에 수묵으로 그려진 벽화는 유려한 선맛이 선필(禪筆)의 경지를 보여 준다. 줄지어 배치된 보살상, 나한상, 신장상들도 명부전의 조각들과 함께 고풍스런 맛을 잃지 않고 있다.

한때 20여 동에 이르렀다는 미황사의 융성이 대웅보전, 응진당, 명부전

부도전
옛 통교사 터에 자리잡고 있는 부도전은 융성했던 미황사의 역사를 말해 준다. 아무도 찾아오지 않는 숲 속에 수십 기의 부도가 무리를 지어 있어 탄성을 자아내게 한다.

등 몇 채의 당우들로 쇠락해져 있음은 떠도는 나그네의 발길일지라도 비감스럽지 않을 수가 없다. '과연 달마산 미황사로구나' 할 만한 선풍도 보이지 않는다.

그러나 부도전에 가 보면 깊이깊이 감추어진 미황사의 역사가 아직 꺼지지 않은 모닥불처럼 남아 있다. 대웅보전 마당에서 도솔봉 쪽으로 오솔길을 따라 2km쯤 가면 믿기지 않을 만큼 눈부신 부도전이 나온다. 울창한 숲에 싸여 30여 기의 돌무덤들이 하늘을 향해 나래를 펴고 있다. 푸른 이끼와 함께 정갈하게 풍화된 색조는 가슴 벅찬 감동을 불러일으킨다. 찾아오는 사람도 없는 산중에서 한 점 흐트러짐 없이 의연하여 절로 머리가 수그러질 뿐이다.

부도탑의 문양
미황사 부도탑 조각에는 물고기, 강아지, 외다리 새, 게, 방아 찧는 토끼, 도깨비 얼굴 문양이 표현되어 있다. 기존 불교조각에서 등장하는 문양이 아닌 민중들의 소박한 생각이 반영된 것으로, 조선 후기 불교가 민간 신앙과 한데 어울려 호흡하고 있음을 알 수 있다.

이 부도전은 그 옛날 융성했던 달마산과 미황사의 역사를 그대로 증언하고 있다. 아마 우리 나라 사찰의 부도전 중 최고일 성싶다. 산 너머 대둔사의 부도전이 유명하지만, 어수선하여 이 고독한 듯 웅혼한 기운은 흉내내지 못한다. 연담당, 벽하당, 설봉당, 완해당, 창암당, 송암당, 영월당, 송월당, 백호당, 죽암당……. 수많은 절집을 찾아가 보았어도 이만한 선승들의 역사를 가진 사찰은 보지 못했다.

이들 부도의 양식이 대부분 조선 후기에 조성된 것이어서 미황사가 임진왜란 이후 수많은 고승들이 주석하여 선풍을 떨친 곳이었음을 알 수 있다. 조각들도 용, 두꺼비, 거북, 물고기, 게, 도롱뇽, 학, 연꽃 등 소박하고 재미있는 문양들이다. 특히 대웅보전 기둥의 초석에서처럼 거북이나 게

등 바다 동물이 많이 등장하는 것으로 보아 창건설화와 함께 바다와 밀접한 관계가 있음을 느끼게 해 준다.

부도전이 위치한 곳은 소가 처음 멈추어 섰던 통교사 터이고 한국전쟁 전까지만 해도 남암이 자리잡고 있었다. 지금은 잡목 숲이 터를 메웠고 하반신이 땅에 묻힌 사적비가 서 있으며, 옛 절터 석조에는 무상한 세월을 아는 듯 모르는 듯 약수가 넘치고 있다.

촌로들의 기억 속에 남아 있는 사연

부도전에서 진도 앞바다의 푸른 물결을 바라보며 이곳에서 법화를 피웠을 미황사의 옛 모습을 생각하면 잃어버린 세월이 애달파진다. 아무리 험한 세월이었을지라도 미황사의 폐허는 수수께끼가 아닐 수 없다. 스님들도 잘 모르고 있는 그 패망의 역사를 미황사 아랫마을 촌로들은 몇 해 전의 일처럼 기억하고 있었다.

미황사가 망해 버린 데에는 창건설화만큼이나 전설적인 대목이 있다. 그 구성마저 바다에 홀연히 나타난 돌배로 시작해서 폭풍 속의 바다에 수장된 것이고 보면 더욱 예사롭지 않다. 서정리 박말수 씨는 고조할아버지 형제 중에 미황사에 출가한 스님이 있어 다른 이보다 소상히 기억하고 있었다.

그때가 언제였는지는 정확하지 않지만 대략 150년 전쯤으로 어림잡는다. 당시에는 이곳 치소마을 출신의 혼호스님이 주지로 있었고 40여 명의 스님이 머문 절이었다. 사중답도 300두락이 넘었고, 저수지 터에는 물방아가 돌았으며 나무장승이 산문을 지키고 섰던 부자 절이었다.

그때 더 큰 중창불사를 일으키기 위해 미황사 스님들이 궁고를 차려 해안지방을 돌아다니며 시주를 받았다. 궁고는 군고(軍鼓)라고도 하는데 해남지방에서 농악을 이르는 말이다. 임진왜란 때 승병들이 전투를 하기 전에 진을 짜고 사기를 높이던 군악에서 비롯되었다. 미황사 스님들이 이를 12채 가락으로 정리하여 남사당패처럼 순회공연을 다녔던 모양이다.

명부전 동자상
명부전은 저승에 간 이들의 넋을 제도하는 곳으로 49재를 비롯한 갖가지 제의들이 이루어지는 장소다. 근엄한 형상의 재판관들이 즐비한데, 그 사이사이 순진무구한 형상의 동자상이 되있어 분위기를 순화시켜 준다.

그런데 하루는 설쇠를 맡은 스님이 어여쁜 여인에게 유혹을 받는 꿈을 꾸었다. 꿈이 불길하여 공연을 쉬자고 했으나, 주지스님이 "내가 알고 하늘이 알고 있는데 무슨 망설일 필요가 있겠느냐"라며 공연을 강행했다. 그러다 완도 청산도로 공연을 가던 중 폭풍을 만나 배가 파산되어 떼죽음을 당했다는 것이다. 사찰에는 늙은 스님 몇 분만 남아 있었고, 모두가 궁고패와 함께 일시에 수장되고 말았으니 미황사의 명맥이 끊어질 수밖에……. 스님들도 없고 설상가상으로 궁고를 차릴 때 투자한 부채 더미만 남아 절이 망하고 말았다는 것이다.

지금도 청산도 사람들은 미황사 스님들이 빠져 죽은 그 바다에서 바람이 불고 비가 오는 날이면 궁고 치는 소리가 들린다고 한다. 또 그 당시 설장구를 치던 스님이 장구를 끌어안고 구사일생으로 살아남았는데, 풍파가 일면 궁고 소리와 함께 "설장구가 없어 굿이 안 째여 재미가 없어 못하겠다"고 하는 목소리를 들은 뱃사람도 있다고 한다.

서정리 사람들도 비바람 몰아치는 을씨년스러운 날씨를 "미황사 스님들 궁고치 한다"라는 표현을 속담처럼 쓰고 있다. 현재 미황사 스님들의

12채 궁고는 송지면 산정리 마을에 전승되고 있고, 그 진법 궁고의 깃발에는 바다거북의 등에 올라탄 삿갓 쓴 스님이 그려져 있어 전설 같은 이야기를 실감나게 해 준다.

괘불
야외에서 이루어지는 대규모 법회 때 내거는 이 불화는 단독불로 그려진 것이 특징이다. 유려한 필치와 화려한 채색이 돋보이는 조선 후기의 대표적인 불화인데 마을 사람들에게는 하느님의 마누라로 통한다. 가뭄에 이 분을 내걸고 기우제를 지내면 비가 내린다는 속설이 있다.

미황사 괘불은 하느님의 마누라

망해 버린 전설만큼이나 미황사에는 흥미로운 이야기가 많다. 지금의 대웅보전이 중수되던 시절에 제작된 조선 후기 괘불(掛佛)이 있는데, 그것은 영험 있는 하느님의 마누라로 통한다.

괘불은 법당 안에서 수용할 수 없는 대규모의 신도가 참여하는 야외 법회에 내거는 두루마리 그림인데, 미황사가 번창했던 때에는 만 일 염불회 같은 큰 법회가 자주 있었다고 한다.

높이 12m에 폭이 5m에 이르는 이 괘불은 한 번 내걸려면 30여 명의 장정이 동원될 정도로 거대한 작품이다. 1727년 영조 3년에 제작되었고 그림의 내용은 금빛 가사를 걸친 여래상이 우뚝 서 있는 독존도 형식이다. 무릎 좌우에 향로를 든 작은 보살상과 금함을 든 보살상이 그려져 있어 창건설화의 내용을 뒷받침하고 있다.

그런데 이 괘불은 가뭄에 내걸고 제사를 지내면 비를 내린다는 속설이

있다. 돼지를 잡아 사찰 주변에 피를 뿌리고 지극정성으로 기우제를 모시면, 하느님이 자기 마누라가 있는 곳이 지저분해진다고 여겨 비를 쏟아부어 씻어 낸다는 것이다. 또 달마산 정상의 불봉 봉화대에 연기를 피우면 명산 달마산에 불이 났다고 하여 비를 내린다고도 한다.

이러한 기우제는 민간신앙에 널리 퍼져 있는 유형이기는 하지만, 미황사의 경우처럼 불교와 민중들의 신앙이 습합되어 있는 경우는 흔치 않다. 요즘에도 가뭄이 심하면 미황사의 기우제는 빼놓을 수 없는 행사다. 실제로 몇 년 전에 괘불을 내걸고 기우제를 지냈는데, 도중에 빗줄기가 쏟아져 하느님의 마누라가 흠뻑 젖는 영험을 보기도 했다.

마지막 일정으로 미황사 뒷산을 타고 달마산 정상에 오르면 숨겨진 미황사의 자태가 한눈에 내려다보인다. 이름난 석공이 잘 깎아 놓은 듯한 바위병풍 위에 서면 다도해의 푸른 바다가 비단처럼 깔려 있다. 산기슭에 올망졸망한 마을들도 속내까지 훤히 보이고, 달마산 기슭에 융성했던 미황사의 옛 역사도 다시 살아오르는 듯하다. 인근의 도서지방과 주고받았던 봉화대의 자취도 완연하고, 굽어보면 땅끝 사자봉이 초롱한 얼굴을 내밀어 준다.

천왕봉을 바라보는 구산선문의 탯자리

실상사

우리 나라 최초의 구산선문인 실상사는 일하지 않는 자는 먹지도 말라는 삼엄했던 청규가 살아 있는 절이다. 백장암 선원에 앉아 있으면 천왕봉에서 노고단으로 이어지는 지리산의 능선이 한눈에 들어온다.

웅장하고도 섬세한 지리산의 품속에는 헤아리기 힘들 만큼 많은 사찰이 들어서 있다. 화엄사, 천은사, 쌍계사, 실상사, 대원사, 단속사, 법계사, 영원사, 벽송사, 연곡사 등 천년 고찰이 골짜기마다 터를 이루고 옛 세월을 지켜 오고 있다. 가히 한국 불교의 요람이라 할 만큼 그 도량들은 씩씩하고 엄숙하다. 그 중에서도 실상사는 지리산권 단일사찰로는 가장 많은 문화재를 보유하고 있으며, 신라 말 구산선문(九山禪門) 가운데 최초로 산문을 연 곳이다.

구산선문은 귀족과 왕실이 결탁하여 타락한 교종불교에 반기를 들고 9세기에 접어들면서 신진 지식인들에 의해 수용된 선종불교의 상징적 사찰들이다. 달마대사가 갈대 잎을 타고 양자강을 건너온 이래 꽃피운 선법(禪法)을 신라의 젊은 스님들이 배워 와 둥지를 틀기 시작한 것이다.

그 당시 선종이란 참신하고 개혁적인 신사조 운동이었다. 인과율에 얽매이는 기존의 교종불교는 사람의 운명이란 태어날 때부터 결정되어 있다는 운명론적 인식이었고, 선종의 사상은 마음을 깨우치면 곧 부처이기 때문에 누구나 부처가 될 수 있다는 혁명적 의식을 제공했다.

장흥 보림사 가지산문의 도의선사, 남원 실상사 실상산문의 홍척국사, 곡성 태안사 동리산문의 혜철선사, 강릉 굴산사 사굴산문의 범일국사, 창원 봉림사 봉림산문의 현욱선사, 영월 흥녕선원 사자산문의 징효대사, 문경 봉암사 희양산문의 지증대사, 보령 성주사 성주산문의 무염선사, 해주 광조사 수미산문의 이엄선사 등이 이른바 나말여초 구산선문의 창시자들이다.

이들은 모두 경주에서 멀리 떨어져 있는 지방에 근거지를 두었는데, 이는 선종이 지방 호족들의 후원을 받고 성립되었음을 말해 준다. 당시에는 교종불교에 소외된 승려들 못지않게 지방 호족들도 중앙정권으로부터 소

구산선문 최초의 가람
신라 말 최초의 구산선문으로 알려진 실상사는 신라 흥덕왕 3년(828년) 홍척국사가 창건했다. 홍척국사는 당나라에 유학, 지장의 문하에서 선법을 배운 뒤 귀국하여 선정처를 찾아 2년 동안 전국산하를 헤매고 다니다 현재의 터를 발견하고 이곳에 절을 지었다고 한다.

외되어 불만이 많았고, 자연스럽게 이들이 결합하여 신라 말 혼란기의 사회를 재편해 간 것이다.

구산선문 중 가장 먼저 도량을 개척하여 선풍을 떨친 곳이 남원 지리산 실상사다. 사적기에 따르면, 실상사가 창건된 것은 9세기(828, 흥덕왕 3년)의 일이며 남원 출신인 증각대사(證覺大師) 홍척(洪陟)에 의해서다. 개산조 홍척국사가 중국에 유학하여 마조선사의 법통을 이은 서당선사에게 인가를 받고 돌아와 지리산에 도량을 여니 수천 명의 대중이 운집했다고 한다.

우리 나라 선종의 역사에서 맨 처음 중국으로 건너가 선법을 배워 온 이는 가지산문의 도의선사였다. 그가 홍척국사보다 먼저 서당선사의 인가를 받아 왔지만 독립된 산문을 펼친 것은 그의 3대 제자인 체증선사 때의 일이므로, 최초로 선문을 일으킨 사람은 실상산문의 홍척국사가 된다.

실상사 사적기에는 이와 관련된 내용이 다음과 같이 기록되어 있다. "도의선사가 당나라에서 선법을 먼저 배워 왔지만 그때는 시운이 덜 익어 세상에 전파하지 못하였고, 홍척국사가 돌아온 다음에야 비로소 파를 이루었으며 그와 같은 사실이 최치원이 쓴 봉암사 지증대사비에 자세히 나와 있다."

홍척 문하에서는 수철(秀澈)과 편운(片雲) 등 뛰어난 제자들이 배출되었으며, 그 중 수철화상이 법손이 되어 실상산문의 2대 조사가 되었다. 이때가 실상사 역사에서 가장 번성했던 때로 약사전에 모셔진 철불이 만들어진 시기다. 이 불상은 수철화상이 4000근이나 되는 철을 녹여 만들었다고 하는데, 3m가량 되는 거불로 우리 나라 철불 가운데 가장 큰 부처님이다.

신라 말 고려 초에는 철제 농기구가 보급되어 철을 다루는 기술이 발달했으며, 호족들은 이를 토대로 생산력을 높이는 한편 무기를 제조하여 독자적 행동을 감행하기 시작했다. 이러한 철제기술의 발달로 선종사찰에는 어김없이 철불이 등장하게 된 것이다.

그리고 이 철불들에는 전 시대에 볼 수 없었던 새로운 미감으로, 고매한 불성의 소유자가 아니라 이제는 무엇이든 꿈꿀 수 있는 호족들의 야심이 담기기 시작했다.

맨땅 위에 모셔진 철불

실상사는 천왕봉을 바라보고 있는 지리산 서쪽의 들판에 자리잡고 있다. 지리산 깊은 계곡에서 시작된 만수천을 끼고 천왕봉과 반야봉, 덕유산맥의 여러 봉우리들이 연꽃처럼 가람을 둘러싸고 있어 연꽃의 꽃밥에 위치한 형국이다. 여기에 최초의 선종가람을 조성하고 거대한 철불을 모신 이유는 풍수지리설에 의해 천왕봉의 정기가 일본 후지산으로 빠져 나가는 것을 막기 위해서라고 한다. 그래서 좌대도 만들지 않고 맨땅 위에 모셨다. 이로 하여 실상사는 나라를 지키는 호국의 도량이 되었고, 이 무쇠로 만든 부처님은 나라에 큰일이 있을 때마다 땀을 흘리는 이적을 보이기도 한다.

창건 이후 실상사는 670여 년 간 번창한 세월을 누려 왔으나, 조선시대가 되자 급격히 쇠퇴하는 역사를 보인다. 세조 때에는 실상사에 적대적이었던 지방 유생들의 방화로 모든 가람이 불에 타 200년 동안이나 농토로 경작되는 비운을 맞았었다. 그때 황량한 들판 한가운데서 비바람을

맞고 서 있던 철불은 인근 주민들에게 병을 고쳐 주는 약사여래로 숭배되었다.

이 시기 실상산문의 명맥은 산내의 암자인 백장암이 대신했고, 숙종 때 벽암(碧岩)대사와 침허(枕虛)대사에 의해 옛 터를 되찾아 30여 동의 대가람으로 중건되었다. 그러나 순조 때 이르러 다시 사세가 기울고 스님들이 흩어져 빈 절이 되었는데 이를 의암(義岩)대사가 중수했고, 고종 때 다시 방화로 소실된 것을 월송(月松)대사가 재건하여 오늘에 이른다.

실상사는 산 속에 숨어들지 않고 들판에 위치한 탓인지 초창기의 화려했던 시절을 제외하곤 외부로부터의 박해에 시달려 온 고난의 도량이었다. 그래서인지 숱한 시련을 견디며 의연한 모습으로 서 있는 탑과 석등, 부도비와 철불 등 옛 유물을 대하면 절로 숙연해진다.

현재는 중심법당인 보광전을 비롯하여 극락전 · 약사전 · 명부전 · 칠성각 · 선방 등이 아담하게 들어앉은 조촐한 모습이지만, 보광전 터를 조사해 본 결과 정면 30m에 측면 18m의 거대한 건물지가 확인되었다. 이제까지 알려진 선종사찰 중에서 최대 규모라고 하니 전성기 실상사의 위용이 어떠했는지 짐작할 수 있다. 지금의 보광전은 그 넓은 법당 터에 또 하나의 작은 기단을 쌓고 복원한 것이다.

전통양식 계승과 일탈

눈물겨운 시절을 살아온지라 실상사를 지키는 유물은 대부분 창건 초기에 돌로 깎은 것들이다. 그리고 이들은 당시의 시대적 분위기를 반영하여 통일신라의 양식을 충실하게 계승한 정통파적인 것과, 지방 호족세력

약사전 철불
수철화상이 4000근의 쇠를 녹여 만든 철불로 천왕봉의 지기가 일본열도로 빠져 나가는 것을 막기 위해 맨땅 위에 모신 부처님이다. 나라에 큰일이 있을 때마다 땀을 흘리는 이적이 있어 영험한 부처님으로 소문이 났다.

들의 도전적 의식을 반영한 파격적인 양식이 공존하고 있다.

기존의 통일신라 양식을 계승한 것으로는 실상사의 3층석탑과 백장암의 석등을 들 수 있고, 전통적 규범에서 벗어나 새로운 형식적 변모를 보여 주는 것으로는 실상사의 석등과 백장암 3층석탑 · 철불 등을 꼽을 수 있다.

실상사 3층석탑은 보광전 앞마당 좌우에 두 기가 배치되어 있으며 전형적인 통일신라 양식을 보여 준다. 상륜부에는 쇠기둥에 노반, 복발, 앙화, 보륜, 보개, 밀주, 용차 등의 장식이 원형 그대로 남아 있어 석탑 연구에 귀중한 자료가 된다. 불국사의 석가탑 상륜부는 이 탑을 본떠 복원한 것이다.

실상사 석등은 전형적 양식에서 벗어난, 받침대가 장구를 엎어 놓은 듯한 고복형이다. 당시 전라도 지방에서 유행했던 새로운 양식으로 화려한 장식적 의장이 돋보이며, 귀꽃으로 피워 올린 연꽃 문양이 예쁘다. 석등 앞에 불을 밝힐 때 올라가는 돌계단이 배치되어 있는 것도 특색이다.

약사전 안에 모셔진 철제여래좌상은 실상산문의 2대조인 수철화상이 4000근이나 되는 철을 주조하여 만든 거불이다. 이 불상은 신라 말기 선종사원을 중심으로 만들어지기 시작한 철불 중 대표적인 예로, 근엄하고 당당한 모습이 당시 호족들의 야심에 찬 모습을 느끼게 해 준다.

3층석탑과 석등

3층석탑은 신라 석탑의 일반양식을 따르고 있는 9세기의 석탑으로, 상륜부가 완벽하게 보존되어 석가탑 상륜부를 복원하는 모본이 되었다. 그리고 석등은 간주석이 장구 모양이어서 고복형 석등이라고 불리며, 8각형의 기둥 모양인 일반형에서 벗어나 이형석등이라 불린다. 통일신라 후기 호남지방에서 널리 유행한 석등이다.

백장암 3층석탑
백장암 석탑은 단층 기단 위에 세워진 3층탑으로 신라 후기의 대표적인 이형석탑이다. 탑신 전체에 난간과 신장상, 주악천인상이 섬세하게 조각되어 매우 아름답다. 석등은 통일신라의 전형적인 8각 기본형 석등이다.

또 실상사에서 흥미로운 볼거리는 민간신앙에서 유입된 돌장승이다. 돌장승은 본래 4기가 있었는데, 그 중 한 기가 홍수에 떠내려가 현재는 3 기가 남아 있다. 몸체에 '상원주장군' · '대장군'이라는 이름이 새겨져 있고, 대장군 받침돌에 '옹정(雍正) 3년 입동'이라는 명문이 있어 1725년 실상사가 재건되면서 세워진 것임을 알 수 있다. 툭 튀어나온 왕방울 눈과 주먹코에 벙거지를 쓰고 꺼벙하게 서 있는 익살스런 표정이 인상적이다. 실상사로 들어가기 위해 만수천을 징검다리로 건너던 시절 개울 양편에서 지키고 서 있던 돌장승은 실상사의 사천왕처럼 위엄이 있었는데, 지금은 거대한 교각인 해탈교가 들어서 옛 분위기와는 사뭇 달라졌다.

장승은 불교와는 관련이 없는 우리 고유의 토착신앙으로 마을을 지켜주는 수호신 기능을 하는 것이었는데, 조선 후기 사찰에서 민간신앙을 수용하면서 등장하게 된다. 특히 실상사가 위치한 곳이 입석리이고, 이곳의

주악천인상
백장암 3층 석탑의 2층 탑신 난간 위에 조각된 악기를 연주하는 천인상이다. 천년의 비바람에 씻겨 형태는 마모되었지만 햇볕을 받으면 신비로운 미소가 느껴질 정도로 아름답다.

마을과 들판에 여러 기의 선돌이 남아 있어 민중신앙과 불교가 함께 어우러진 모습을 살펴볼 수 있다.

청정도량 백장암의 결사정신

실상사는 번창했던 전성기에 열일곱 개의 암자를 거느리고 있었다. 지금은 약수암 · 서진암 · 백장암만 남아 있는데, 그 중 백장암은 홍척국사가 처음 선문을 열었던 곳이고 실상사가 패망했을 때는 본절 역할을 하며 씩씩하게 선풍을 이어 온 곳이다. 실상사에서 3km 가량 인월 쪽으로 빠져 나오면 백장암 입구에 작은 휴게소가 있는데, 이곳에서 가파른 산길을 따라 올라가면 암자에 이른다.

울창한 송림과 대나무숲에 둘러싸여 있는 백장암은 눈앞에 펼쳐지는 지리산의 웅장한 봉우리들을 호흡하고 있다. 천왕봉에서 노고단에 이르는 지리산맥이 한눈에 들어와 그 터의 웅혼함을 따를 곳이 없다. 지금은 선방과 칠성각 · 요사채만 남아 있지만, 자리잡은 형세로 보아 그 옛날 실상산문이 선풍을 휘날리던 때에는 청정한 참선도량으로 군림했으리라는 것을 한눈에 느낄 수 있다. 이를 입증하듯 암자답지 않게 귀중한 문화재가 남아 있다. 국보 10호인 3층석탑과 보물 40호 석등이 그것이다.

3층석탑은 기단 없이 4각의 판석 위에 탑을 쌓았으며, 탑신부에는 보살상과 신장상, 악기를 연주하는 비천상을 조각했다. 또 각 층의 탑신 아래쪽에는 목조건물에서 볼 수 있는 난간을 배치했으며, 탑의 전신에 각종 무늬를 돋을새김하여 화려하게 장식했다. 기단부 처리에서 조각에 이르기까지 대표적인 이형석탑으로 꼽힌다. 이에 비해 석등은 통일신라 후기의 전형적인 양식을 따르고 있으며 단정하고 정갈한 모습으로 서 있다.

이 무슨 조화일까! 추앙하는 자의 무덤인 석탑은 기존의 관습에 얽매이지 않는 자유분방하고 화려한 장식으로 치장하고, 그 길을 따르는 구도자의 마음을 담은 석등은 한 치의 어긋남도 없는 엄정성을 잃지 않았으니, 천년 세월을 뛰어넘어 이 석탑과 석등에 바쳤던 마음이 궁금해질 따름이다.

백장암은 1970년대 태안사의 조실 청화스님이 머물며 옛 시절 못지않은 선풍을 떨쳤고, 지금은 실상사 주지 도법스님을 중심으로 실천불교 운동의 결사가 이어지고 있다. 그 씩씩한 기상을 말해 주듯 '일하지 않는 자는 먹지도 말라'는 백장청규의 가풍이 살아 있고, 최근 한국 불교의 희망으로 떠오르고 있는 선우도량의 스님들이 백장암의 선풍에 뿌리를 두고 구산선문의 역사를 새롭게 복원하고 있다.

돌장승

만수천을 건너 실상사로 들어가는 길가에 3기의 돌장승이 지키고 서 있다. 순박한 표정의 마을 장승이 사찰로 들어오면서 금강역사상처럼 권위를 갖추었다. 그렇지만 튀어나온 왕방울 같은 눈과 뭉툭한 주먹코 등이 웃음을 자아낸다.

해인사

진리의 바다를 향해 떠나가는 배

일주문에서 장경각에 이르기까지 끝없는 돌계단과 축대를 거쳐 오르는 해인사는
진입 공간 · 수행 공간 · 예배 공간 · 법보 공간으로 상승하는 구조를 보여 준다.
이는 속세의 번뇌를 씻고 진리의 배를 향해 가는 구도자의 길을 상징한다.

경상남도 합천 땅에 가야산이 있다. 석가모니 부처님께서 수행하신 인도의 부다가야에 있는 가야산을 닮았다 하여 이름 지어진 산이다. 조선시대 지리학자 이중환은 『택리지』에서 팔도의 산수를 논하던 중에 "경상도는 암석으로 된 화산(火山)이 드문데 오직 가야산만이 끝이 뾰족한 바위가 줄줄이 늘어서 불꽃이 공중으로 솟아오르는 듯 수려하다"고 했다. 가야산의 초입은 바로 그 불꽃바위와 함께 흐드러진 낙락장송으로 신령스러움이 가득하고, 장엄한 암봉들은 마치 면벽한 수도자의 자태처럼 고고함을 느끼게 한다.

해인사는 이 빼어난 가야산의 품안에 자리잡고 진리의 바다를 항해하는 배와 같은 절이다. 그 목적지는 물론 화엄의 바다다. 대승불교 최고의 경전인 『화엄경』은 해인삼매(海印三昧)의 경지를 가르치고 있는데, 이는 청정무구하고 원융무애한 세계를 뜻한다. 곧 우리 마음 속 깊숙이 자리잡고 있는 본래의 성품자리이며 부처님이 깨우친 정각(正覺)의 내용이기도 하다. 바다에 크고 작은 파도가 일어나는 까닭은 바람이 불기 때문이지만, 그 바람이 그치면 우주 본연의 모습이 그대로 나타난다는 것이다.

벽화그림에 나타난 창건 내력

진리의 바다를 향해 떠나가는 해인사의 창건 내력은 대적광전 바깥벽에 그려진 벽화그림으로 소개되어 있다. 총 65편의 이 벽화그림에는 부처님의 생애를 비롯하여 고승들의 수행담과 불교 설화에 이르기까지 수많은 이야기가 펼쳐지는데, 그 중 해인사 창건설화를 담고 있는 것이 두 폭 있다.

하나는 해인사의 창건주인 순응과 이정스님이 탑 앞에서 일심으로 기도하자 탑신인 지공화상이 나타나 무언가를 가르쳐 주는 내용이고, 다른 하나는 순응과 이정스님이 병으로 누워 있는 왕비를 치료해 주는 장면인데, 여기에 담긴 사연은 다음과 같다.

중국 양무제 때 지공화상이란 분이 입적에 들 때 『동국답산기』란 책을

일주문 전나무 숲길
모든 중생이 성불의 세계로 나아가는 첫 관문인 일주문을 지나면 길 양편으로 수문장처럼 펼쳐지는 천년 노목의 가로수가 인상적이다. 곧게 뻗어 가는 길의 의미처럼 수행의 길에 들어서는 한 치의 흔들림도 없이 정진하라는 자세를 가르쳐 준다.

제자들에게 건네 주면서 “내가 죽은 얼마 후에 신라에서 두 스님이 찾아와 법을 구할 터이니 이 책을 전하라”는 유언을 남겼다.

그 뒤 과연 신라에서 순응과 이정 두 스님이 와서 법을 구하거늘 지공화상의 제자들이 반기며 스승의 유언과 함께 『동국답산기』를 전해 주었다. 순응과 이정스님은 너무나 감격하여 지공화상의 묘탑에 찾아가서 일주일을 밤낮으로 기도하며 법문을 청하니, 탑 속에서 지공화상이 모습을 나타내어 두 스님의 구도심을 찬탄하고 의발(衣鉢)을 전해 주며 이르기를 “너희 나라 우두산(가야산) 서쪽에 불법이 크게 일어날 곳이 있으니 그곳에 대가람을 창건하라” 하고는 다시 탑 속으로 들어갔다.

순응과 이정 두 스님은 묘탑을 향해 다시 지극한 마음으로 예배를 드리고 신라로 돌아왔다. 그리고 지공화상의 가르침대로 우두산을 찾아 나섰다. 우두산에 이르러 절터가 될 만한 곳을 찾아 헤매다가 산세가 빼어나고 맑은 물이 흐르는 곳을 발견했다. 두 스님께서 이곳에 자리를 마련하고 고요히 선정에 들어가니 이마에서 한 줄기 빛이 하늘로 뻗쳐 올라가는 이적이 이루어졌다.

때마침 도력 높은 스님을 찾아다니던 신라 조정의 신하들이 이 광경을 목격하고 엎드려 예를 올린 뒤 사정을 말했다. 애장왕의 왕후께서 불치의 병이 들어 백방으로 약을 써도 효험이 없으니 신통한 도인을 찾아 헤맨다는 것이었다.

이에 순응과 이정스님은 오색실을 내주면서 실의 한 끝은 왕궁 뜰의 배나무 가지에 묶고, 또 한 끝은 병실의 문고리에 묶어 두라고 처방을 내렸다. 신하들이 왕궁에 돌아와 이를 임금께 고하고 두 스님이 시킨 대로 시행했다. 그랬더니 왕궁 뜰의 배나무가 말라 죽으면서 왕후의 병이 씻은 듯이 나았다. 왕과 왕후, 여러 신하들이 기뻐했고 왕은 그 은혜에 보

해인사 전경

해인사는 웅장하면서도 고요한 절이다. 한없이 크고 넓은 산맥의 바다 위에 떠 있는 모습이지만, 그 바다는 번뇌의 물결이 잠든 청정무구한 삼매의 바다여서 더없이 평화롭다.

답하기 위해 친히 우두산에 행차하여 두 스님을 찾아뵙고 대가람을 창건하도록 후원했으니, 그것이 802년 10월 16일로 가야산 해인사의 개산일이 된다.

이와 같은 창건설화는 진성여왕 시기의 문란한 정치를 한탄하며 가야산에 은거했다는 고운 최치원이 쓴 기록에도 비슷하게 나타나 있다.

일설에는 의상대사가 부석사를 창건하고 해인사 · 화엄사 · 범어사 등 화엄십찰을 세워 화엄종을 전파했다고 하지만, 해인사는 의상이 활동한 7세기의 흔적들이 없으므로 의상의 제자들에 의해 훨씬 후대에 지어진 것으로 볼 수 있다.

그 뒤 후삼국의 혼란기에 화엄종은 지리산 화엄사를 주축으로 한 남악파와 태백산 부석사를 주축으로 한 북악파로 나뉘어졌는데, 가야산 해인사는 북악파로 왕건의 편을 들었다. 이때 희랑(希朗)대사가 이끈 해인사 세력은 왕건을 도와 후백제를 제압하는 데 큰 공을 세웠고, 그 보답으로 고려가 건국되자 해인사는 해동 제일의 도량으로 발돋움하게 된다.

조선시대에 해인사는 강화도 선원사에 있던 팔만대장경판이 옮겨 옴으로써 호국신앙의 요람이 되었으며, 불 · 법 · 승 삼보사찰 중 법보사찰의 성지가 되었다. '법보'라 하면 불교의 교리와 세계관의 바탕이 되는 부처님의 가르침을 집대성한 불경을 말하는데, 불교의 발상지인 인도에서도 사라져 버린 팔만대장경을 모시고 있는 까닭이다.

조선시대 불교 탄압기에도 해인사는 왕실의 후원을 받아 세조 때 장경각을 확장 · 개수했으며, 1483년 성종 때는 다시 장경각을 중건하고 대적광전과 법당 · 요사 160칸을 신축하여 대가람으로서의 면모를 일신했다. 그 뒤 전란의 화는 입지 않았지만 여러 차례 화재로 인하여 소실과 중건을 되풀이하는 역사가 있었다.

피안의 세계로 향하는 배

해인사가 터를 잡은 모습을 풍수사들은 진리의 바다 위에 배가 떠 가는 행주형국이라고 한다. 연꽃 봉우리처럼 둘러싸인 산세의 한가운데에 절집이 앉아 있는데, 경사진 능선에 축대를 쌓고 수많은 건물들을 배치하고 있다. 일주문에서 봉황문, 해탈문에서 구광루, 대적광전에서 장경각에 이르기까지 끝없는 돌계단을 거쳐 오르는 길은 장엄하기 그지없다.

진입 공간 · 수행 공간 · 예배 공간 · 법보 공간으로 이어지는 구성법은 탈속의 과정을 통해 진리의 세계에 도달하는 이미지를 건축적으로 표현한 것이며, 그 자체로서 하나의 완전한 세계를 만들어 내고 있다.

천왕문에서 본 해탈문
일주문을 지나 천왕문을 올라서면 저 멀리 해탈문이 보인다. 해탈문은 불이문이라고도 불리는데, 이는 선악과 시비, 생사의 대립적이고 상대적인 것을 초월한 해탈의 경지를 말한다. 이 문을 통과하면 부처님이 계시는 법당 영역에 이르게 된다.

해인사의 진입 공간은 먼저 홍류동 계곡을 지나 산문으로 오르는 오솔길에서부터 시작된다. 이 길은 아득한 해인의 바다를 향해 가는 길이고, 그 첫머리에는 언젠가 이 길에 나선 구도자들의 자취를 말해 주는 비전(碑殿)이 자리잡고 있다. 스님들의 행적과 사적비, 시주자들의 공덕비가 즐비한 비전에는 당간지주와 함께 묘길상탑이 서 있다.

묘길상탑은 진성여왕 당시 내란으로 사망한 승려와 백성들의 명복을 빌기 위해 세운 3층석탑인데, 1966년 이 탑 속에서 최치원이 쓴 탑지와 장엄구 등이 나와 학계의 주목을 받았다.

고운 선생이 신라 말 혼란기를 피해 가야산에 은거했을 때 쓴 탑지의 내용에는 "악중악(惡中惡)이 없는 곳이 없고 굶주려 죽은 자와 전쟁으로 죽은 해골들이 벌판에 별처럼 흩어져 있다"는 기록이 있어 당시의 사회상과 해인사의 상황을 고찰하는 데 중요한 자료가 된다.

비전을 지나면 가야산 해인사란 편액이 걸려 있는 일주문이 서 있다. 일주문이란 기둥이 좌우에 하나로 이루어진 문이라는 뜻인데, 여기에는 오직 한 마음으로 진리에 귀의한다는 의미가 담겨 있다. 간결하고 소박한 건축미가 돋보이며, 직선으로 곧게 뻗은 길 양편에 하늘을 찌를 듯 도열해 있는 전나무숲이 인상적이다.

이 길을 따라 오르면 '해인총림'이라고 쓴 현판이 걸려 있는 봉황문이 나온다. 봉황문은 천왕문의 다른 이름으로 여기에는 사천왕상이 벽화로 그려져 있다. 사천왕은 사악한 무리가 부처님의 도량에 들어오는 것을 막아 주는 수문장이다. 봉황문을 지나면 오른편에 해인사 터를 지켜 주는 수호신을 모신 국사단(局司壇)이 있다.

국사단에서 돌계단을 한 단계 더 올라가면 해탈문이다. 해탈문은 불이문이라 부르기도 하는데, 이 문을 지나면 모든 중생고에서 벗어나 부처의

세계로 들어감을 뜻한다.

해탈문을 지나면 진입 공간에서 수행 공간으로 바뀌는데, 스님들의 일상생활과 수행과 교육활동이 이루어지는 지역이다. 넓은 마당을 중심으로 구광루(九光樓)와 보경당 · 범종각 등 여러 건물이 늘어서 있다. 구광루는 대중들의 집회가 이루어지던 누각식 강당으로 본래는 누마루 밑을 통과하도록 되어 있었다. 지금은 좌우 계단을 통해 진입하도록 바뀌었는데 예전의 건물에 비해 위압적인 느낌으로 중건되었다. 편액에 담긴 뜻은 부처님께서 설법을 하실 때 이마에서 아홉 번의 빛을 내뿜어 중생을 제도했다는 일화를 담고 있다.

구광루를 지나면 탑과 석등을 중심으로 좌우에 심검당 · 궁현당 · 경학

해인총림의 구도자
선원 · 강원 · 율원 · 염불원을 갖춘 종합 수행도량을 총림이라 부르는데, 해인사는 우리 나라 최고의 수행도량이다. 엄격한 청규가 살아 있고 용맹한 수행정신으로 구도자들의 발길이 끊이지 않는다.

원 등이 펼쳐진다. 3층석탑과 석등은 모두 신라 말기의 유물인데, 이들은 마당의 중앙에 위치한 것이 아니라 왼쪽으로 치우쳐 있다. 이는 풍수지리상 해인사의 좌청룡 산세가 허하기 때문에 한쪽에 배치하여 균형을 맞춘 것이라고 한다.

탑과 석등이 서 있는 뜰을 지나 3단의 높은 계단을 올라서면 해인사의 예배 공간인 대적광전에 이른다. 주변에 응진전 · 명부전 · 독성각 · 응향각 · 퇴설당 · 조사전 등이 자리잡고 있다. 아침저녁으로 예불이 거행되고 기도와 기타 종교의식이 이루어지는 공간이다.

대적광전(大寂光殿)은 화엄종의 주불인 비로자나불을 모시는 법당이다. 비로자나불은 실존했던 부처가 아니고, 우주에 존재하는 진리 그 자체를 빛으로 표현하고 이를 부처의 형상으로 만들어 낸 분이다.

대적광전에서 한 단계 더 올라서면 해인사의 가장 성스러운 공간인 법보 공간이다. 높다란 축대 위에 자리잡고 있어 마치 대적광전이 머리 위에 이고 있는 형상인데, 여기에 팔만대장경을 봉안한 장경각이 자리잡고 있다.

장경각은 판전 · 판당이라고도 불리는데 모두 네 동의 건물로 구성되어 있다. 먼저 가파른 계단을 올라 장경각 입구 보안문을 들어서면 길게 늘어선 수다라장(修多羅藏)이 나오고, 그 너머에 똑같은 크기의 법보전(法寶殿)이 짝을 이루고 있다. 그리고 이 두 건물 사이 공간의 동서 양 끝에는 각각 동사간전 · 서사간전이라 불리는 건물이 연결되어 장방형의 구조를 만들어 낸다.

장경각의 창건 연대는 정확하지 않으나 팔만대장경이 해인사로 옮겨진 뒤인 세조 3년(1458)에 어명으로 40여 칸을 중창하고, 그 뒤 성종 19년(1488)에 30칸을 건립하여 보안당이라 이름했다는 기록이 있다.

조선시대 최고의 건축, 장경각

장경각은 법보인 팔만대장경을 봉안한 건물답게 그 구성과 목조가구법 등이 엄격성 · 치밀성 · 간결성 · 반복성을 보여 주면서 종묘와 함께 조선시대 최고의 건축으로 꼽힌다. 위에서 내려다보면 첩첩한 가야산 자락과 어울려 마치 장엄한 깨달음의 세계를 보여 주는 듯 웅혼한 분위기다. 해인사의 여러 당우들이 화마의 피해를 입고 수차례 중건되는 역사를 반복

법보사찰의 상징 장경각
팔만대장경을 모신 장경각은 해인사에서 가장 높은 곳에 자리잡고 있다. 지금까지 남아 있는 조선 초기의 건축물 가운데 가장 아름다운 건축으로 꼽힌다. 비로자나불을 모신 대적광전이 머리 위에 이고 있는 모습인데, 이는 법보를 받드는 의미로 삼보사찰 건축의 특징이다.

했지만, 장경각만은 600년 가까운 세월 동안 한 점 흐트러짐이 없었으니 신비로울 따름이다.

그러나 장경각의 우수성은 외형적인 건축미에만 있는 것이 아니다. 600여 년 전에 세워진 건물이 지금까지 기둥 하나 기울어지지 않았고, 판가(板架) 등 진열 장치와 통풍, 방습 그리고 인경(印經) 작업 때의 통행에 이르기까지 어느 것 하나 부족하거나 불편함이 없다는 점이다.

습기를 받지 않도록 진열대를 지상에서 30cm 높게 설치했고, 직사광선을 피하기 위해 남쪽의 진열대를 3m쯤 간격을 떼어 배치했다. 또 각 면에 있는 환기창의 크기는 서로 대칭을 이루게 했다. 이처럼 환기창의 크기를 크고 작게 배치해 놓은 것은 효과적인 통풍을 위해서다.

수다라전 남쪽 면의 넓은 창을 통해 들어온 바람은 진열대를 거쳐 북쪽 면의 작은 창으로 빠져 나가고, 나머지는 다시 벽면을 타고 위쪽 큰 창문으로 빠져 나가 뒤편 법보전 건물에서 다시 이와 같은 흐름을 반복한다. 이 같은 공기의 대류 현상은 원활한 통풍은 물론 장경각 내의 적정 온도를 유지시키는 비결이기도 하다.

장경각의 과학적인 통풍 구조와 함께 경판을 보호해 주는 또 하나의 요소는 장경각 터의 토질이다. 본래 해인사에서 가장 높은 곳에 위치해 토질 자체도 좋거니와, 거기에 숯과 소금 · 횟가루 · 찰흙 등을 섞어 지반을 다졌기 때문에 장마철에는 습기를 빨아들이고 건조기에는 습기를 내보내는 조절 기능을 해 준다. 그래서 경판이 갈라지지 않고 오늘날까지 완전한 모습으로 보존될 수 있었던 것이다.

일주문 · 봉황문 · 해탈문으로 이어지는 진입 공간과 구광루를 중심으로 한 수행 공간, 대적광전의 예배 공간에서 다시 장경각이 있는 법보 공간으로 끝없이 상승하는 구조로 이루어진 해인사의 건축은 장경각 담장

너머 소나무숲에 자리잡고 있는 돛대바위에서 완결된다. 이 바위는 화엄의 바다 위에 뜬 진리의 배를 움직이는 키와 같은 역할을 하는데, 일제가 해인사의 정기를 무너뜨리기 위해 훼손했었다. 지금은 이 돛대바위의 기운을 보완하기 위해 8각 9층석탑을 세워 놓았는데, 해인사 앞산에 올라 내려다보면 이 돛대탑을 기점으로 펼쳐지는 가람의 모습은 거대한 전함을 연상케 한다. 해인사는 진리의 세계를 향해 떠나가는 배처럼 가야산의 푸른 바다 위에 두둥실 떠 있다.

장경각 내부

유네스코 세계의 문화유산으로 등재된 장경각은 그 과학적인 설계의 우수성으로 높이 평가받고 있다. 특히 창을 통하여 들어온 공기가 건물 내부에서 앞뒤로 흐르고 아래위로 흐르기 때문에 내부의 온도와 습도를 고르게 유지할 수 있다. 또 서고의 아랫부분이 바닥에 닿지 않도록 높게 띄워 공기의 유통을 원활하게 하여 목판이 원형대로 보존될 수 있었다.

강진만을 굽어보는 동백꽃의 가람 백련사

백련사는 동백꽃의 절이다. 하늘이 보이지 않을 정도로 빽빽한 동백나무숲의 양지녘에 무명승의 사리탑이 있다. 이끼 낀 사리탑 지붕에 한 점 두 점 떨어져 있는 동백꽃은 봄날의 가장 처연한 풍경이다.

동백꽃은 남도의 꽃이다. 눈보라치는 꽃샘추위 속에서 피어나는 선연한 자태뿐만 아니라, 붉게붉게 꽃바다를 이루어 놓고 송이째 떨어져 버리는 모습은 사연 많은 남도의 세월만큼이나 비애스럽다.

남도 땅 어느 마을이나 집 뒤뜰에는 동백나무숲이 울타리를 이루게 마련이고, 그 푸르고 질긴 생명력은 풍상 많은 그들 토박이들의 삶의 체취를 간직하고 있다. 또한 동백은 정토세계를 상징하는 꽃으로 불가(佛家)에서 그 기품을 예찬하여 가까이해 온 꽃이다. 백일 동안 꽃이 지지 않는다는 배롱나무와 함께 정원수로 사랑받았으며, 특히 절집 주변에는 군락을 지어 장관을 이룬다.

절집의 동백꽃으로는 미당 서정주가 노래한 고창 선운사가 유명하지만, 강진 만덕산 기슭 백련사 동백꽃도 빼놓을 수 없다. 3000평 남짓 되는 동백숲이 절 주변을 감싸고 있으며, 조용한 사찰 분위기와 어울려 한껏 소담한 정취를 풍긴다.

시원하게 펼쳐지는 강진 앞바다

동백꽃

북풍한설을 이기고 수줍게 꽃망울을 맺어 피어나는 동백꽃은 선연한 빛깔 때문에 온실에서 키워 내는 화훼와는 비교할 수 없는 감동이 있다.

백련사로 가는 길은 무등산과 월출산으로 이어지는 땅 끝 산줄기를 타고 간다. 나주평야를 지나 월출산을 넘어가다 보면 뾰족뾰족한 암봉들이 재기를 분출해 눈길을 끈다. 이 바위산들은 해남반도의 두륜산과 땅끝의 사자봉까지 이어지는데, 국토의 마지막 숨결이 간직된 듯 기(氣)의 행렬을 보여 준다.

백련사는 바로 이 산맥의 줄기인 만덕산 자락에 자리잡고 있다. 바위산 중턱에 기품 있게 자리잡고 바닷물이 밀려드는 강진만의 풍류를 한눈에 내려다보고 있다. 이러한 백련사의 풍광을 고려 때 혜일선사는 이렇게 노래했다.

백련이라 이름난 절 아름답고
만덕산은 맑기만 한데
문은 고요히 솔 그림자로 잠겨 있고
객이 오면 풍경소리만 듣네.
돛단배 바다 위로 지나고
새들은 꽃 사이를 나르며 우니
오래 앉으면 갈 길조차 잊을 만큼
속세의 정은 흩어지고 마네.

원래의 절 이름은 만덕사(萬德寺)였는데, 고려 후기 신앙결사체인 백련

만덕산 백련사
백련사 대웅보전 법당 한켠에 화려한 공포사이에 이색적인 편액이 붙어 있다. 고려후기 이곳에서 참회와 정토신앙을 중심으로 불교 개혁운동을 주도했던 원묘국사 요세스님이 이끌었던 '백련결사의 역사를 말해주는 유물이다.

사(白蓮社)가 이곳에 자리잡으면서 백련사(白蓮寺)로 불리게 되었다. 백련사에 관한 자료는 다산 정약용 선생이 산 너머 윤씨들의 초당에 귀양 와 살면서 고증한 사적기 『만덕사지』가 남아 있어 그 유래를 살필 수 있다.

특히 백련사 사적기는 당시 다산 같은 실학자의 냉정한 검토가 이루어져 여느 사적기와는 달리 객관성을 띤 기록으로 자료적 가치도 높다. 다산은 백련사에 주석한 혜장스님과 의기투합하여 유불(儒佛)의 세계를 넘나들며 숱한 일화를 남기기도 했다.

백련결사와 수선결사

백련사의 전망
백련사는 고려 후기 불교 개혁 운동의 결사체인 백련결사가 둥지를 틀었던 곳이다. 부패하고 타락한 기존 종단을 비판하며 청정한 승가의 가풍을 살려 낸 성지답게 강진만을 굽어보는 풍광이 씩씩하다.

고려 후기 신앙운동이란 정치권에 빌붙어 있던 개경 중심의 부패한 불교를 비판하고, 수도자로서의 본래 면목을 찾으려는 진보적 승려들의 종교개혁 운동이었다. 고려시대의 불교는 대체로 무신의 난을 전후로 그 성격이 구별되는데, 그 이전의 불교는 귀족적 성격이 강한 것으로 왕실이나 문벌귀족과 결탁되어 있었다.

초창기 통치자들은 사회 전반에 만연한 혼란과 새로 개창된 왕조의 권위를 불교 이데올로기를 통해서 정비하려고 했는데, 현실적 이해관계에

사적비
백련사의 역사를 기록한 사적비는 조선시대 숙종 때 세워진 것이지만, 받침돌인 돌거북과 머릿돌은 고려시대의 조각이다. 백련결사를 주도했던 원묘국사의 탑비를 왜병들이 파괴해 버리자, 이를 이용해 사적비를 만든 것으로 추정된다.

따른 정치싸움으로 왕실과 문벌귀족에 의탁한 불교는 점차 세속화 · 부패화의 길로 떨어졌다. 그리고 무신의 난으로 고려 전기의 귀족체제가 무너지면서 기존의 불교계도 큰 타격을 입게 된다. 교종 중심의 전기 불교계와는 달리, 최씨 정권이 등장하면서 차츰 선종 세력이 득세하기 시작한 것이다. 복잡한 교리 중심의 교종보다는 선을 통하여 일격에 깨달음을 얻는 선종이 무인들의 기질에는 더 맞아떨어졌기 때문이다.

결사운동은 이러한 시대적 조류 속에서 타락한 종품을 반성하고 종교적 수행과 실천을 강조하면서 개창되었다. 불교가 세속에 젖어 기우뚱거릴 때, 몸을 바쳐 수행자의 뜻을 이루기 위한 결사체를 조직하여 불교개혁의 등불을 든 것이다. 이러한 신앙결사는 오늘날 민중불교의 정신과도 상통하는데, 관제종교에서 탈제도권을 선언하고 민중들의 고통스런 삶 쪽으로 자리를 바꾸고자 했으니 그 정신은 가히 혁신적이었다.

이 대표적인 결사체가 수선사(修禪社)와 백련사(白蓮社)다. 수선사는 순천 송광사를 중심도량으로 한 조계종의 정혜결사였으며, 백련사는 강진 만덕사를 근본도량으로 한 천태종의 법화결사였다. 수선결사는 지눌이 리더가 되어 돈오점수설에 입각한 정혜쌍수를 주창했다. 돈오점수(頓悟漸修) · 정혜쌍수(定慧雙修)란 인간의 면목이 부처와 다름없는 돈오의 상태이지만 세속의 때가 묻은 습관을 종교적 실천을 통해 닦아 나가야 하고, 그 공부 방법 면에서 참선과 지혜를 탐구하는 불경공부를 통일시키자는 것이다.

이에 비해 요세(了世)가 조직한 백련결사는 참회와 정토신앙을 강조했다. 중생들은 죄의 업장이 두껍기 때문에 자력으로 해탈하기 어렵고, 지극하고 맹렬한 참회수행을 통해 정토에 이를 수 있다는 것이다. 그 수행 방법이 염불선(念佛禪)이었기 때문에 훨씬 대중적 측면이 강했다. 그러나 이 양대 결사는 비록 소속 종파와 참구법은 달랐지만, 민간 지식인들이 대거 불교계의 모순과 사회의 갈등을 극복하려 한 목표는 한가지였다.

백련사의 법맥과 흥망성쇠

백련사의 결사운동은 13세기 초 원묘국사 요세에 의해 개창된 뒤 14세기 중엽까지 약 100년 동안 존재했다. 지눌의 수선사에 못지않게 성황을 이루었으며 최씨 무인정권의 후원을 받기도 했다. 백련결사 출발 이듬해에는 고종이 요세에게 선사의 칭호를 내리기도 했다. 1240년 『묘법연화경』을 출판하면서 최우가 그 발문을 쓴 사실에서도 백련사의 위치를 가늠할 수 있다. 당시 요세를 따르던 제자만도 38명, 개창한 가람이 5곳, 300여 명의 사대부중이 따랐다고 하니 대중적 지지 또한 컸음을 알 수 있다. 원묘국사 요세는 1236년 백련결사문을 발표하면서 고려 불교의 새로운 혁신기풍을 마련한 주인공이다.

요세는 한때 보조국사 지눌의 권유로 수선사에서 조계선을 수행하기도 했으나, 수선사와 결별하고 월출산 약사암에서 참회수행을 통하여 독자적 입지를 세워 나갔다. 강진의 토호세력인 최표, 최충 등의 요청에 의해 만덕사로 자리를 옮기게 된다.

당시 요세는 80여 칸의 대가람을 증수하고 보현도량을 열어 대중들을 제도했으며 백련결사를 출범시켰다. 백련결사는 불교 역사상 최초의 결사체인 중국 동진 때의 동림사 결사가 백련사(白蓮社)라 불렸기 때문에 여기에서 따온 것이었다. 요세의 뒤를 이어 백련사는 천인, 천책 등 뛰어난 제자들이 배출되어 씩씩하게 뻗어 나갔다.

백련결사는 정토신앙을 바탕으로 법화사상이 골격을 이루며, 참회를 강조하여 일반 대중 속으로 파고들었다. 후기로 내려올수록 서민 대중의 참여가 늘어났고 몽골 침입을 전후하여 더욱 크게 호응받았다. 대몽항쟁 차원에서 지식인과 서민 대중의 힘을 함께 규합하는 역할을 하기도 했다. 120년 동안 여덟 명의 국사를 배출하며 고려 후기 불교문화의 구심체가 되었다.

그러나 불꽃 같은 백련결사의 개혁의지는 충렬왕 때 중앙권력과 타협, 개경의 묘련사계로 진출하면서 귀족적 성향으로 변질되기 시작한다. 몽골의 침입에 항거하며 지식인과 민중들이 결합하여 개혁의 기치를 내걸

만경루
경사진 산자락에 여러 단으로 쌓은 축대 위에 자리잡은 만경루는 백련사의 강당 건물이다. 단청빛이 낡아 고풍스럽지만 육중한 크기로 대웅보전을 가로막고 있는 2층의 누각으로 위엄과 권위가 느껴진다.

었던 백련결사도 끝내 고려가 원나라에 복속되자 몰락의 길을 걷게 된 것이다.

개혁의 기치를 내걸었던 백련결사는 나라의 운명과 함께 허무하게 그 막을 내리고 만다. 그 뒤 절은 왜구들의 약탈로 황폐화되었고, 조선 초기 세종 12년(1430)에 이르러 효령대군의 지원을 받은 행호선사가 복원을 했다. 행호선사는 왜구들의 침범에 대비해 절 둘레에 긴 토성을 쌓았는데 지금도 둔덕처럼 뭉그러진 행호토성이 남아 있다.

그 뒤 백련사는 영조 때 큰불이 나서 대웅보전과 만경루 등 대부분의 건물이 타 버렸고 불상만 겨우 건져 냈다고 한다. 현재의 백련사는 그 뒤 대웅보전, 만경루, 응진전, 시왕전, 칠성각 등이 단출하게 중창된 모습이다.

무명승의 사리탑
고려시대 여덟 명의 국사를 배출할 정도로 번창했던 백련사는 남해안 일대에 상륙한 왜구들의 침탈로 폐허가 되었다. 현재의 모습은 조선 영조 때 중건한 것이고, 동백나무숲에 자리잡고 있는 부도탑이 백련사의 명맥을 이어 온 스님들의 자취를 말해 준다.

무인풍의 가람 배치와 이광사 글씨

다만 옛 시절의 영광과 권위를 말해 주듯 사찰 분위기만은 무인풍의 활달한 기상을 느끼게 한다. 대웅보전으로 올라가는 계단도 끊어져 위엄을 느끼게 하고, 만경루의 자리잡은 품새 또한 큰 기지개를 켠 듯 호쾌하다. 그리고 빈터에 외롭게 서 있는 원묘국사의 탑비를 떠받치고 있던 돌거북도 용맹스런 모습으로 조각되어 있다.

백련사에서 그냥 지나칠 수 없는 것이 글씨 구경이다. 대웅보전과 만경루 현판 글씨는 조선 후기 동국진체(東國眞體)의 완성자인 원교(員嶠) 이광사(李匡師)의 득의필(得意筆)이다. 원교가 완도의 외딴섬 신지도에서 유배

원교 이광사 글씨

만경루와 대웅보전 글씨는 동국진체를 완성한 원교 이광사의 글씨다. 완도의 외딴섬 신지도에서 유배생활을 하면서 쓴 글씨라서 한 획 한 획이 살아서 꿈틀거리는 듯 울분을 간직하고 있다.

생활을 하면서 만년에 쓴 글씨라서인지 한 획 한 획이 살아서 꿈틀거리는 듯한 울분을 간직하고 있다. 마치 백련사 뒤편의 암봉들이 글씨 속으로 들어와 있는 듯하다.

백련사의 동백꽃을 보려면 대웅전 마당에서 왼쪽의 빈터를 지나 행호 선사가 쌓았다는 성터 같은 돌담을 넘어가야 한다. 들어오는 입구의 동백 숲도 좋지만 이곳의 동백이 아름드리 고목으로 진짜배기다. 비탈진 산등성이에 넓은 운동장처럼 펼쳐져 있고, 숲 사이에는 이름 없는 스님들의 부도탑이 드문드문 서 있다.

오월이면 영랑의 모란꽃이 떨어지듯 백련사의 동백꽃도 긴 여정을 마치고 시들어 누울 때다. 통꽃으로 뚝뚝 떨어져 색 바랜 상여꽃처럼 널브러져 있는 꽃송이들은 백련사의 옛 영광을 말해 주듯 비감하기만 하다. 지천으로 피어나 마음 속까지 붉게 할 동백꽃을 보기 위해서는 붉은 황토밭에 보리물결이 일렁이기 시작하는 삼월 말이나 사월 초에 찾아가야 한다.

연꽃처럼 피어오른 땅 보궁으로 가는 길

월정사

오대산은 비로봉을 중심으로 호령봉 · 상왕봉 · 두로봉 · 동대산 등 다섯 봉우리가 연꽃처럼 피어오른 모습이다. 자장율사 이래로 이곳은 적멸에 이르는 성지가 되었는데, 눈 내리는 날 월정사로 들어가는 길은 피안의 풍경이다.

태백산맥 중추에 자리잡고 차령산맥의 출발점이기도 한 오대산(五臺山)은 명산 중에서도 명산이다. 골골마다 아름드리 거목들이 숲을 이루어 한반도에서 최고 가는 수림을 자랑하고, 산 전체가 부드러운 토산으로 이루어져 더없이 크고 넉넉한 가슴을 간직하고 있다.

일찍이 『삼국유사』를 저술한 일연스님은 “우리 나라 명산 중에서도 오대산이 가장 좋은 땅이요, 불법이 길이 번창할 곳이다”라고 했다. 또 김시습의 제자 한무외는 이곳에서 선도(仙道)를 깨치고 “연단(鍊丹)할 복지를 꼽으라면 오대산이 으뜸이다”라는 말을 남기기도 했다. 이는 다름 아닌 오대산의 한복판에 화룡점정처럼 떠 있는 적멸보궁(寂滅寶宮)을 두고 하는 말이다.

적멸보궁은 오대산의 우두머리인 비로봉 줄기가 동서남북 사방의 산봉우리들로부터 호위를 받으며 뻗어 내리다 꽃봉우리처럼 피어오른 땅이다. 나는 용이 여의주를 물고 희롱하는 형국이라고 하며, 자장율사가 당나라에서 귀국하여 부처님의 진신사리를 모실 곳을 찾아 헤맬 때 홀연히 새 한 마리가 날아와 이 자리를 일러 주었다는 전설이 전해지기도 한다.

오대산 적멸보궁
자장율사가 부처님의 정골사리를 모신 곳으로 오대산의 다섯 봉우리가 감싸안고 있는 최고의 명당이다. 법당에는 불상을 따로 모시지 않았는데, 건물 뒤편에 진신사리를 모셨다는 증표로 작은 비가 서 있다.

부처님의 정골사리를 모신 적멸보궁

적멸(寂滅)이란 모든 번뇌의 불이 꺼진 곳, 본래의 마음자리인 고요의 상태로 돌아감을 이른다. 법신인 부처의 세계에서 육신으로 인한 마지막 장애까지 훌훌 털어 버리고 영원한 진리 그 자체로 돌아가면 곧 적멸인 것이다. 적멸보궁이란 그 깨달음의 성인인 부처의 뼈에서 나온 사리를 모시는 보배로운 궁전이란 뜻이다.

우리 나라에는 부처님의 사리를 모신 곳으로 5대 적멸보궁이 있다. 영취산의 통도사, 설악산의 봉정암, 사자산의 법흥사, 태백산의 정암사, 그

리고 오대산 중대(中臺)의 적멸보궁이 바로 그곳이다.

그 중에서도 오대산 적멸보궁은 부처님의 이마에서 나온 정골(頂骨)사리가 모셔진 곳으로, 제아무리 백치라도 이곳에 이르면 지혜를 만나고 욕망에 눈먼 사람일지라도 마음의 평화를 얻을 수 있다는 신령스러운 땅이다.

그래서 오대산을 향하는 나그네가 있다면, 월정사(月精寺)에서 상원사(上院寺)에 이르기까지 절 구경, 산 구경보다는 먼저 적멸보궁에 올라 마음 속의 번뇌를 헤아리며 머리 숙여 절하기를 권한다.

이곳에 오르면 쏟아지는 햇살과 몰려드는 바람 소리가 첫눈에도 활연대오의 땅임을 느끼게 한다. 웅장한 오대산의 산세가 첩첩으로 에워싸고 있어 아늑하기 그지없고 오묘한 산의 향기에 휩싸여 있는 듯하다. 땅의 기운을 보고 기도처의 들보를 올린 옛 사람들의 안목이 다시금 새롭고, 천년 전 이 땅을 발견하고 머리 조아렸을 한 선각자의 탄성 소리가 들릴 듯하다.

오대산 적멸보궁은 구름 속을 나는 용의 머리 위에서 선정에 든 모습처럼 고요하고 단정하게 앉아 있다. 그리고 보궁의 법당에는 불상이 모셔져 있지 않고 불단(佛壇)만이 덩그러이 앉아 있을 뿐이다. 통도사의 경우처럼 금강계단에 사리탑이 장중하게 세워져 있는 것도 아니다. 뒤뜰에 석탑을 모각한 작은 판석만이 소슬하게 서 있다.

성스럽게 봉안한 흔적이 보이지 않아 혹자는 불사리가 봉안되지 않았다는 의심도 하지만, 어느 위치에 불사리를 모셨는지 증거하지도 않고 다만 국토의 가장 성스러운 이 산자락 어느 곳엔가 부처님이 머물러 계신다는 상징을 가르치고 있을 뿐이다. 이것이 오대산 적멸보궁의 큰 뜻이고 옛 사람들의 아름다운 마음인 것이다.

자장율사와 오대산 신앙

적멸보궁 참배를 마쳤다면, 이제 오대산에 깃든 천년 고찰의 신비와 함께 원시림이나 다름없는 숲의 바다를 헤매며 산중의 역사를 더듬어 볼 차례다. 오대산을 진성(眞聖)이 거주하는 곳으로 생각하고 이 땅을 불법의 상주처로 개산(開山)한 최초의 인물은 자장스님이었다.

『삼국유사』에 의하면, 자장율사는 월정사 터에 초막을 짓고 문수보살의 진신을 친견하고자 기도를 올렸으나 음산한 날씨가 계속되어 뜻을 이루지 못하고, 비로봉 아래 신령스러운 터에 부처님의 진신사리를 봉안했다고 한다. 이로 하여 오대산과 그 산하 적멸보궁을 비롯한 여러 사찰들의 역사가 시작된 것이다.

전나무숲과 부도
오대산은 하늘을 찌를 듯이 꼿꼿하게 자라 오른 전나무숲이 장관을 이루고 있다. 상원사로 오르는 길에 24기의 부도탑이 옹기종기 모여 있는 월정사 부도전은 눈 내린 날 전나무숲과 더불어 길손의 마음을 사로잡는다.

한암스님의 좌탈입망

한암스님은 조선총독부에서 협조를 요청하자 거절하고 상원사에 은둔, 입적하실 때까지 산문 밖을 나가지 않았다. 한국전쟁이 나자 모든 스님들이 피난을 갔으나 한암스님은 상원사를 지켰고 1951년 3월22일 가사와 장삼을 입고 단정히 앉아서 열반에 들었다. 근세 고승으로 유일하게 좌탈입망한 모습으로 수행자의 귀감이 되었다.

자장율사는 별이 떨어져 품안으로 들어오는 꿈을 꾸고 낳은 신라 진골 김무림의 아들이었다. 일찍이 어버이를 여의자 세속의 번거로움을 끊고자 불교에 귀의했는데, 조정에서 그를 재상의 자리에 앉히려고 불러들였을 때도 “내 차라리 계를 지키고 하루를 살지언정, 계를 깨뜨리고 백년 살기를 원하지 않는다”는 말을 남기고 당나라로 구법행각을 떠났다. 그만큼 계율에 투철했다.

그는 청량산이라고도 부르는 중국의 오대산에 가서 수도하던 중 문수보살을 친견하고 부처님의 금란가사와 발우, 진신사리를 받았다고 한다. 그리고 “그대의 나라 동북방 명주 땅에도 오대산이 있고 문수보살이 상주하고 있으니 돌아가서 친견하라”는 계시를 받았다.

오대산 신앙은 불교가 중국 전통의 오행사상과 습합되어 자기 땅이 우주의 중심이자 불법의 근본도량이라는 성지관인데, 이러한 중국의 오대산 신앙이 자장을 통하여 우리 나라에 건너와 꽃피기 시작한 것은 신라가 급속한 성장을 통하여 삼한 통일의 야망을 키우던 때였다. 신라는 취약했던 북방지역으로 진출하면서 전략적 근거지가 필요했을 텐데, 자장에 의해 들어온 오대산 신앙은 호국도량 신앙을 통하여 국토경영의 성격을 지니고 있었다. 즉 오대산을 문수보살의 상주처로 신앙화한 사실은 신라 땅 모든 곳이 불국토라는 믿음이었다.

상원사 청량선원
상원사는 법당이 따로 없다. 스님들의 선방인 청량선원이 문수동자상을 모신 법당이다. 처음 이름은 진여원이었고, 세조가 이곳에서 문수동자를 만나 피부병을 고친 뒤 상원사라 바뀌었다.

왕가(王家)와 인연을 맺은 땅, 상원사

자장으로부터 시작된 오대산 신앙은 삼국통일 이후 더욱 신비화되어 나타난다. 동서남북 중앙의 신령스런 다섯 봉우리에 관음 · 미타 · 지장 · 석가 · 문수 등 오류성중(五類聖衆)이 수많은 권속을 거느리고 상주하는 커다란 불법의 세계로 장엄되었다.

그 뒤 오대산은 그 땅의 영험성으로 일찍부터 왕가(王家)와 인연을 맺었다. 신라와 고려조에는 말할 것도 없고 조선조에 들어와서 척불정책으로 전국의 사찰들이 황폐화될 때 오히려 오대산의 사찰들은 왕실의 원찰이 되어 융성하게 발전한다. 특히 단종을 폐위시키고 왕위에 오른 세조는 오

문수동자상
세조가 직접 본 문수동자의 모습을 조각한 것으로 조선시대 초기의 불상조각 중 가장 뛰어난 작품이다. 1984년에 불상 안에서 복장유물로 부처님의 사리와 함께 세조가 입었던 저고리, 손수건, 다리니경, 권선문 등이 나왔다.

대산에서 많은 이적을 경험한 임금이다. 온몸에 종기가 돋아나는 창병으로 고생하던 그가 상원사 계곡에서 목욕하다 문수동자를 만나 씻은 듯 나았다는 일화는 널리 알려진 이야기다.

지금도 상원사 길목에는 세조가 목욕할 때 관복을 벗어 두었던 관대걸이가 있고 법당에는 세조가 보았다는 문수동자상이 모셔져 있다. 열 살 남짓한 소년 같은 문수동자상은 은은한 미소를 지으며 선정에 들어 있는데, 그 아름다움이 조선시대 부처님 조각 중에서 최고 가는 수준작이다. 1984년 문수동자상을 문화재로 지정하기 위해 조사하던 중 복장 안에서 부처님 진신사리와 세조가 입었던 저고리 · 손수건 · 다리니경 등 많은 유물이 수습되어 법당 안에 전시되고 있다.

또 상원사에는 자객이 숨어 있는 법당으로 들어가는 세조의 옷자락을 고양이가 물고 늘어져 위기를 넘겼다는 일화가 있는데, 이를 기념한 고양이상이 조각되어 있기도 하다.

상원사 종소리와 방한암 선사

상원사에는 전설도 많고 사연도 많지만 뭐니뭐니 해도 가장 큰 보배는 국보 36호인 상원사 동종과 한암선사의 삶이다. 폭설로 세상에서 들어오는 모든 길이 끊기고, 그것도 모자라 연 사흘 펑펑 내리는 눈 속에 갇혀버린 날 상원사 종소리를 만난다면 그것만으로도 커다란 법연이 된다.

상원사 동종은 비천상의 유려한 조각과 그 울림 소리가 우리 나라에서 최고로 아름다운 종으로 꼽힌다. 에밀레종이 육성적인 흐느낌에 장중함이 깃들어 있다면, 상원사 종은 맑고 청량한 빛깔을 지녔다. 자연계의 모든 소리를 종합해서 그 중에서도 가장 맑고 깨끗한 것만 걸러 낸 듯 청아하다.

비천상

상원사 동종은 725년 신라 성덕왕 24년에 만들어진 우리 나라에서 가장 오래 된 종이다. 에밀레종보다도 45년이나 앞서 만들어진 것이다. 천상에서 악기를 연주하며 내려오는 비천상 조각이 생동감 넘친다.

본래 이 종은 안동 읍성의 문루에 걸려 있던 것을 세조가 상원사 문수동자에게 바친 것이다. 전국에서 가장 좋은 종을 수소문한 결과 안동 남문에 걸린 종소리가 맑고 깨끗하며 100리까지 울려 퍼진다 하여 옮기게 한 것이다. 그런데 이 종을 운반하던 중 죽령고개에 이르렀을 때 더 이상 꼼짝하지 않는 일이 벌어졌다. 지혜 밝은 스님이 고향 땅을 떠나기를 아쉬워하는 종이 신통력을 부린 것임을 알고 종의 젖꼭지 하나를 떼어 안동으로 보냈더니 비로소 움직였다는 전설이 있다. 그래서 상원사 종은 36개의 유두 중 하나가 떨어져 나가고 없다.

상원사 종은 한암선사가 혼신을 다해 지키려 했던 종이기도 하다. 1946년 겨울 눈 쌓인 상원사에 화재가 발생하여 청량선원이 불길 속에 휩싸였을 때, 선사께서는 법당의 귀중한 유물들을 꺼낸 뒤 불길이 종각으로 옮겨 붙지 못하도록 모든 스님들에게 눈을 퍼서 종각 주위에 쌓도록 했다.

또 한국전쟁 당시 후퇴작전을 하던 아군이 적의 은거지가 될 오대산 일대의 사찰을 불태웠을 때도 한암선사는 결연한 모습으로 상원사와 이 종을 지켰다. 소각 명령을 받은 군인들이 절에 불을 지르려 하자 "나는 불법을 위해 죽을 것이다. 중이 죽으면 어차피 화장을 해야 하는 것, 당신이 군인의 본분에 따라 명령에 복종하듯이 절을 지키는 것도 나의 본분이다.

월정사
오대산 만월봉 아래 자리잡은 월정사는 자장율사가 창건한 오대산 신앙의 중심지다. 그러나 한국전쟁 당시 모두 불에 탔고 현재의 모습은 1960년대에 다시 지어진 것이다.

나는 마지막까지 승려의 위치를 지키다 죽을 것이니 나와 함께 절을 불사르시오"라고 했다.

스님의 법력에 감화된 군인들이 법당의 문짝만 뜯어 마당에 쌓아 놓고 불을 질러 소각한 것처럼 보고했다고 한다. 이 이야기는 당시 정훈장교였던 선우휘 씨가 쓴 단편 「상원사」에 소개된 것이다. 이 작전으로 월정사도 불탔고 양양 선림원지에서 옮겨 온 선림원지 범종도 불 속에 녹아 버리고 말았는데, 방한암 스님의 법력이 있었기에 상원사 문수동자상과 동종은 살아남게 된 것이다.

한암스님은 1876년 강원도 화천에서 태어나 22세 되던 해에 금강산 여행에서 깊은 종교적 감명을 받고 입산했다. 김천 수도암 선원에서 수행하던 중 경허스님을 만나 깨달음을 얻었으며, 1925년 봉은사 조실로 계실 때 조선총독부에서 협조를 요청하자 "내 차라리 천고에 자취를 감춘 학이 될지언정 삼춘(三春)에 말 잘하는 앵무새의 재주는 익히지 않겠노라"는 유명한 말을 남기고 오대산 상원사에 은둔, 입적하실 때까지 27년 간을 산문 밖을 나가지 않으셨다. 1 · 4후퇴 때에도 피난 가지 않고 끝까지 절을 지켰는데 마지막 가시는 길 또한 거룩했다.

모두가 떠난 텅 빈 절간에서 고요히 앉아 선정에 든 모습으로 입적하셨는데, 마침 그곳을 지나던 박모라는 종군기자에 의해 그 모습이 사진으로 남게 되었다. 지금도 오대산 스님들에게는 마지막 가시던 선사의 모습이 선방의 죽비 소리 같은 수행의 지침이 되고 있다.

오대산 사고(史庫)와 불타 버린 월정사

상원사에서 오대산 유허와 신령스런 봉우리들을 두루 살핀 뒤 하산길에서 들러야 할 곳은 영감사와 월정사다.

영감사(靈鑑寺)는 자장율사가 월정사와 함께 창건했다고 전하며 고려말 나옹스님이 머물기도 했다. 그 뒤 영감사는 수행과 기도처라기보다는 『조선왕조실록』을 보관했던 곳으로 더 알려졌다. 사고(史庫)란 고려시대부터 병화와 재난으로부터 역사기록을 보호하기 위해 심산유곡에 지어놓은 건물이다. 조선시대 임진왜란으로 사고가 불타 없어지자 선조 39년에 전주 사고본을 기본으로 4 부를 더 제작하여 1 부는 궁궐의 춘추관에 보관하고, 나머지는 삼재가 들지 않는다는 오대산 · 태백산 · 마니산 · 묘향산의 명당에 보존했다. 이때부터 영감사는 사고를 돌보는 사찰이라 하여 사고사라 불리게 되었다. 오대산 사고의 실록은 한일합방 후 일제가 동경대로 강탈해 갔는데 관동대지진 때 불타 버리고 말았다. 영감사과 함께 퇴락했던 오대산 사고는 한국전쟁 때 완전히 소멸되고 말았는데, 최근에 2층 누각의 옛 건물로 복원되었다.

월정사는 하늘을 찌를 듯 울창하게 서 있는 전나무숲과 함께 오대산의 첫번째 관문이기도 하지만, 적멸보궁부터 다녀오는 여정에서는 마지막 코스가 된다. 자장율사가 머물렀던 터에 보천과 효명 두 왕자, 신효 · 신의 · 유연스님이 차례로 머물며 큰절을 이루었고, 조선 세조 때에는 수미스님이 상원사와 함께 월정사를 크게 중창한 권선문이 남아 있어 번창했던 역사를 증언한다.

그러나 동족상잔의 전쟁으로 옛 모습은 완전히 소멸되었고, 새로 지어진 우람한 법당은 아직 세월의 무게를 담고 있지 못하다. 다만 적광전 앞마당의 8각 9층석탑과 탑을 향해 무릎을 꿇고 예배하고 있는 석조보살상만이 타오르던 불길 속에서 살아남은 월정사의 성보들이다.

8각 9층석탑은 자장율사가 건립했다고 하나 시대적 양식으로 보아 고려 초기에 조성된 것이다. 8각형의 탑은 고구려에서 유행한 양식으로 신라에서는 제작된 경우가 없고, 신라 멸망 후 복고풍으로 백제와 고구려 양식이 부활하면서 다시 등장한 형식이다. 이 탑은 추녀 끝마다 풍경이 달려 있어 바람이 스치면 아름다운 화음을 이루어 부처님 앞에 소리공양을 올리는 듯하다.

8각 9층석탑
고구려 양식을 계승한 고려시대의 석탑이다. 탑의 지붕돌 추녀 끝에는 모두 풍경이 달려 있는데, 바람결에 흔들릴 때마다 울려 퍼지는 아름다운 소리가 일품이다.

9층석탑 앞에는 무릎을 꿇고 공양을 올리는 아름다운 석조보살상이 있는데, 온몸에 가득 번진 미소로 부처님 앞에 무엇인가를 바치는 모습이다. 이 보살상은 흔히 오대산 문수보살이 부처님께 차를 공양하는 모습이라고 하지만, 문수보살이 탑 앞에서 공양하는 예가 없기 때문에 법화경에

석조보살상

부드러운 미소로 8각 9층석탑을 향해 정중하게 무릎을 꿇고 두 손을 가슴에 모아 무언가를 공양하고 있는 모습이다. 머리 위에는 원통형 보관이 씌워져 있고, 화려한 목걸이와 팔찌를 장식했으며, 오른쪽 팔꿈치 밑에는 웃고 있는 모습의 동자상이 눈길을 끈다.

나오는 약왕보살상으로 해석하기도 한다.

약왕보살의 전신인 희견보살이 부처님으로부터 법화경을 듣고 삼매를 얻어 환희심에 가득 차 여러 가지 공양을 올렸는데 부처님이 흡족해하지 않자, 1200년 동안 자신의 몸을 태우는 소신공양을 했다는 것이다. 희견보살이 부처님의 사리를 수습하여 8만 4000의 사리탑을 세우고 탑마다 각종 깃발과 풍경을 매달아서 장엄하게 꾸몄으며, 그것도 모자라 자신의 두 팔을 태우는 공양을 했다는 이야기는 월정사 8각 9층석탑과 보살상의 모습에 그대로 재현되어 있는 듯하다.

이는 속리산 법주사의 희견보살상이 부처님께 향로를 바치고 있는 모습과도 상통한다. 강릉 시내 신복사 터에도 이와 흡사한 형태의 보살상이 탑 앞에서 공양을 올리고 있는데, 동시대에 유행했던 작품으로 보인다. 또 보살상 앞에서 한동안 발길을 뗄 수 없는 것은, 보살상 오른팔 밑에 서서 보살상의 성스러운 자태를 떠받치고 있는 동자상 때문이다. 조각 수법은 보살상에 비해 훨씬 떨어지고 투박하지만, 소신공양을 올리고 있을 보살상의 팔꿈치 아래에서 먼 산을 바라보고 있는 모습이 만져 보고 싶을 정도로 애교스럽다.

날씬한 몸매의 8각 9층석탑, 우아한 미소가 천하일색인 석조보살상, 그리고 천진난만한 동자상, 이들과 함께 월정사의 또 다른 주인공은 달빛이다. 그것도 웅장한 오대산 연봉들을 다 섭렵하고 난만히 쏟아지는 만월의 달빛이라면 이름 그대로 월정(月精)을 이룬다. 월정사가 들어선 자리는 본래 달의 형국이었고 달바위가 있었던 자리라고 한다. 옛 선사들의 깨달음의 시에는 월정사의 달과 달빛에 관련된 많은 일화들이 등장하는데, 오대산의 역사에서 달의 행로는 가장 심오한 종교적 체취를 간직하고 있다. 그러므로 쏟아지는 달빛의 사연을 알고 싶은 구도자들에게 월정사는 늘 처녀지와 같은 곳이다.

누워 있는 돌부처와 천불천탑의 신비

운주사

운주사는 비원으로 가득 찬 절이다. 목이 잘린 채 논두렁 위에 서 있는 불상들은
처참하게 짓밟힌 민초들의 역사를 말해 준다. 산허리를 베고 누워 있는
와불이 일어서는 날, 새로운 세상이 열린다는데…….

운주사는 온 산과 계곡이 탑과 불상으로 가득 찬 절이다. 화려한 단청과 육중한 현판이 짓누르는 산문의 위엄도 없고 가슴 철렁이게 만드는 사천왕의 험상궂음도 없다. 누구든지 자신의 길을 찾아 드나들 수 있는 넉넉함이 가득한 절이다. 몇 해 전까지만 해도 이 탑과 불상들의 골짜기는 논밭으로 경작되고 있었으며, 봄이면 농부들의 쟁기 모는 소리 요란하고, 가을이면 누런 벼이삭이 물결치는 신비롭고 경이로운 세계 그것이었다.

지금도 사람들은 운주사에 들어서자마자 자신도 모르게 탄성을 지르게 된다. 마치 새로운 세계에서 퍼져 나오는 울림 소리에 휩싸인 듯한 느낌을 받는다. 골짜기와 산등성이에는 우뚝우뚝 탑들이 솟아 있고, 불상들은 바위절벽 아래 겨울철 해바라기를 하러 나온 가족들처럼 무리지어 있다. 흡사 우리네 할아버지 · 할머니 · 부모형제들처럼 못나고 투박하지만 정겨운 얼굴들이다. 우리 나라 불상들 중에서 가장 민중적인 심성을 간직한 불상일 것이다. 그리고 목이 잘린 채 논두렁 위에 서 있는 불상들은 민초들의 처참하게 짓밟힌 역사를 말해 주는 듯하다.

천불천탑동 계곡
운주사를 한눈에 조망하기 위해서는 절 뒤편 공사바위에 올라야 한다. 이곳에 올라 보면 어지럽게 흩어져 있는 것처럼 보이던 탑과 불상들이 나름대로 질서를 지니고 있음을 알 수 있다. 계곡 한가운데로 우뚝우뚝 탑이 서 있고, 계곡 양편의 바위절벽을 따라 불상군이 배치되어 있다.

운주사가 보여 주는 이런 아름다움을 한마디로 말한다면 그것은 집단적 미의식이다. 개체가 보여 주는 뛰어난 아름다움보다는 똑같은 형상들이 동어반복적으로 펼쳐지는 세계는 강렬하고 역동적인 에너지를 느끼게 한다. 가두로 뛰쳐나온 시위 군중을 만났을 때처럼, 작은 것이 무리를 지어 큰 힘을 발휘할 때는 상상하지도 못했던 힘과 감동을 받게 된다.

또한 운주사는 파격미를 보여 준다. 탑들은 그 형상이 오가리를 엎어 놓은 모양, 호떡을 엎어 놓은 모양, 자연석을 그대로 쌓아올린 모양 등 전혀 뜻밖의 형식을 취하고 있다. 그러면서도 괴이하다거나 부담감을 주지 않고 지극히 편안하고 친근한 조형미를 전해 준다.

불상들도 눈 · 코 · 입 · 귀만을 단순화시켜 간단히 조각했으며, 별다른 기교를 부리지 않았다. 수인(手印)도 규정에 얽매이지 않고 자유스럽고 기발하게 처리되어 있다. 귀족적인 느낌은 찾아볼 수 없고, 한 무더기의 동일한 모습들 속에서도 천차만별의 다양한 느낌을 자아낸다.

운주사에 들어앉아 있으면 거칠고 황량하면서도 어떤 열망으로 가득 찬 세계를 느낄 수 있는데, 이러한 느낌은 파격적이고 집단적인 미의식에서 오는 아름다움일 것이다. 바로 이러한 이미지에서 혁명적 구조를 지닌 설화들이 만들어졌을 것이다.

『장길산』의 무대가 된 천불천탑동

운주사는 도선국사가 하룻밤 사이에 천불천탑을 세웠다는 전설만을 간직한 채, 창건에서 폐사에 이르기까지 그 역사를 말해 주는 기록이 남아 있지 않다. 어느 시기 누가 무엇 때문에 천불천탑을 조성했는지 아직도 상상만 무성할 뿐 그 전모가 밝혀지지 않았다. 다만 운주사에 관한 기록으로는 16세기 기록인 『신증동국여지승람』에 언급되어 있는바, 그 내용은 "천불산은 능성현 서쪽 25리 지경에 있다. 운주사는 천불산 속에 있는데 절의 좌우쪽 허리에 석불석탑이 각기 1천 개씩 있으며 또 석실이 있어 두 석불이 서로 등을 마주 대하고 앉아 있다"는 것으로 조선시대까지만 해도 천불천탑이 남아 있었던 것으로 보인다. 이 밖에도 1632년에 간행된 『능주목지』와 1923년에 간행된 『나주읍지』에 이와 비슷한 기록이 실려 있다.

운주사의 명칭 또한 운주사(雲住寺)와 운주사(運舟寺)로 혼란되어 불려 왔는데, 1984년 전남대 박물관의 1차 발굴조사 때 '운주사 환은천조(雲住寺 丸恩天造)', '홍치8년(弘治入年)' 이라는 명문의 암막새기와가 출토되어 본래의 명칭이 구름이 머무는 곳이라는 뜻의 운주사(雲住寺)임이 밝혀졌다. 배를 운전한다는 의미의 운주사(運舟寺)는 후대 설화가 만들어지던 시기에 붙여진 이름으로 추정할 수 있다. 또 홍치8년(弘治八年)의 명문은 1496년에 중창된 적이 있음을 알려 주는 것으로, 운주사가 조선시대 전까지만 해도 번창했던 사찰이었음을 알 수 있다.

어쨌든 다탑봉 천불천탑으로 융성했던 운주사는 어느 시기엔가 철저하게 몰락하여 그 이름자조차 제대로 전해 주지 못하고, 지금은 18기의 석탑과 80여 기의 석불만이 남아서 옛 역사를 지키고 있다.

촌로들의 구술에 따르면, 운주사는 일제 강점기까지만 해도 현재의 두 배 가량의 탑과 불상들이 있었는데, 관리자가 없어지자 주민들이 탑과 불상을 뜯어다가 묘석상으로 만들고 주춧돌 · 디딤돌 등으로 썼으며, 더러는 논두렁을 쌓는 데 석축돌로 이용했다고 한다. 최근에는 새마을 운동과 도굴꾼에 의해 수난을 당하기도 했다.

이렇듯 운주사는 1980년대 전까지만 해도 거의 알려지지 않은 사찰이었는데, 세상에 알려져 유명세를 타기 시작한 것은 황석영의 대하소설 『장길산』에 소개되고부터다. 『장길산』은 조선조 숙종년간의 의적 장길산에 관한 이야기를 당시의 미륵신앙 사건과 연결시켜 전개시킨 역사소설이다. 관군에 쫓겨온 장길산의 무리가 이곳 천불산 골짜기에서 민중해방의 용화세계를 염원하며 천불천탑을 세운다는 운주사 설화를 삽입시켜 대미를 장식했다. 이런 황석영의 탁월한 문학적 상상력이 1980년대에 집단적으로 분출하기 시작하는 변혁정서와 맞아떨어져 운주사가 미륵신앙의 혁명적 성지로 부상했다. 그 뒤 운주사는 미륵신앙과 불가분의 관계가 되어 여러 논객들의 구구한 추측과 상상력을 자극하여 그 실상이 윤색되었다.

그러나 18세기에 만들어진 설화만을 토대로 미륵신앙의 성지로 연결시킨 점과, 반란노비들이나 천민집단의 염원으로 천불천탑이 이루어졌으리라는 해석은 역사적 · 사회경제적 조건을 무시한 비과학적인 태도이다.

물론 운주사를 바라봄에 있어 현재적 의미로 재해석하는 것도 중요하지만, 역사적 사실에 기초하지 못한 추측이나 자의적 해석은 자칫 허망한 것이 되기 쉽다.

이제 운주사는 문학적 상상력으로 접근하는 단계에서 좀더 과학적이고 사실에 기초한 역사적인 해석을 요구하고 있다.

와불이 일어서는 날

운주사에 얽혀 있는 설화들은 민중들의 염원과 기원이 배어 있어 흥미롭다. 그 설화적 상상력과 전개방식도 일주야에 천불천탑을 세우면 새로운 세상이 열린다는 식으로, 가히 혁명적 의식이 투영되어 있다. 이제까지 운주사를 이해하는 통로가 지역 주민들의 구전에 따른 설화적 접근이 대부분이었으므로, 우선 운주사에 얽혀 있는 설화를 살펴보자.

먼저 운주사 창건설화의 내용을 살펴보면 대부분 도선국사와 결합되어 있는데, 그 유형을 몇 가지로 나누어 볼 수 있다.

첫째, 신라 말 효공왕 때 영암에서 태어난 도선국사가 당나라에 가서 지리학을 공부하고 돌아와 우리 나라 지세를 살펴보니, 이곳 운주사 땅이 여자의 음부형국으로 장차 임금이 나올 군왕지(君王地)여서 그 혈을 끊어 놓기 위해 명당을 누르는 탑을 세우고 도술을 부려서 이 근처 30리 안팎의 돌들을 불러모아 하룻밤 사이에 천불천탑을 세웠다는 것.

둘째, 도선국사가 보기에 우리 나라 지형이 행주형국(行舟形局)인데, 동서가 편편하지 못하고 태백산맥이 있어 동쪽으로 기울어져 국토의 정기가 일본으로 새어 나가 나라가 망할 위험이 있다고 보아 국운이 빠져 나

가지 못하도록 이곳에 천불천탑을 세웠다는 것.

셋째, 도선국사가 천불천탑을 하룻밤 사이에 세울 적에 맨 마지막으로 와불을 일으켜 세우려고 했는데, 공사에 싫증이 난 동자승이 거짓으로 닭이 울었다고 하여 모든 일이 수포로 돌아갔다는 것.

이러한 설화들을 분석해 보면, 주로 조선 후기에 풍미했던 풍수적 신앙과 도선국사가 결합되어

누워 있는 부처
와불이란 불상조각 기법상 누워서 열반에 든 석가모니의 모습을 조각한 것인데, 운주사 와불은 입상과 좌상으로 조각한 것이다. 조각이 끝난 뒤 일으켜 세우려 했는데 뜻을 이루지 못한 미완성의 작품이다.

있음을 알 수 있다. 그 설화의 내용들이 하나같이 역동적 이미지를 담고 있는 것은 설화가 만들어진 시대적 배경이 봉건사회에서 근대사회로 넘어가는 변혁기이기 때문이다.

또 설화에 등장하는 도선국사는 신라 말 구산선문 중 하나인 동리산 태안사 혜철선사 문하에서 득도하여 백계산의 옥룡사에서 일생을 마친 진보적인 승려였다. 일찍이 고려 태조의 탄생과 건국을 예언했으며, 산천비보사상 · 풍수지리설 · 음양도참설 등을 통해 국가정책에 많은 영향을 끼쳤다고 하지만, 그가 실제로 왕건과 결탁하여 고려 건국에 참여했는지는 아직 밝혀지지 않았다. 그리고 그는 운주사가 창건된 때보다는 훨씬 이전 시대의 사람이었다.

그런데 이런 도선국사와 운주사 창건설화가 결합된 까닭은 풍수지리의 시조로 알려진 그를 끌어들여 사찰의 권위를 높이려는 이유로 보인다. 전라도 지방뿐만 아니라 우리 나라 대부분의 사찰 내력에는 도선국사가 창건했다든지 수도를 했다든지, 아니면 그 터를 점지했다든지 하는 식의 이야기가 전해지고 있다.

보이지 않는 길을 찾아서

운주사 창건 연대는 불상과 탑의 양식으로 보아 신라 말 · 고려 초 · 고려 중기 · 고려 후기 · 조선시대 등 학자에 따라 설이 분분했으나, 네 차례에 걸친 전남대 박물관의 발굴조사에 의해 그 실마리가 풀리고 있다.

먼저 운주사 본래의 절터는 현재의 자리가 아니라 훨씬 아래쪽인 절 입구에 있었던 것으로 밝혀졌다. 용강리 소재의 절터 발굴조사에서 12세기

운주사의 탑
운주사의 탑들은 진리의 바다를 항해하는 반야용선의 돛대처럼 우뚝우뚝 솟아있다. 아무렇게나 터를 잡아 세운 것 같지만 공사바위 위에서 내려다보면 운주사와 계곡의 중심부와 산기슭에 줄지어 서 있는 모습이다.

경의 절터 자리가 나왔고, 그 자리를 들어내면 다시 10세기나 11세기의 절터가 나오리라고 보고 있다. 또 이 절터에서 12세기 전반기의 와당과 기왓장, 10세기 말부터 11세기까지 쓰던 토기와 청자 파편, 8세기 후반에 제작된 금동불, 9세기나 10세기에 제작된 금동불이 발견되었다.

이와 같은 출토 유물로 보아 운주사 창건 시기는 고려 초인 10세기 말에서 11세기로 추정할 수 있으며, 12세기경을 최고의 전성기로 볼 수 있게 되었다. 이러한 조사에 의해서도 9세기 말의 사람인 도선국사 창건설은 더욱 거리가 멀어지게 되었다.

다음으로 운주사의 비밀을 푸는 데 가장 큰 관심거리인 창건 주체에 대한 문제다. 앞에서 거론한 바와 같이 운주사는 그 파격적이고 집단적인 형식과 혁명적 설화의 이미지로 하여 미륵신앙의 성지이자 반란노비들의 자치구쯤으로 이해되었으며 그들을 창건 주체로 보아 왔다. 이러한 해석은 주로 1980년대 민족문학 진영의 진보적인 작가들에 의해 제기되었는데, 그 대표적인 논자들을 소개하면 다음과 같다.

『장길산』의 작가 황석영은 운주사 설화를 분석하면서 수도천도설과 관련지어 이곳을 역성혁명의 성지로 이해했다. 곧 미륵와불을 일으켜 세우는 일은 개벽과 혁명을 뜻하는데, 와불을 일으켜 세우지 못함은 천민들의 계급해방 운동이 실패한 것의 상징이라고 보았다. 그리고 흩어져 있는 불상들은 저 산야에 쓰러진 민병대들의 시체와도 같다고 표현했다.

국토기행을 하면서 우리 민족의 기층문화를 탐사하고 있는 소설가 박태순은 참담한 고려 무신란 시대 도처에서 일어난 노비들의 반란과 관련지어 생각했다. 그는 이곳이 봉건체제에서 신음하고 있던 노비들이 내세불인 미륵의 용화세계를 기원하며 신분해방 운동을 일으켰던 지역이거나, 당시 천민부락이었던 나주시 문평면의 거평부곡과 인접한 점으로 보아 천민부락의 민중생활사와 관계 있는 공동체 사회의 신앙적 요소가 있을 것이라고 추측했다.

또 전라도 지방의 민간설화에 깊은 관심을 가져 온 『녹두장군』의 작가 송기숙은, 노령산맥 이남의 미륵사상이 불교사상적 차원에 머문 것이 아니라 사회개혁을 바라는 민중사상의 큰 흐름을 이루고 있는 점으로 보아 운주사는 전남지방 미륵사상의 중심지였을 것으로 보았다.

이러한 국내 작가들의 해석을 토대로 독일인 학자 힐트만은 『미륵-코레아의 성스러운 돌』이라는 책에서, 운주사 골짜기의 천불천탑은 미륵혁명 사상을 믿는 천민들과 노비들이 들어와 만든 것이며 불교 사원이라기보다는 천민과 노비들의 해방구였다고 소개하기도 했다.

이렇듯 운주사에 대한 문학적 상상력을 기반으로 한 해석들은 봉건사회에서의 민중운동이라는 측면에서 우리를 긴장시키고 가슴 설레게 하는 것임에는 틀림없지만, 그것이 역사적 실체와는 거리가 먼 작가적 상상력이었다면 적이 실망스러움을 감출 수 없다.

단적인 예로 운주사에 서 있는 7층석탑 하나를 세우는 데 수천만 원의 비용이 필요하다. 그러므로 이 골짜기에 천불천탑을 세운다는 것은 엄청난 대공사였을 것이다. 반란노비나 미륵신앙 결사조직인 민중들에 의해서 이루어질 수 없음은 자명한 이치다.

호족들의 자화상적 이미지

역사에서 어느 시대를 막론하고 거대한 조형물의 탄생은 국가나 귀족계급, 지방 호족세력 등의 재정적 지원으로 이루어졌음은 상식이다. 우리

운주사 불상의 배치
산야의 흩어져 있는 운주사 불상의 배치를 보면 순박한 민중의 심성이 그대로 느껴진다. 아버지와 아들이 등을 맞대고 참선을 하고 있고, 금슬 좋은 부부가 어깨를 다정하게 기대고 있다. 들꽃이 핀 길가에서 누군가 애틋하게 기다리는 소년 같은 모습도 있다.

가 알고 있는 대부분의 국보급 문화유산은 이러한 지배계급의 권위와 이념체계에 의해 만들어진 것이다.

그러면 운주사 천불천탑은 누구에 의해서 무엇 때문에 만들어졌을까? 우리는 이 보이지 않는 길을 찾아가기 위해서 한 시대의 문화예술은 그 시대를 반영한다는 고전적인 진리로 되돌아가야 한다. 그리고 현재적 상상력보다는 유물과 그 시대적 배경을 통하여 풀어 나가야 할 것이다.

운주사가 만들어진 시대는 신라 천년의 권세가 무너진 뒤 일어난 각 지방세력의 쟁투를 왕건이 가까스로 수습해 낸, 아직은 전쟁의 말발굽 소리가 가시지 않은 혼란기였다. 호족연합체로서 출발한 고려는 지방세력들을 어떻게 장악하느냐가 관건이었다. 그래서 지방 호족들의 자녀를 개성

에 볼모로 잡아 그들의 힘을 견제했으며, 그 자녀들을 자기 편으로 만들어 내려보내기도 했다.

반면 지방 호족들은 자기 지역에서 장악한 경제력을 토대로 중앙의 지배세력에 대항하는 세력으로, 지역 민중들의 요구를 수용하는 일정한 진보성을 가지면서도 항상 중앙정권과 결탁하지 않으면 생존이 어려운 처지였다.

그러므로 고려 초기는 중앙세력과 지방세력이 상호 견제하면서도 공동의 이익을 위해서는 연대하는 관계가 지속되었고 지방세력에게는 어느 정도의 자치권이 확보되었다. 그리고 이 지방 호족세력은 자신들의 힘에 의하여 새로운 문화를 생산해 내는데, 전 시대 중앙집권적 통일신라의 지배자들이 추구하던 완벽한 이상미적 예술세계와는 다른 파격적이고 도전적인 형식의 문화였다.

고려 초기 각 지역에 세워지는 지방 불상들은 모두 거대한 형상이며 괴력을 지닌 역사(力士)의 모습이다. 이는 거칠고 도전적인 지방 호족들의 의식세계를 반영한 것이며, 그 문화적 공간에는 민중들의 체취도 배어 있다. 그래서 대부분의 고려시대 불상들은 백성들의 모습과 같은 투박한 느낌의 민중성과 함께 또 다른 권위와 힘을 나타내는 모양새를 갖추고 있다. 이는 민중적인 변혁정서와 함께 불교 이데올로기를 통해 더 큰 지배를 꿈꾸는 호족세력이 품었던 야망의 또 다른 모습일 것이다.

필경 운주사도 이러한 지층에서 탄생했을 것이다. 드넓은 나주평야의 생산력을 지배하고 있던 호족세력과, 이 일대 수많은 농민들의 비원이 어우러져 천불천탑의 세계를 펼쳐 냈을 것이다. 그리고 운주사의 불상과 탑들이 같은 시기 다른 지역의 그것보다 더 많은 민중성을 보여 주는 것은 농업 생산력을 바탕으로 하는 이 지역에서 농민들의 입지가 훨씬 강했다는 증거다.

그러한 힘이 천불천탑이라는 집단적 상상력으로 드러나고 불상들의 모습도 민중들의 자화상처럼 친근한 표정이 되었을 것이다. 그것은 어쩌면 누대에 걸쳐 점철되어 온 한 많은 이 땅의 역사가 말해 주듯, 고려 왕권으로부터 무자비하게 박살날 지경에 처해 있던 이 지역 민중들의 마지막 저항의 불꽃이 담긴 모습일지도 모르겠다. 후백제가 고려에 끝까지 저항한 역사에서처럼 우리는 천년이 지난 오늘, 운주사가 들려 주는 비원의 울림 소리를 듣고 있는지도 모른다.

북두칠성이 비추는 칠성바위

그럼 운주사 천불천탑에 담겨 있는 사상적 배경은 무엇일까? 운주사 천불천탑 조성이 이 지역의 지배자였던 호족세력의 발원과 기층 민중들의 염원이 어우러져 이루어졌다면, 당시 그들의 삶 속에 깃들어 있던 종교적 의식이 있었을 것이다.

흔히 운주사는 불상들의 민중적 분위기와 설화 때문에 미륵신앙의 성지처럼 알려졌는데, 이를 증명할 구체적 근거는 별로 없다. 산등성이에 머리를 아래쪽으로 둔 채 거꾸로 드러누워 있는 와불(臥佛)을, 상족하수(上足下首)의 이미지로 하여 미륵이 일어섬과 동시에 세상이 바로 된다는 미륵용화사상으로 해석하여 미륵와불이라 불러 오는데, 엄밀히 말해 미륵와불이라고 할 수 없다.

수인이 항마촉지인(降魔觸地印)과 지권인(智拳印)으로 석가여래와 비로자나불의 도상이며, 운주사 여느 불상과 탑처럼 우뚝우뚝 세워 놓기 위해 산비탈을 이용하여 제작한 것이다. 어쩌면 그 제작 공법이 실패하여 그대로 두었는지도 모른다. 또 좌상과 입상의 한 쌍으로 된 이 부처상은 와불이라고도 할 수 없다. 불상조각 기법상 와불은 열반에 든 석가여래의 모습을 조각한 것인데, 이 불상은 열반불의 도상이 아니고 다른 불상들과 같은 형식의 불상으로 조각이 끝난 뒤 일으켜 세우려 했으나 뜻을 이루지 못한 불기립(不起立)의 부처상일 뿐이다.

다만 이 불상은 그 위치와 규모, 형상으로 보아 운주사 골짜기의 천불천탑을 거느리고 있는 중심적인 불상임에는 분명하다. 이 어마어마한 대불사를 일으키고도 용의 눈에 점을 찍는 일이라고 할 우두머리 부처를 일으키지 못하고 말았다는 것은, 잘려 동강난 채 뒹구는 육계만큼이나 강렬한 인상을 준다. 어쩌면 이러한 미완성의 세계에 깃든 여운과 애석함이 운주사의 매력일지도 모른다. 그리고 많은 사람들은 그 비원 위에 오늘의 희망과 꿈을 아로새기며 새로운 에네르기를 수혈받고 있는 것이다.

이러한 점에서도 운주사와 미륵사상과의 융합은 창건 시기보다 훨씬 후대로 미륵신앙이 광범위하게 유포되던 조선 후기에 이루어졌다고 보아야 할 것이다. 조선 후기에 이르면 마을 입구나 산과 들 도처에 민중들의 자화상과도 같은 돌미륵들이 세워지고, 이와 흡사하게 생긴 전 시대의 불상들도 미륵으로 통칭되어 불린다. 심지어 장승이나 선돌 등에도 미륵님이라는 신앙적 존경심이 부여된다.

그러나 고려 초기만 해도 미륵신앙은 민중들에게 널리 수용되기보다 지배자들의 통치이념으로 이용되었다. 후삼국 시대의 혼란기에 궁예와 견훤, 왕건이 말법사상에 기초하여 자신들이 미륵의 화신임을 자처하며 혁명적 야심을 채우는 데 이용한 것은 좋은 예다.

이런 시대적 문맥으로 보아 운주사 천불천탑에서 고난의 땅에서 구원의 세계를 염원하는 듯한 느낌을 받는 것은, 당시의 민중들에게 널리 수용되었던 밀교와 민간신앙적 요소가 결합된 사상적 체취로 해석하는 것이 올바르다.

운주사 출토 유물 중 수막새기와에 양각된 범자문(梵字文) '옴마니반메훔'이 발견되었는데, 이는 일체의 지혜와 복덕의 근본을 뜻하는 내용으로 밀교에서 외우는 주문(呪文)이다. 또 연화탑 아래 석조감실 속에서 남북을 바라보며 등을 맞대고 있는 좌상도 밀교적 성격의 음양불이고, 많은 불상의 수인이 비로자나불의 지권인을 도식화한 것으로 보여 밀교와의 관계가 더욱 짙어진다.

밀교는 불교가 다른 지역으로 전파되면서 그 지역 토착신앙의 주술적

성격과 결합하여 형성되었으며, 일체의 무명과 번뇌를 없애고 지혜를 얻는다는 대일여래(大日如來)인 비로자나불을 숭배했다. 우리 나라의 밀교는 중국을 통하여 영향을 받았고 통일신라 이후 크게 성행했다. 일천불을 조성하여 모시는 천불신앙이 밀교에서 널리 숭상된 점으로 보아, 운주사도 밀교적 편린을 깊게 간직하고 있음을 알 수 있다.

운주사에서 또 한 가지 흥미로운 점은 칠성신앙의 뿌리를 보여 주고 있는 점이다. 칠성신앙도 밀교처럼 불교가 전파되는 과정에서 그 지역의 재래 토속신앙과 습합하여 다양하게 나타나는 토착화된 민중신앙적 면모를 보여 주는 예다.

가족 같은 불상
운주사 불상은 온 가족이 양지바른 곳에서 해바라기를 하고 있는 듯 무리지어 있다. 눈·코·입·귀만을 단순화시켜 조각했으며, 수인도 규정에 얽매이지 않고 자유스럽고 기발하게 처리했다. 전 시대의 불상들처럼 귀족적인 고귀함은 찾아볼 수 없고 지극히 편안하고 친근한 민초들의 모습 그대로다.

9층석탑

운주사 입구에 서 있는 9층석탑은 하늘의 세계를 향해 쌓아올린 간절한 염원이 느껴진다. 탑이라는 건축의 안전성보다는 이상향의 세계에 닿고 싶은 애틋한 꿈이 서려 있다.

오가리탑
운주사는 예측불허의 사원이다. 모든 정형의 틀을 거부하고 새로운 가능성에 도전하는 실험정신을 보여 준다. 탑들도 기존의 전통에서 벗어난 파격적인 형식들이다. 호떡을 쌓아 놓은 듯하고, 오가리를 엎어 놓은 듯하고, 실패 모양을 하거나 그냥 자연석을 얼기설기 쌓아올린 거지탑도 있다.

인간의 가장 기본적인 욕망인 수명 연장과 기복, 농경사회의 전통에 의한 생자득남을 비는 칠성신앙은 우리 민족에게 너무나도 보편적인 신앙이었다. 우리 나라 사찰에는 어느 곳이나 대부분 칠성각과 산신각이 있는데, 흔히 아들을 낳게 해 달라고 기원하는 곳으로 민간에서는 석가모니보다 더 영험한 신으로 믿어 온다. 이러한 칠성신앙은 고구려 고분벽화에도 북두칠성 그림이 있듯이 우리 민족에게 뿌리 깊은 신앙이었으며, 조선시대 운주사에서도 그 예를 볼 수 있다.

와불이 누워 있는 산마루에서 절 입구 쪽을 향하여 산길을 내려가다 보면 듬성듬성 소나무가 서 있는 산허리에 일곱 개의 바윗돌이 놓여 있다. 주민들은 칠성바위라고 부르는데 내력을 구체적으로 알고 있는 사람은 없지만, 옛날에 이 바윗돌을 깨뜨려 주춧돌로 사용하려 했던 사람이 벼락을 맞아 죽었다는 전설과 함께 신령스런 돌로 여겨 오고 있다.

칠성이란 북극성을 축으로 하여 그 주위를 하루에 한 번씩 회전하는 북두칠성 별자리를 말하는데, 우리 선조들은 자연 숭배사상의 하나로 별자리신이 천신의 사자로서 그 명을 받아 인간의 운명과 행불행을 주관하는 것으로 믿었다. 특히 북쪽 하늘에서 가장 밝게 빛나는 북극성을 우주의 중심으로 보아 북극성과 함께 시간과 계절의 변화를 알려 주는 북두칠성을 숭배했다. 운주사 칠성바위는 하늘의 별자리가 산허리에 반사되어 있는 형상으로 수놓아져 있으며, 별자리의 밝기에 따라 바윗돌의 크기까지 상징화하여 당시 민중의 과학적이고 생명력 넘치는 상상력에 탄성을 지르지 않을 수 없다.

민중들의 심성을 닮은 못난이 불상

지금까지 우리는 운주사 천불천탑의 비밀을 그 시대적 환경과 사상적 배경을 통하여 추정해 보았다. 그러면 운주사 천불천탑의 양식이 우리 미술사에서 차지하는 위치는 어느 정도인가.

먼저 불상의 양식을 살펴보면, 정형의 틀이 거의 무시되고 평면적이고 토속적인 얼굴 모양, 균형 잡히지 않은 팔과 손, 어색하면서도 규칙적인 옷 주름, 둔중한 조각 기법 등이 특징이다.

석탑의 양식도 이전의 탑에서 찾아볼 수 없는 전혀 파격적인 형식들이 등장하고 층수도 3층탑, 5층탑, 7층탑, 9층탑 등 다양하다. 또 자연암반 위에 높직한 초층 탑신을 올려 기단으로 대체한 점이나 탑신 석면에 ×, ◇, ∨ 형의 기하학적 무늬를 새겨 놓은 점도 특이하다.

이러한 불상과 석탑의 양식은 대체로 고려 초기의 지역적 특성을 나타내는 지방화된 양식을 충실하게 보여 주는 것이다. 시대적 환경에서도 살펴본 바와 같이, 고려 초기의 문화적 특성은 지방 호족세력의 성장과 함께 지역마다 자기 나름의 독특한 문화를 만들어 내는 개성의 시대였다. 이런 문화적 특성을 혹자들은 통일신라시대 문화의 우수성에 비교하여 퇴보한 시대양식으로 간주하는데, 이런 태도는 지배계급의 미감에만 맞추어 보려는 편협한 시각이다.

석굴암 본존불에 나타나는 이상적 세계를 추구하는 아름다움도 중요하지만, 기층 민중들의 삶과 정서를 꾸밈 없이 담아 낸 운주사의 불상과 탑의 순박한 아름다움도 결코 소홀히 다룰 바가 아니다. 오히려 외래 양식의 수용을 토대로 이루어진 전 시대의 걸작들보다, 우리 민중들의 심성으로 일깨워진 민족적 감성이 느껴지는 이러한 문화유산을 새롭게 조명할

운주사 불상의 표정

운주사 불상의 표정은 못나고 투박하지만 모두가 정겨운 얼굴이다. 코와 입만을 소략하게 조각하여 별다른 기교를 부리지 않았지만 단순성과 추상성에서 더없이 큰 울림이 느껴진다. 얼굴이 깨지고 목이 잘린 채 나뒹구는 모습에선 처참하게 짓밟힌 민중의 역사를 느끼게 해 준다.

필요가 있다. 이러한 입장에서 전남대 이태호 교수는 고려시대를 못난이 석불시대라고 규정하고, 우리 민족의 토착적인 조각 양식을 키워 나가는 소중한 시기로 본다.

중앙집권적 통치체제에 대항한 호족세력에 의해 장인적 예술성보다 집단적 미의식이 표출된 이 시대의 불상조각은 분명 현실적인 삶에 바탕을 둔 소박하면서도 건강한 에너지가 넘친다.

그래서 운주사는 가을걷이가 끝난 저 들판에 충만하게 들어찬 고요처

럼, 아니면 우우우 몸서리치며 일어나는 바람 떼처럼 구구한 해석보다 그 느낌 자체가 더 좋은 곳이다. 아들을 얻기 위해서건, 맺지 못할 사랑으로 만들어진 생명의 태를 지우기 위해서건, 돌부처의 코를 떼어 갈아 먹었던 그 간절한 마음 하나면 족한 것이다.

홀로 가슴을 앓으며 눈보라치는 겨울 산야를 헤매는 이가 있거든 운주사로 발길을 돌려 보기 바란다. 광주항쟁 이후 피비린내 나는 죽음의 기억에 허덕이던 우리의 귓가에 청신한 바람처럼 찾아왔듯이, 운주사는 그렇게 우리의 잃어버린 꿈과 좌절된 역사의 상처를 달래주는 영원한 고향처럼 기다리고 있을 것이다.

눈 속에 갇힌 불상군
남도지방에 폭설이 내린 날, 운주사는 별천지다. 집단을 이룬 가족 불상이 눈 속에 갇혀 있는 모습은 전설 속의 이야기처럼 신비롭다.

영취산이 품어안은 한국 불교의 종갓집

통도사

통도사는 부처님 진신사리를 봉안한 불보사찰이다. 국지대찰 불지종가라 불릴 만큼 연륜이 깊다.
대가족의 식솔들이 모여 사는 종갓집처럼 건축의 구조가 복잡하고 다양한데,
봄이면 영산전과 극락전 뜨락에 홍매화가 핀다.

이른 아침 안양암 산등성이에서 내려다보는 통도사는 꽃밭 같다. 소나무 향기 그윽한 영취산 골짜기를 크고 작은 전각들이 가득 채우고 앉아 있는 모습은, 마치 아득한 세월 저편 석가모니 부처님이 인도 영취산에 올라 법화경을 설파하던 영산회상처럼 장엄하다.

산중에 들어앉은 우리 나라 절집들이 그 산의 높고 낮음마저도 오묘하게 풀이해 구도자의 영토를 만들어 내고 있음은 잘 알려진 바지만, 눈빛 서글한 사내 같은 저 영취산의 품안에 안겨 있는 통도사의 정경은 말문이 막힐 정도로 거룩하다. 산과 절이 한몸이 되어 춤을 추며 극락정토로 가는 한 무리의 행렬 같다고나 할까.

같은 삼보사찰인 해인사와 송광사의 건축이 엄격하게 질서를 갖춘 모습이라면 통도사는 들꽃 만발한 화원을 보는 듯하다. 제각기의 빛깔을 가진 건축물들이 분방하게 흩어져 있지만, 거기에는 그 나름대로의 질서와 조화가 살아 있다. 축제의 마당처럼 신명이 넘치는 그들 건축물 속에 육화된 세월의 흔적을 헤아려 보면, 시간의 흐름에 따라 쓰러지고 다시 태어나는 산중의 역사가 고스란히 살아난다.

통도사는 신라 불교의 5교 중 계율종의 근본도량으로 1300년의 유구한 역사를 지니고 있다. 특히 시대적 변천에 따라 신앙의 변화가 있었기 때문에 사찰의 조형물에는 다양한 의미가 집합되어 있다. 원시불교의 사리신앙에서 법화신앙 · 정토신앙 · 미륵신앙 · 관음신앙 · 약사신앙 · 토착신앙에 이르기까지 한국 불교의 모든 요소가 망라되어 있다. 수십 채에 이르는 법당과 전각들에는 이들 신앙과 관련된 여러 가지 의미가 내재되어 있어 사찰의 건축문화를 살펴보기에는 더없이 좋다.

통도사 전경
안양암에서 내려다본 통도사는 거대한 전함과 같다. 하로전 · 중로전 · 상로전으로 이루어진 가람 배치는 서에서 동으로 흘러내리는 영취산 골짜기를 따라 펼쳐져 장관을 이룬다. 헤아릴 수도 없는 많은 건물들이 자유분방한 가운데 일체감을 이루는 것이 통도사 건축의 미학이다.

복잡한 구성 속에 통일미가 구현된 가람 배치

가람은 계곡과 능선을 따라서 길게 상로전(上爐殿)·중로전(中爐殿)·하로전(下爐殿)으로 나뉜다. 상로전에는 금강계단을 중심으로 대웅전·명부전·나한전이 있고, 중로전에는 대광명전·용화전·관음전·개산조당·해장보각이 있으며, 하로전에는 영산전·극락전·약사전 등이 있다.

이러한 구성은 다양한 교리에 따른 신앙의 대상을 하나의 가람 속에 수용하려는 요구 때문에 만들어진 것이다. 그렇지만 이들은 무질서하게 배치되어 있지 않다. 각각의 영역들이 개별적 완결성을 가지면서도 하나의 거대한 체제를 구성하고 있다. 특히 세 영역으로 전개되는 복잡한 가람 배치는 일주문·천왕문·불이문으로 이어지는 진입 공간의 중심축이 통

대웅전과 금강계단
세 면을 정면으로 하고 있는 대웅전 너머에 금강계단이 있다. 부처님의 진신사리를 모신 금강계단은 신라의 고승 자장율사로부터 비롯되었다. 통도사 건축의 가장 핵심에 해당되는 이 계단은 임진왜란 때 약탈된 사리를 다시 찾아와 모시면서 중수한 것이다.

일성을 부여하고 있고, 그 길의 유현(幽玄)한 분위기는 진리의 세계를 찾아가는 심오한 과정을 건축적 이미지로 풀이한 것이다.

우리 나라 사찰에서 유래를 찾아보기 어려울 정도로 복합적인 구성을 보여 주는 통도사 건축은 먼저 영취산 기슭의 오래 된 소나무 숲길에서 시작된다. 은은한 솔바람 소리를 들으며 걸어가다 보면 세속의 찌든 마음이 정화되고 어느덧 일주문 앞에 이르게 된다. 오직 깨달음을 이루겠다는 일념으로 들어선다는 일주문에는 '불지종가(佛之宗家) 국지대찰(國之大刹)'이란 커다란 글씨가 걸려 있다. 부처님의 진신사리가 모셔진 한국 불교의 종갓집이요 나라에서 제일 가는 절집이란 뜻이다.

일주문은 다시 아름드리 전나무 숲길로 이어지고 그 너머에는 천왕문이 있다. 사천왕이 지키고 선 천왕문 안쪽에는 만세루 · 범종루 · 극락

통도사의 가람 구성
통도사 가람 배치는 단절과 개방을 반복하는 구성과, 부분과 전체를 통합하는 미학으로 이루어졌다. 세월에 따라 교리와 신앙의 형태도 달라졌고 건물의 용도와 쓰임새마저 변했지만, 이들은 부조화를 이루기보다 나름대로의 질서와 아름다움을 창조해 낸다.

전 · 약사전 · 영산전이 펼쳐지는 하로전 지역이다. 그런데 일주문에서 천왕문으로 이어지는 길은 활등처럼 수줍게 굽어 있다. 실제 거리는 50m 정도밖에 되지 않지만, 아득한 세계로 들어가는 듯한 공간감을 연출하기 위해 직선이 아닌 휘어지는 동선으로 처리한 것이다.

하로전 지역은 하나의 마당을 중심으로 네 동의 건물이 에워싸고 있다. 이를 산지중정형 가람 배치라 하는데, 조선시대 사찰의 기본 형식이다. 영산전은 석가여래의 불국토를, 극락보전은 아미타여래의 불국토를, 약사전은 약사여래의 불국토를 상징하는 전각이다.

하로전을 지나 부처와 중생이 둘이 아니라는 불이문에 들어서면 뒤쪽

반야용선 벽화
통도사 극락전에는 인왕보살과 지장보살이 반야용선을 타고 중생들을 극락세계로 인도하는 내용의 벽화가 그려져 있다.

으로 한 발쯤 물러나 몸을 낮춘 중로전 지역이 전개된다. 중로전은 관음전에서 용화전 · 대광명전으로 이어지는 건물군이다. 하로전과 달리 앞뒤로 중첩된 구조인데, 뒤로 갈수록 건물의 규모가 크고 웅장해지는 위계질서를 갖추고 있다. 대광명전은 화엄신앙의 주불인 비로자나불을, 용화전은 미륵불을 모신 전각이다.

미륵불은 하늘나라 도솔천에 계시는 분인데, 때가 되면 지상의 용화수(龍華樹) 아래로 내려와 세 번의 설법을 통해 중생을 구제한다고 한다. 이를 용화삼회(龍華三會)라 하는데, 석가모니가 미륵불에게 용화삼회를 부탁했고 자신의 수제자인 가섭에게 미륵이 강림할 때까지 기다렸다가 깨

달음의 증표인 발우를 전하라고 했다. 그래서 용화전 뜰 앞에는 미륵불에게 전해 줄 발우를 형상화한 봉발탑이 세워져 있다.

상로전은 통도사 건축에서 가장 핵심적인 지역이다. 제일 먼저 눈에 들어오는 것은 웅장한 영취산의 산세와 함께 대웅전의 합각지붕이다. 다른 지역에서 느낄 수 없는 활달하고도 당당함이 느껴지는데, 여기에는 부처님 진신사리를 봉안한 금강계단과 대웅전 · 응진전 · 명부전 · 산신각 등이 자리잡고 있다.

금강계단은 부처님의 진신사리가 모셔져 있고 스님들에게 계를 내리는 곳인데, 금강이란 일체의 것을 다 깨뜨릴 수 있는 지혜를 말한다. 이 지혜는 인간세상의 모든 번뇌망상을 물리쳐 주는데, 계(戒) · 정(定) · 혜(慧)의 세 가지 수행으로 성취될 수 있다.

계는 승가의 율법을 지키는 것이고, 정은

봉발탑
미륵불을 모신 용화전 앞에 서 있는 봉발탑은 스님들의 밥그릇인 발우 모습을 한 탑이다. 발우는 법을 상징하므로 현세불인 석가모니 부처가 제자인 가섭에게 부탁하여 미래의 부처님인 미륵불이 하강하면 전하라고 한 것이다.

고요히 명상에 드는 것이고, 혜는 진리의 말씀을 따르는 것이다. 이를 절집에서는 삼학(三學)이라 부르는데 으뜸은 계율을 지키는 것이라 한다. 계율은 그릇과 같아서 자칫하면 깨지기 쉽다. 그래서 계의 그릇을 금강과 같이 견고하게 보존하기 위해 부처님의 사리가 모셔진 금강계단에서 수계의식을 거행했던 것이다. 이로 하여 통도사가 한국 불교의 불보사찰이 되었고 율종의 근본도량이 된 것이다.

스님들의 행렬
자장율사 이후 1300년의 세월을 한결같이 통도사를 지켜 온 청정 비구들의 행렬이 오늘도 이어지고 있다. 아침저녁으로 올리는 예불시간에 맞춰 대웅전으로 향하는 스님들의 행렬이 기러기 떼처럼 정연하다.

회절형 공간 구성과 구룡지 연못

금강계단과 함께 상로전에서 우리의 눈길을 끄는 것은 대웅전의 지붕이다. 보는 각도에 따라서 세 면이 모두 정면관을 하고 있다. 불이문을 통해 들어오는 진입 공간과 노향각이 있는 앞마당, 구룡지가 있는 산신각 쪽에서 보아도 모두 정면이다. 진입로에서 보면 동쪽을 정면으로 해야 하지만, 북쪽에 위치한 금강계단에 대해서는 남면을 정면으로 해야 하는 이중 구조를 해결하기 위해 세 면에 합각지붕을 배치하여 입체적 구조를 만들어 낸 것이다.

이 때문에 참배객들의 흐름은 처음에는 동쪽 면을 정면으로 인식하고 들어왔다가 실질적인 정면인 남쪽 면을 거쳐 서쪽 면의 구룡지 쪽까지 들어온 뒤 금강계단에 도달하게 된다. 결국 시각적인 포인트에 의해 대웅전을 한 바퀴 돌아서 최종적인 승화 공간에 이르게 되는데, 이를 회절형 공간 구성이라 부른다.

대웅전은 연꽃무늬가 새겨진 신라시대의 기단 위에 조선조에 중건된 법당이다. 그런데 내부에는 불상이 없다. 금강계단을 향해 통유리벽이 설치되어 있고, 단상에는 황금빛 방석과 묵직한 촛대만이 엄숙한 분위기를 자아낸다. 스님이 없는 절을 생각할 수 없듯 부처님이 없는 법당을 연상할 수 없는 법인데, 통도사 대웅전에는 부처님이 안 계신 것이다. 그 까닭은 대웅전 바로 뒤에 금강계단이 있기 때문이다. 부처님의 진신사리가 모셔져 있기 때문에 따로 불상을 모실 필요가 없는 것이다. 이런 법당을 부처님이 열반에 들어 계신 곳이라는 뜻으로 적멸보궁이라 한다.

대웅전 옆에 있는 연못은 구룡지라 부른다. 타원형의 작은 연못 위에 구름다리를 놓았고, 수련과 백일홍을 심어 아담하면서도 예쁜 공간을 연

출하고 있다. 창건설화에 따르면 통도사 절터는 본래 연못이었고, 이곳에는 백성을 괴롭히던 아홉 마리의 독룡이 살았다고 한다. 자장율사가 이들을 물리치고 절을 지었는데, 이때 한 마리의 용이 뉘우치며 살기를 청하자 작은 연못을 마련해 주었다는 것이다. 이는 당시 자장율사에 반대하던 세력이 있었고, 이들을 자장율사가 제압하고 포용했음을 암시하는 이야기다.

자장율사는 신라 불교 율종의 시조로 추앙받는 스님이다. 진골 출신 김무림의 아들로 태어나 출세길이 보장되었으나 어린 시절 부모를 잃고 생

금강계단
자장율사에 의해 부처님 진신 사리가 최초로 모셔진 사리탑이다. 금강계단은 금강석같이 단단하고 보배로운 규범이란 뜻으로 부처가 항상 이곳에 있다는 상징성을 갖고 있다. 이 금강계단을 통하여 도를 얻고 진리를 깨달아 중생을 극락으로 이끈다하여 통도사라 하였다 한다. 현재의 모습은 임진왜란 때 불 탄을 것 인조 때 다시 지은 것이다.

금강역사상

극락전 벽에는 반야용선 벽화와 함께 금강역사상이 그려져 있다. 금강역사상은 대개 사찰로 들어오는 금강문에 조각으로 모셨는데 통도사에는 극락전 외벽에 그림으로 그려져 있다. 성스러운 불법의 도량을 수호하는 수문장 역할을 하기 때문에 무서운 형상을 하고 있다. 이 벽화는 1939년에 그려진 것으로 확인되었는데 근세의 작품으로는 필치와 기량이 매운 뛰어난 것으로 평가받고 있다.

의 무상함을 깨달아 불문에 들었다. 스님은 깊은 산중에 들어가 방 안에 가시나무를 채우고 조금만 움직여도 가시에 찔리는 고행을 했다. 졸음을 쫓기 위해 머리를 대들보에 매달아 두는 등 극단적인 수행법을 통해 번뇌를 타파하려 했다.

뿐만 아니라 출가자의 계율에도 철저했다. 조정에서 높은 벼슬을 내리며 출사하기를 권했지만 끝내 나가지 않았다. 그리고 홀연히 중국으로 유학을 떠났다. 636년 중국에 도착한 자장율사는 중국 계율종의 본산인 종남산과 문수보살이 상주한다는 오대산에 들어가 기도 끝에 문수보살을 친견하고 부처님의 금란가사와 진신사리를 받아 왔다.

643년 선덕여왕의 요청으로 귀국한 자장율사는 최고의 승려직인 대국통에 올라 대대적인 교단 정비에 나섰다. 여왕의 실추된 권위를 세우기 위해 황룡사에 9층목탑을 지었고, 승려 집단을 조직화하기 위해 승가의 편제를 만들고 수계의식을 통해 엄격한 규율을 갖추어 나갔다. 당시 흐트러진 신라 불교를 하나의 세력으로 규합하기 위한 일대 혁신운동이 일어났는데, 그 구심체가 바로 자장율사와 통도사였던 것이다. 그리하여 통도사는 한국 불교 1600년의 역사에서 불가의 종갓집이자 큰집이 되어 온 것이다.

흰 눈 속에서 홀로 칡꽃이 핀 자리

쌍계사

사월 지리산에는 꽃바람이 분다. 매화꽃에 날려 온 꽃편지가 나그네를 불러모은다. 꽃이 피는 마을 화개라는 이름답게 연분홍 꽃잎이 날리는 벚꽃길은 초록빛 보리밭과 어우러져 환상적인 봄날을 보여 준다.

사월의 지리산록에는 꽃바람이 분다. 겨울의 잔해를 말끔히 털어내고 다투어 피어난 봄꽃들이 시름찬 이마 위에 꽃비가 되어 내린다. 노란 산수유꽃과 붉은 진달래가 피어나는 산자락은 푸른 섬진강에 젖어들어 색동옷처럼 화사해진다.

그러나 이즈음 무엇보다도 지리산을 아름답게 수놓는 것은 벚꽃이다. 사쿠라꽃이라 하여 눈총을 받기도 하지만, 지난 계절 눈보라의 추억처럼 분분히 날리는 연분홍의 꽃보라는 속세의 길목을 아득히 지워 버릴 듯 신비스러운 몸짓으로 타오른다. 초록 물결이 일렁이는 다랑이논의 보리밭과 이끼 낀 바위틈을 하얗게 흘러내리는 시냇물, 그리고 여기에 사월의 투명한 햇살이 부서져 내리면 벚꽃과 어우러진 쌍계사 동구는 가히 환상적인 봄날을 보여 준다.

더구나 이 길은 단순히 꽃소식으로만 유명한 곳이 아니다. 역사가 있고 향기 짙은 문화가 있다. 지리산 골짜기에서 살아온 사람들의 토속이 살아 있고 몸을 숨긴 구도자들의 사연이 있는 길이다. 천년 전 이 길은 신선의 세계로 들어가는 별천지였다. 고운 최치원은 "옥베개를 밀치니 순식간에

달마대사와 진감선사
왼쪽은 갈대 잎을 타고 인도에서 중국으로 건너와 처음으로 부처님의 선법을 전파한 달마대사의 모습이다. 오른쪽은 진감선사의 모습으로, 달마대사로부터 시작된 중국 선종은 육조 혜능선사대에 와서 융성기를 맞았는데, 진감선사는 혜능선사의 제자인 창주 신감선사로부터 선을 배웠다.

천년이 지나고 스님은 세월을 잊고 나뭇잎으로 봄을 기억한다" 노래했다. 그리고 세상의 명리를 버린 사람들은 화개천 시냇물에서 귀를 씻고 눈 속에서 꽃이 핀다는 설리갈화처(雪裡葛花處)를 찾아갔다.

혜능선사의 정골이 묻힌 설리갈화처

지리산 설리갈화처는 오늘날의 쌍계사다. 신라 성덕왕 21년(722)에 의상대사의 제자 삼법(三法)스님이 중국에 건너가 수도할 때 꿈 속에 육조 혜능선사가 나타났다. 그리고 자신의 정골(머리뼈)을 너희 나라 지리산에

가면 설리갈화처가 있으니 거기에 묻으라고 했다.

삼법스님이 그 터를 찾아오니 지리산 호랑이가 마중을 나와 있었고, 따라가 보니 과연 눈 덮인 산중에 칡꽃이 만발한 곳이 있었다. 삼법스님은 이곳에 혜능의 정골을 안치하고 8년 동안 수도하다 세상을 떠났다. 그 뒤부터 이곳은 흰 눈 속에서 꽃이 핀다는 화개(花開)가 되었고, 쌍계사는 봄꽃처럼 만발한 역사를 지리산에 남겼다.

혜능(慧能)선사라면 중국 선종의 중흥조다. 달마(達摩)선사로부터 시작된 선종의 역사는 혜가(慧可)·승찬(僧璨)·도신(道信)·홍인(弘忍)선사까지 대를 이어 가는데, 다섯번째 홍인의 문하에서 혜능과 신수(神秀)가 나란히 후계자 물망에 올랐다.

신수와 혜능은 모든 면에서 대조적이었다. 혜능은 나무꾼 출신으로 홍인의 문하에서 허드렛일을 하는 불목하니였다. 이에 반해 신수는 귀족 출신으로 궁중에 초청되어 왕후의 두터운 사랑을 받을 정도로 촉망받았다.

홍인선사는 자신의 법통을 유능해 보이는 신수에게 물려주지 않고 보잘것없는 혜능에게 전수했다. 그리하여 달마로부터 내려오던 중국 선종은 북종선과 남종선으로 갈라지게 된다. 북종선은 단계를 밟아 점진적으로 깨닫는다는 신수의 계열이고, 남종선은 불립문자의 기치 아래 단번에 깨우쳐서 부처가 된다는 혜능 계열이다.

처음엔 북종선이 번창했으나 나중에는 혜능 문하에서 뛰어난 인재들이 배출되어 남종선이 천하를 차지하게 된다. 그리하여 선종이라 하면 곧 남종선을 가리키게 되었고, 그 시원도 남종선의 총수 격인 혜능으로 삼는다. 그러한 존재인 혜능의 정골이 지리산 골짜기 설리갈화처에 모셔졌다는 것은 선종의 법통이 동방으로 옮겨 왔음을 말하는 것이다.

탑전과 육조정상탑
쌍계사의 창건설화가 전해지는 현장인 탑전은 삼법화상이 가져온 육조 혜능선사의 머리뼈를 묻은 곳이다. 그런 이유로 법당이지만 불상이 없고 육조정상탑이 세워져 있다. 추사 김정희가 쓴 六祖頂相塔(육조정상탑)과 界一花祖宗六葉(세계일화조종육엽) 편액이 걸려 있다.

신비로운 기운이 충만한 명당

삼법스님 이후 지리산 설리갈화처를 찾아온 스님은 진감(眞鑑)선사다. 당나라에 유학하여 혜능선사의 영정을 모시고 와 삼법스님 옛 터에 봉안한 뒤 도량을 크게 일으켰다. 삼법스님 이후 쇠잔해진 터가 옥천사(玉泉寺)로 일신했으니 비로소 눈부신 일가를 이룬 셈이다. 옥천사는 쌍계사의 옛 이름이다.

쌍계사 가람은 일주문 · 금강문 · 천왕문을 거쳐 팔영루로 이어진다. 팔영루에서 길은 두 갈래로 나뉘는데 정면으로 곧바로 올라가면 대웅전 지

역이고, 왼쪽으로 길을 꺾어 다리를 건너가면 팔상전(八相殿) 지역이다. 일주문에서 팔영루까지 일사불란하게 이어지던 공간 배치가 팔영루를 중심으로 두 영역으로 나뉘어진 것이다.

이는 임진왜란 때 불에 탄 뒤 중창하면서 사찰의 중심축을 크게 조정했기 때문이다. 1857년 침명(枕溟)스님이 쓴 사적기를 보면, 옛 터라 해서 금당 · 팔상전 · 영주각 · 방장실 · 봉래전 · 청학루 등을 열거한 뒤 이곳이 초창기 혜능의 정골을 묻었던 금당 터이고, 팔상전이 중심법당이었음을 밝혀 두고 있다. 그리고 좀더 넓은 터를 개척하여 벽암(碧岩)스님이 대웅전과 응진당 · 명왕전 · 화성각 · 관음전 · 팔영루 등을 새로 지었음을 기록해 두었다. 그러므로 본래 쌍계사 가람은 팔상전 지역이었고, 훗날 대웅전 영역으로 사찰이 확대되었음을 알 수 있다.

눈 속에 칡꽃이 만발했던 설리갈화처는 스님들의 선방으로 출입이 통제되어 있는 팔상전의 금당이다. 스님들의 말로는, 지리산 골짜기에 폭설이 내려도 금당 주변에는 쌓이지 않고 금방 녹아 버려 명당 터의 기운을 실감한다고 한다.

금당에는 추사 김정희가 쓴 '육조정상탑(六祖頂相塔)'이라는 현판이 걸려 있다. 금당 안에는 불상 대신 탑이 모셔져 있고 한켠에는 혜능선사의 영정이 모셔져 있다.

불꽃 같은 동심원 문양이 가득한 보자기를 둘러쓰고 앉아 있는 모습이 조금은 이색적인데, 고행 중인 듯 가슴팍에는 앙상한 살가죽이 드러나 있다. 하지만 허공을 쏘아 대는 눈빛만은 간담이 서늘할 만큼 형형하다. 본래 진감선사가 봉안한 혜능의 초상이 걸려 있었을 텐데 세월 따라 소진되었고, 지금의 진영은 조선 후기 정조 때 그려진 것이다.

혜능선사가 호랑이처럼 웅크리고 앉아 있는 금당의 앞뜰에 서면 쌍계

사 전역이 한눈에 들어온다. 좌우로는 지리산 줄기가 첩첩이 감싸안고 있고, 멀리 앞쪽으로는 섬진강 너머 백운산이 맑은 얼굴을 내민다. 천하의 명지이니 과연 선지식의 역사가 깃들 만한 곳이다. 그 신비로운 기운이 충만한 터에서 쌍계선원의 스님들은 오늘도 면벽으로 세월을 이어 가고 있다.

대웅전 지역은 우리 나라 사찰건축의 대표적 형식인 산지중정형(山地中庭形)이다. 중심에 텅 빈 마당을 배치하고 사방에 건물을 지어 마당을 바라보게 했고, 경사진 산자락을 이용하여 적절하게 각 건물에 위계질서를 부여했다. 진입 방식은 세 개의 문을 통과하는 삼문진입(三門進入) 방식이고, 법당으로 들어올 때는 강당 밑을 통과하는 누하진입(樓下進入)이니 전형적인 산사의 모습이다.

최치원의 문장으로 빛나는 진감선사비

천년의 역사를 전설처럼 간직하고 있는 쌍계사지만, 임진왜란 때 소실된 뒤 다시 지어졌기 때문에 건축물들은 모두 조선 후기의 공역이다. 대웅전은 1641년에 지어진 것으로 학이 날아오르는 듯한 처마의 곡선미가 일품이다. 불단에는 석가모니불을 주불로 하여 좌우에 약사여래와 아미타불을 모셨으며, 사이사이에 관음 · 문수 · 세지 · 보현보살이 서 있다. 고색창연한 건축미와 함께 화려한 색채의 후불탱화들이 조선 후기 진경문화를 대표하는 작품들이다. 대웅전 앞에는 오랜 세월의 흔적이 묻어나는 당간지주와 석등이 서 있고, 명부전 쪽 바위에는 깊은 사색에 잠겨 있는 듯한 마애불이 조각되어 있다.

일주문 현판
화려한 공포 장치로 눈길을 끄는 일주문에 걸린 쌍계사 편액은 근대의 명필로 이름을 떨친 해강 김규진이 단정한 예서체로 썼다.

그러나 무엇보다 쌍계사에서 빼놓을 수 없는 유물은 국보 제47호인 진감선사 대공탑비다. 대웅전 앞마당에 서 있는 이 탑비는 진감선사의 공덕을 기리기 위해 신라 정강왕 2년(887)에 세워진 것인데, 고운 최치원이 쓴 사산비(四山碑) 중 하나다. 진감선사의 치열했던 생애가 최치원의 문장을 만나서 아름답게 빛을 발하고 있다.

최치원은 이 비문에서 크게 세 가지 내용을 쓰고 있다. 먼저 유·불·선의 세계가 궁극에서는 다를 게 없다고 주장했고, 다음은 진감선사의 생애와 행장을 서술했으며, 마지막으로 이 글을 쓰게 된 자신의 심경을 적어 놓고 있다.

차디찬 돌 위에 새겨져 있는 천년 전의 문자에서 우리는 이 땅에서 살았던 한 구도자의 치열했던 정신세계를 엿볼 수 있다.

진감선사의 법호는 혜소(慧昭)였고 그는 전주 금마(익산) 출신이었다. 집안이 한미하여 어렸을 때는 생선장수로 부모를 봉양했으며, 부모님이 돌아

가시자 구도의 뜻을 세워 당나라에 들어가 남종선문에 출가했다.

그의 스승이 된 창주신감은 마조도일(馬祖道一)의 제자였고 육조 혜능선사의 증손 제자였다. 창주신감은 첫눈에 진감의 법기(法器)를 알아보고 제자로 받아들였는데, 도반들은 그를 동방에서 온 성인 또는 얼굴이 검다 하여 흑두타(黑頭陀)라 불렀다 한다. 또 그는 중국에서 우리 나라 남종선맥의 시조가 되는 도의선사(道義禪師)를 만나 도우(道友)로서 함께 각지를 편력하며 수도했으며, 도의선사가 귀국한 뒤에는 종남산에 들어가 3년 동안 선을 닦았다. 다시 3년 동안 짚신을 삼아 오가는 사람들에게 보시하는 보살행을 실천했으며, 830년 흥덕왕 5년에 귀국했다.

진감선사 탑비
대웅전 마당에 자리잡고 있는 진감선사 탑비는 최치원이 신라 말 고승들의 일대기를 기록한 사산비(낭혜화상비, 대숭복사비, 지증대사비) 중에서 유일하게 글씨까지 쓴 비다.

귀국 후 상주 노악산 장백사에서 6년 동안 머물며 선풍을 펼쳤으나 큰 성과를 얻지 못하고 지리산으로 들어와 삼법스님의 옛 터에 선당(禪堂)을 짓고 옥천사를 중창한 뒤 크게 이름을 떨쳤다. 당시 민애왕이 보위에 올라 국사로 초빙하여 왕실의 번영을 기원해 줄 것을 청하기도 했으나, 선사는 "올바르게 정사하는 일이 임금의 할 일이지 기원은 해서 무엇하느냐"라고 거절했다고 한다.

민애왕 이후에도 신무왕과 문성왕 등이 신하를 보내 법문을 청했으나 선사는 한결같이 "이 나라에 살면서 나라를 아끼고 왕실이 튼튼하기를 바라지 않는 자가 누가 있으리오. 무엇하러 마른 나뭇등걸 같은 나를 부르는가" 하며 물리쳤다고 한다. 당시의 상황을 최치원은 "사신들의 왕복이

진감선사 부도
국사암에서 불일폭포로 가는 길, 쌍계사가 내려다보이는 뒷산 언덕에 진감선사 부도가 자리잡고 있다.

길가에서 말고삐를 부딪칠 정도였으나 선사는 산처럼 뜻을 옮기지 않았다"라고 쓰고 있다.

최치원의 행장에 의하면, 진감선사는 남종선만 인가를 받아 온 것이 아니라, 숭산의 소림사에 들어가 범패의 음율과 창법까지 전수해 왔다고 한다. 선사의 노랫소리는 마치 옥을 굴리듯 상쾌하고 구슬프기까지 해서 능히 하늘을 감동케 했고, 이를 배우려는 사람들이 당(堂) 안에 가득 찼다고 한다. '팔영루'란 강당의 이름은 진감선사가 섬진강에 뛰노는 물고기들의 모습을 보고 여덟 가지 음율로 범패음악을 만들었다 하여 붙여진 이름이다.

뿐이랴. 그는 중국에서 돌아오면서 죽로차 종자를 가져와 전파했으니 차

대웅전 영역과 전망
대웅전 영역은 임진왜란 이후에 쌍계사를 중창하면서 새롭게 지어진 곳이다. 중심에 마당을 두고 대웅전 · 설선당 · 적묵당 · 팔영루 등이 마주 보고 있는, 조선시대 유행했던 전형적인 산지 중정형 가람이다.

마애여래좌상
대웅전에서 명부전으로 들어가는 입구의 바위에 조각된 마애여래좌상은 깊은 사색에 잠겨 있는 선비 같은 모습이다.

문화의 시조가 된다. 차는 일찍이 맑은 정신의 상징으로 선가(禪家)의 죽비 소리와 같았으니, 쌍계사 골짜기에는 그 정신이 온통 야생의 차꽃으로 피어나 있다. 고요히 앉아 맑은 정신을 깨치는 선과, 하늘까지 닿는 지극한 음악인 범패와, 마음을 이어 주는 향기로운 차문화가 모두 이곳 지리산 골짜기에서 피어났으니, 화개는 진정 우리 마음 속에 꽃이 피는 산골인 것이다.

진감선사 부도탑과 그 아래 국사암

진감선사의 탑비를 보고 서둘러 찾아봐야 할 것이 부도탑이다. 대웅전 마

당에는 탑비만 있고 스님의 무덤이라 할 수 있는 부도탑은 보이지 않는데, 탑비에서 올려다보이는 대웅전 북쪽 능선 소나무 숲속에 자리잡고 있다.

쌍계사에서 가파른 산길을 올라 불일폭포 쪽으로 10여 분쯤 가면 이정표도 없이 숲 속으로 난 작은 길이 하나 있고, 그 길을 따라가면 높다란 터에 이끼를 머금고 선 진감선사 부도탑이 있다.

찾아오는 이가 없어 그 흔한 보호 철책도 설치되지 않았다. 오직 소나무숲과 지리산의 여러 봉우리들이 그윽하게 감싸안고 있어 한층 길손의 마음을 향기롭게 해 준다. 역시 스님의 영혼을 모신 자리답게 전망 좋은 명당에 세워졌음을 알 수 있다.

기단부의 연꽃 문양과 상륜부의 조각 솜씨가 전형적인 신라 하대의 부도탑으로, 주인공에 대한 구체적인 명문은 없지만 한눈에 진감선사의 부도임을 알 수 있다. 어느 때인가 도굴범들이 유물을 꺼내기 위해 도괴시켰는지 옥개석 한쪽이 심하게 깨어진 상태다.

지리산 솔바람 소리에 시름을 달랜 뒤 하산길에 들르는 곳은 국사암이다. 진감국사가 말년에 큰절의 소란스러움을 피해 이곳에서 생활하여 국사암이란 이름이 붙여졌다. 국사암 뜰 앞에는 진감국사가의 지팡이가 살아서 싹을 틔웠다는 천년 넘은 느릅나무가 있다. 이 나무는 한 그루의 뿌리에서 굵고 큰 네 개의 가지가 뻗어 우람한 수형을 이루고 있기 때문에 절에서는 사천왕수(四天王樹)라 부른다.

이 밖에도 쌍계사 답사에서 눈여겨보아야 할 문화유산은 영산회상도와 아미타극락회상도 · 감로탱화 등이 있다. 대웅전 · 팔상전 등에 모셔진 이후불탱화들은 유려한 색채와 화려한 선필이 뛰어나 조선 후기 불교회화사의 귀중한 유산들로 평가되고 있다.

연곡사

피아골의 내력과 부도의 아름다움

연곡사는 지리산 피아골에 위치하여 난세를 만나면 어김없이 잿더미로 변하는 비운의 역사를 간직하고 있다. 절은 불에 타고 허물어져 옛 모습을 잃었지만 돌로 만든 사리탑은 옛 모습 그대로 씩씩하다.

절집에서 가장 소담한 정취가 있는 곳을 꼽으라면 부도전이다. 산문 어귀 양지바른 곳이나 대웅전을 벗어나 암자로 향하는 오솔길 옆에는 으레 조용하게 자리잡은 부도전이 있다.

법당에 앉아 계시는 부처님이나 그 앞마당의 탑과 석등에 비해 주목받을 만한 관심의 대상은 아니지만, 그래도 부도는 옛 터, 옛 사람들의 체취를 느끼게 해 주는 데는 더할 나위가 없다.

부도전은 특별히 경배하거나 가꾸는 사람이 없기 때문에 칡넝쿨이 우거지고 돌이끼만이 가득하다. 그러나 그 모습에는 천년 세월의 자취가 배어 있어 나그네의 마음을 머물게 한다. 특히 낙엽 지는 가을 날 부도전은 마치 고향 집 장독대처럼 정겹다. 크고 작은 돌덩이들이 어우러져 오순도순 서 있는 모습은 잃어버린 옛 동무들과의 추억이라도 떠오르게 할 듯 다정스럽다. 어찌 보면 부도전은 스님들의 공동묘지인 셈인데, 무덤이 주는 을씨년스러움보다 정갈하게 씻긴 영혼의 쉼터처럼 평화롭기만 하다.

스님들의 사리를 모신 영혼의 쉼터

서부도
동부도와 북부도의 전통을 이어받아 조선 후기에 제작된 것으로 탑신부에 소요대사탑이라 새겨져 있다. 조각 솜씨가 퇴보하여 섬세함이나 세련미를 찾아볼 수는 없지만, 둔중하고 투박하면서도 토속적인 맛을 느낄 수 있다.

부도(浮圖)는 스투파라는 산스크리트어를 한자로 음역한 것으로 부도(部圖)·부두(浮頭)·불도(佛圖) 등 여러 가지로 표기되어 나타난다. 솔도파(率堵婆)라 번역하여 탑의 어원이 되기도 하지만, 일반적으로 부도라 하면 스님들의 시신을 화장한 뒤 나온 사리나 유골을 모신 묘탑을 의미한다.

우리 나라에서 부도가 발생한 시기는 통일신라시대 말기이며 선종의 발달과 밀접한 관계가 있다. 이 시기는 신라의 불교가 사치와 타락의 늪에 떨어진 때이며, 지배계급의 권력다툼으로 중앙집권 체제가 무너지고 지방세력이 득세하기 시작한 때다. 지방세력이란 왕권 및 중앙 귀족의 골품제적 권력 독점과 토지 지배에 반대하여 사병을 양성, 지방의 행정과 토지를 장악해 간 호족을 말한다.

이들은 기존의 지배체제와 결탁한 귀족불교를 거부하고, 참선을 통한 깨달음을 주장하는 새로운 종파인 선종과 결합했다. 선종은 주로 당나라에 유학한 지식인 계층의 승려들에 의해 수입되었는데, 지방 호족들의 후원을 받아 급속히 성장했다. 선종 승려들은 누구나 마음 속의 불성을 깨우치면 부처와 동격이라는 사상으로 호족들의 변혁 이데올로기를 제공했다. 기존의 왕즉불(王卽佛) 사상에 비하여 누구나 깨달으면 부처가 될 수 있다는 것은 왕후장상의 씨가 따로 없다는 말처럼 가히 혁명적인 발상이었다. 이들이 훗날 독립적인 산문(山門)을 개창했는데 나말여초의 구산선

문이 바로 그것이다.

선종의 유행은 부처님보다 각 종파의 대선사를 믿고 따르는 풍조를 유행시켰고, 부도는 이 조사 숭배사상을 배경으로 등장했다. 부처님의 진신사리는 탑에 모셨으니, 성불했다고 믿어지는 스승의 사리도 그만한 예우가 필요했던 것이다.

부도전이 유명한 곳은 고승대덕을 배출한 고찰이라면 한결같지만 강원도 건봉사, 안성의 칠장사와 청룡사, 해남의 대둔사와 미황사, 순천의 선암사와 송광사 등이 먼저 떠오른다. 이들 부도전은 섬세하고 화려한 조각 솜씨를 내세우기보다 집단적으로 무리를 이루고 있어 육중한 돌덩이가 주는 당당함에 감동받게 된다.

이와 더불어 또 한 무리가 장관을 이루고 있으니, 이들은 나말여초에

동부도 사자상
동부도 기단부에는 극락세계를 장식하는 구름문양을 장식하고 그 위에 불국정토를 지키는 사자상을 조각하여 생동감을 더해 준다.

동부도
통일신라 전성기 8세기를 대표하는 조각예술이 석굴암이라면, 신라 하대 9세기를 대표하는 석조예술로는 연곡사 동부도가 꼽힌다. 탑비가 파괴되어 이 아름다운 부도의 주인공을 알 수 없어 더욱 신비스럽다.

대선사들이 구산선문을 개창했던 선종사찰들이다. 문경 봉암사, 장흥 보림사, 곡성 태안사, 화순 쌍봉사, 구례 연곡사 등, 이곳의 부도는 우리 선조들이 화강암을 떡 주무르듯 했다는 어느 미술사가의 말이 과장이 아님을 실감나게 한다.

이들 8각 원당형 부도들은 기단부 · 탑신부 · 상륜부로 나뉘는데, 그 비례와 균형이 어느 한 군데 흠잡을 데 없이 완벽하다. 탑신을 장식하고 있는 구름무늬, 사자문양, 비천상, 사천왕 그리고 서까래와 기와의 문양까지 새겨 놓은 조각 솜씨는 신품(神品)에 가깝다. 8세기 중엽 석굴암의 조영으로 대표되는 최전성기의 불교미술이 쇠퇴하면서 9세기 부도탑에 이르러 마지막 꽃을 피워 낸 예라고 할 수 있다.

특히 지리산 피아골 골짜기 연곡사 부도는 전형적인 9세기의 8각 원당형 부도로, 그 아름다움과 함께 동부도 · 북부도 · 서부도가 시대적 흐름에 따라 조각 수법의 변모를 보여 주어 마치 부도의 학습장을 방불케 한다.

현재의 대적광전과 요사채가 지어지기 몇 해 전까지만 해도 황폐화된 빈터를 부도탑만이 지키고 있어 찾는 이의 발길을 숙연케 했다. 허물어져 잡초로 뒤덮인 절터에서 날개 달린 돌거북을 시종처럼 거느리고 서 있던 동부도는 얼마나 황홀했던가. 마치 호젓한 산중에서 지리산의 미녀를 만나는 듯한 설렘이 있기에 천릿길도 멀다 않고 답사객들이 줄을 잇는 곳이다.

피아골과 다랑이논과 연곡사의 애환

연곡사는 아름답기 그지없는 섬진강을 따라 구례에서 하동포구 쪽으로

내려가다 외곡 검문소에서 꺾어져 올라간다. 지리산 계곡물이 섬진강과 합류하는 지점이 외곡마을인데, 이곳에서 연곡사가 있는 피아골까지는 20여 리의 깊은 산골짜기다. 아마 지리산 계곡 중에서 가장 협소하고 긴 계곡일 것이다.

연곡사 가는 길에서는 산비탈을 가득 채운 계단식 논들을 마주하게 된다. 수십 겹의 계단을 이루며 빈틈이라고는 없이 촘촘하게 일구어진 다랑이논들은 연곡사 골짜기의 역사와 운명을 가장 잘 말해 주는 유산이다.

언제부터인지는 모르지만 이곳은 관리와 지주들에게 수탈당해 온 민초들이 유랑의 신세가 되어 찾아들던 터전이었다. 화전을 일구고 풀뿌리로 연명하던 그들에게 좁고 궁색한 자투리땅일망정 목숨과도 바꿀 수 없는 소중한 삶터였던 것이다.

연곡사로 오르는 길에 수없이 펼쳐지는 다랑이논의 장관은, 이곳에서 살았던 사람들의 아픈 세월과 함께 끈질긴 민중들의 숨결을 그대로 느끼게 한다. 이름마저 허공에 떠 있는 듯하다고 하여 공중배미, 엉덩이로 깔아뭉갰다고 궁둥이배미, 비 오는 날 우산을 쓰고 들에 나오면 우산에 가려 보이지 않는다 하여 우산배미……. 다소 익살이 깃들어 있지만 그 이면에는 손바닥만한 농토에 매달려 살았던 이들의 인생역정이 절절하게 배어 나온다.

연곡사는 이 다랑이논이 끝나는 곳에서 좀더 깊은 산자락으로 들어간 자리에 둥지를 틀고 있다. 사찰지에 의하면, 신라 진흥왕 5년(544)에 연기조사(緣起祖師)가 창건했다고 한다. 연기조사는 산 너머 화엄사를 연 개산조인데, 화엄사를 완공한 뒤 이곳을 지나다 연못이었던 법당자리에서 제비가 노니는 것을 보고 상서롭게 생각해 도량을 앉혔다 한다. 그래서인지 이곳은 옛날부터 연소(燕巢)라는 진혈(眞穴)이 있다 하여 풍수가들의 입에

지리산 다랭이 논
연곡사를 찾아가는 피아골 골짜기와 지리산 주변에는 난세를 피해 지리산 속으로 숨어 들어온 사람들이 일구어낸 계단식 논들이 가득하다. 이곳에서 민초들이 흉년에 피를 제배하여 연명하였기 때문에 피밭골이라 불렸고 피밭골이 피아골로 바뀌어 불리게 되었다.

동부도 사천왕상
동부도의 뛰어난 조각 솜씨를 말해 주는 사천왕상의 탁본이다. 위협적인 인상을 쓰고 있는 여느 사천왕상과 달리 소녀처럼 어여쁜 모습으로 조각되어 있다.

오르내렸고, 대적광전 뒤편의 산봉우리는 날아오르는 제비의 형상을 하고 있다.

그렇지만 제비명당 연곡사도 국토가 수난을 당할 때마다 예외 없이 참상을 겪어야 했다. 피아골 골짜기가 비극의 상징처럼 기억되듯 이곳도 수많은 병화(兵火)가 휩쓸고 가 옛 모습을 지킬 수가 없었다.

지리산 일대에 여러 말사를 거느리고 선도장으로 이름을 날리던 종풍(宗風)이 최초로 단절된 것은 임진왜란 때다. 경상도를 휩쓸고 섬진강을 따라 전라도로 넘어오던 왜적이 연곡사 입구의 석주관에서 전라도 의병과 접전을 벌였는데, 이때 석주관 성이 무너지면서 의병들의 거점이었던 연곡사는 불타고 만다. 그 뒤 인조 5년 소요대사가 복구했지만 일제에 패망한 뒤 한말 의병들의 근거지가 되어 다시 불태워졌고, 한국전쟁 때에는 빨치산 토벌과 함께 남아 있던 흔적마저 소진당해야 했다.

지리산의 미녀, 동부도

그 참혹했던 세월을 견디며 천년 역사를 지켜 온 이들이 부도탑과 탑비, 논두렁의 3층석탑이었다. 모든 자취들이 빗물처럼 흘러 사라져 갈 때 오직 이들만이 터를 지키며 씩씩했던 역사를 증거하고 있었으니, 돌덩이

동부도 상륜부
9세기 석조예술의 진수인 연곡사 동부도는 그 모습이 어느 한 군데 흠잡을 수 없을 정도로 완벽하다. 상륜부에는 목이 잘려나간 극락조가 하늘을 향해 날개를 펴고 있다.

의 위대함에 다시 한 번 고개 숙일 수밖에……. 어쩜 메마르고 완강한 돌덩이 위에 저 수많은 염원의 형상을 아로새긴 조상들의 숨결이 있었기에 이 터를 보존하고 있었는지 모르겠다.

때문에 연곡사를 답사하는 사람들은 새로 지어진 대적광전을 참배하기보다 먼저 부도전으로 발길을 옮긴다. 법당 뒤 활엽수림이 우거진 언덕배기에 예의 지리산 미녀 동부도가 새색시처럼 부끄러운 듯 자리잡고 있다. 국보 53호로 지정되었다는 문화재 안내판을 읽지 않더라도 첫눈에 감탄사가 터져 나온다.

통일신라 말기에 만들어진 부도 가운데 쌍봉사 철감국사 부도와 함께 최고의 걸작으로 꼽히는 작품이다. 밀랍으로 빚은들 저렇게 정교할 수 있을까 의문스러울 정도다. 더욱이 신비스러운 것은 이 부도가 언제 건립되었는지, 또 누구의 묘탑인지도 말해 주지 않는다는 점이다. 이 골짜기에서 선풍을 드높이며 추앙받았던 선사의 무덤일 것이 분명한데 자취를 알 수 없어 더욱 감격스럽다.

3m 가량의 아담한 키에 밑받침은 구름 속을 나는 용이 받치고 있다. 그 위에는 꼬리를 물고 있는 사자와 애교스러운 팔부신중이 새겨져 있고, 다시 열여섯 장의 연꽃으로 겹겹이 피어오른 상대석에는 8각 기둥이 배치됐고, 그 속에 극락세계에 산다는 가르빙가가 춤추며 무악을 연주한다.

사리가 내장되었을 탑신에는 열반과 해탈의 세계로 들어가는 출입문이 보이고, 각 면에는 꽃수레를 탄 신선과 보검을 든 사천왕들이 호위하고 있다. 지붕돌은 돌로 깎은 여덟 짝의 기와지붕이 궁전처럼 호화롭고 하늘을 향해 솟은 상륜부 또한 눈부시다.

상륜부에는 날개를 활짝 펼친 봉황이 날아오르듯 새겨져 있는데, 저물녘 잔광이 스러질 때면 살아서 날개를 퍼덕이는 듯한 신비감을 자아낸다.

그런데 누군가 그 어여쁜 새의 머리를 떼어 가고 없다. 지상을 박차고 극락의 세계로 날아가야 할 새의 머리가 잘리고 없으니 그 날갯짓이 얼마나 처연한가. 화려한 조각의 감탄 속에 그런 처연함이 간직되어 있기에 연곡사 동부도는 더욱 아름다운 것이다.

동부도 탑비
임진왜란 때 파괴되어 누구의 비인지 알 수 없는 동부도 탑비의 돌거북 받침대에는 파상 곡선의 새 날개가 조각되어 있다. 이는 극락세계를 향해 날아가고 있음을 상징하는 것이다.

극락세계를 향해 나는 돌거북

연곡사에는 동부도 주인공의 생애를 기록한 탑비가 있었는데 그 몸체가 임진왜란 때 파괴되고 말았다. 다만 등허리에 탑신을 떠받치고 있던

돌거북과 두 마리의 용이 꿈틀거리는 비머리만 남아 있다. 거북 조각은 쌍봉사 철감국사 탑비처럼 오른쪽 발톱을 하늘을 향해 쳐들고 있어 강렬한 동감을 느끼게 한다. 등 무늬도 통상적인 6각형의 갑문(甲文)이 아닌 유려한 파상 곡선의 날개로 처리되어 있어 기존의 형식에 얽매이지 않은 파격적이고 신선한 미의식을 보여 준다. 이른바 탑비를 짊어지고 극락의 세계를 향해 나는 돌거북인 것이다.

동부도와 함께 국보 54호로 지정된 북부도는 동부도에서 산길을 따라 100m 정도 언덕길을 오르면 볕 좋은 양지쪽에 있다. 이것도 누구의 부도인지 알 수 없지만 동부도의 아름다움을 그대로 이어받은 고려 초기의 작품으로 추정한다. 하대석을 연화문으로 처리하고 상륜부의 봉황 위치가 연꽃 봉우리 위로 올라앉았을 뿐, 크기나 형태 · 조각 수법 면에서 동부도를 그대로 따르고 있다.

이와 같은 연곡사의 가풍을 이어 가는 아름다운 전통은 훗날에도 계속되는데 서부도가 잘 말해 주고 있다. 조각 기술은 동부도 · 북부도에 비해 훨씬 떨어지지만 당당한 짜임새는 여전히 돋보이는 가작이다. 절의 서편 고광순 의병장 추모비와 함께 동백숲에 자리잡고 있는데, 탑신에 '소요대사탑' 이라는 명문이 새겨져 있어 임진왜란 후 연곡사를 재건한 소요대사의 부도임을 알 수 있다. 훌륭한 선대의 전통이 있었기에 조선 후기에도 이러한 걸작이 탄생할 수 있었던 것이다.

서부도에서 법당 쪽으로 내려오는 길에는 또 하나의 걸작이 있다. 보물 152호로 지정된 현각국사 탑비다. 고개를 쳐든 돌거북이 웅장한 모습으로 조각되었는데, 탑신은 임진왜란 때 파괴되었다. 특히 이 탑비는 979년 고려 경종 4년에 건립되었다는 금석문이 남아 있어 당시 번창했던 연곡사의 위용을 말해 준다.

연곡사는 당우나 겉모양으로 보아서는 보잘것없지만 손꼽히는 국보사찰이기도 하다. 국보 2점, 보물 4점 등 모두 6점의 귀중한 문화재를 간직하고 있으며, 이들 모두가 통일신라 말의 3층석탑을 비롯하여 부도와 선사들의 탑비여서 가히 탑의 가람이라고 할 수 있다.

연곡사에서 지리산 계곡으로 더 들어가면 그곳이 피아골이다. 의병들의 피가 골짜기를 적셔 피아골이라는 설도 있지만, 본래는 피밭골에서 유래되었다. 조정래가 쓴 『태백산맥』에서는 조계산에서 이동해 온 빨치산들이 이곳을 근거지로 투쟁을 벌이는 모습이 감동적으로 그려진다. 피아골은 특히 가을철 단풍이 아름다운데, 산도 붉고 물도 붉고 사람의 마음도 붉어진다고 하여 삼홍소라 부르기도 한다.

연곡사 삼층석탑

연곡사 삼층석탑은 일주문을 지나 대적광전으로 들어가기 전 왼쪽 채소밭에 서 있다. 평범해 보이는 삼층석탑이지만 받침대가 3층으로 이루어진 특이한 예이고 이 탑의 존재로 하여 연곡사의 가람이 현재보다 훨씬 큰 규모였음을 알 수 있다.

남악파 화엄종찰에 깃든 건축 미학

화엄사

백두대간의 마지막 봉우리 노고단이 흘러 내린 길상봉 아래
각황전이 자리잡고 있다. 임진왜란 때 불에 탄 뒤 다시 지어졌는데,
계파스님과 가난한 노파에 얽힌 전설이 흥미롭다.

지리산은 한반도 남녘 땅의 지붕으로 불린다. 백두산에서부터 뻗어 내린 정기가 남녘 땅 한가운데서 우뚝 솟아 영산을 이루었으며, 그 넓은 오지랖은 전라도와 경상도 5개 군에 걸쳐 장장 800리를 이루고 있다. 우리 국토에서 산과 강이 어우러져 가장 장엄한 이야기를 펼쳐 낸 곳이 바로 이 땅이고, 그래서 지리산 자락에선 작은 풀꽃송이 하나라도 예사롭지가 않다.

아득한 옛날에는 신선들이 살았다 하여 삼신산의 하나인 방장산(方丈山)이라 불렀고, 백두산이 흘러내려 마지막으로 그 기운을 갈무리한 땅이라 하여 두류산(頭流山)이라 부르기도 했다. 또 이성계가 고려를 무너뜨리고 조선을 건국할 때 전국의 명산에 올라 새 왕조 창업을 기원했는데, 오직 지리산만이 반기를 들어 반역산 · 불복산이란 이름을 얻기도 했다.

지금 널리 불리고 있는 지리산(智異山)은 대지문수사리보살(大智文殊師利菩薩)이 머무는 산이라 하여 지리산(智利山)이라 부른 데서 연유했다. 훗날 문수보살이 중생들을 제도하기 위해 여러 가지 몸으로 출현하는 이적을 보여 '지혜로운 이인(異人)이 많은 산'이란 뜻의 지리산(智異山)으로 바

뀌었다.

지리산은 숱한 역사의 풍상과 함께 골짜기마다 구도자들의 발길이 끊이지 않아 이 산의 높이와 깊이를 더욱 웅장하게 해 준다. 수많은 수행자들의 거처가 되었던 천년 고찰이 아직까지 씩씩한 모습을 지켜 오고 있다.

그 중에서도 지리산을 대표하는 사찰을 꼽는다면 화엄사다. 백두대간의 마지막 봉우리 노고단이 흘러내린 길상봉 기슭에 위치한 이 절은 영주 부석사와 함께 신라 화엄종을 대표하는 사찰이다.

천년고찰 화엄사
해인사와 함께 화엄사상의 으뜸 도량인 화엄사는 1500여 년의 역사를 지닌 고찰이다. 임진왜란을 비롯한 전란으로 수차례 불탔지만, 계파스님과 같은 덕 높은 스님들의 기도와 원력으로 다시 복원되었다.

남악파 화엄종의 본산

화엄사의 창건과 그 역사에 대해서는 여러 가지 설이 있다. 사적기에 따르면, 554년 신라 진흥왕 5년에 인도에서 연마(燕馬)를 타고 건너온 승려 연기조사(燕起祖師)가 세웠고, 그 뒤 선덕여왕 때 자장율사가 중창했으며, 통일기에는 의상대사가 장륙전을 짓고 건물의 벽을 돌에다 새긴 화엄경으로 장식했다고 한다.

그러나 초창에 대해서는 이를 증명할 유물이 남아 있지 않고, 또 진흥왕 때라면 영토확장에 여념이 없던 전란기이자 불교의 신앙행위도 왕권 중심으로만 이루어지던 시기였기에, 적대국인 백제의 영토에 사찰을 경영했다는 것은 상상하기 어려운 일이다. 따라서 화엄사는 본래 백제 왕실에서 복을 비는 사찰로 창건되었을 것이며, 신라가 지리산 주변을 확보하면서부터 새로운 역사로 윤색되었을 것이다.

자장율사가 화엄사를 중건하고 어머니에 대한 효성이 지극했던 연기조사를 기리기 위해 4사자 3층석탑을 세웠다는 내용도 석탑의 양식으로 보아 신빙성이 없다. 자장율사는 7세기 때의 사람이고 석탑은 8세기 이후의 작품이기 때문이다.

다음으로 670년 신라 문무왕 10년에 의상대사가 왕명을 받들어 전국에 화엄십찰을 지으면서, 화엄사를 중창하고 3층의 장륙전을 건립하고 내벽에 화엄석경을 둘렀다는 설이다. 이 또한 화엄석경의 제작 연대가 8세기 이후로 밝혀져 믿을 만한 자료가 못 된다. 더욱이 의상대사가 창건했다면

서 5층탑의 사천왕상
각황전 아래 마당에 서 있는 서 5층탑의 탑신부에는 사천왕상 조각이 생동감 넘치게 조각되어 있다. 부처님의 사리를 모신 자리이므로 용맹한 호위군사인 사천왕을 새겨 지키게 한 것이다.

각황전 앞 석등
각황전 앞에 서 있는 석등은 우리 나라에서 가장 큰 것이다. 받침대의 기둥이 장구 모양의 고복형 석등으로 나말여초에 유행한 양식이다. 웅장한 각황전의 분위기와 조화를 이루어 화엄사의 도량을 한층 엄숙하게 해 준다.

보제루
일주문에서부터 시작된 보일 듯 말 듯한 깨달음의 길이 보제루 앞에 오면 캄캄한 절벽을 마주하듯 단절된다. 곧바르게 이어져 오던 진입로가 사라져 버리고 운고루와 보제루 사이로 작은 통로만 열려 있다. 이는 수행자가 넘어야 할 마지막 수행의 단계처럼 이 장벽을 넘어서야만 드넓은 부처의 세계를 볼 수 있다는 의미다.

7세기의 유물이나 유구가 남아 있어야 하는데 현재까지 아무런 흔적도 발견되지 않고 있다. 석탑 · 석등은 물론이고 석축까지 모두가 8세기 이후에 만들어진 것이다.

이런 실정에서 1979년에 발견된 『신라화엄사경』은 화엄사의 창건 연대를 밝히는 데 중요한 단서를 제공해 준다. 이 발문에 연기법사가 발원하여 경덕왕 13년(754)에 『신역 화엄경』을 필사하여 이듬해 마쳤다는 내용이 발견된 것이다. 이로 하여 화엄사의 창건주로 알려진 전설 속의 주인공 연기조사는 원효대사가 주석했던 황룡사 출신의 실존 인물로 밝혀졌고, 의상계 화엄종의 중심지인 부석사나 해인사와 달리 화엄사를 중심으로 원효계 화엄종이 독자적 유파를 형성하며 발전했음을 추론할 수 있게 되었다.

그러면 원효계 화엄종의 본산으로 눈부신 역사를 이어 온 화엄사가 왜 그 시조를 의상대사로 바꾸게 되었을까. 이는 후삼국시대 때 해인사를 중심으로 한 북악파 승려들은 왕건을 지지하고, 화엄사를 중심으로 한 남악파 승려들은 견훤을 지지한 데서 원인을 찾을 수 있다. 왕건에 의해 후삼국이 통일되면서 남악파의 몰락은 필연적이었고, 그 결과 고려 광종 때 북악파 출신의 균여(均如)에 의해 화엄종이 통합되자 화엄사는 자연스럽게 의상대사를 시조로 삼아 새로운 역사를 쓰게 된 것이다. 그 변화무쌍한 역사만큼이나 화엄사의 가람 배치는 알 듯 모를 듯 중첩되어 있고 복잡하게 전개된다.

명지대 김홍식 교수는 「화엄사 가람 배치의 미학적 변천에 관한 연구」

펼쳐지는 예배 공간
보제루 모퉁이를 돌아서 들어가면 각황전과 대웅전 영역이 시원하게 펼쳐진다. 화엄사 건축에서 가장 중요한 예배의 공간을 마지막 순간까지 감추었다가 일시에 보여 줌으로써 감동을 극대화시켜 준다.

라는 논문에서, 화엄사 최초의 모습은 각황전을 중심으로 좌우 대칭을 이루는 신라 율종가람의 기본적 구도였을 것으로 추정했다.

일직선상의 축선 위에 맨 먼저 중문을 배열하고 이어서 탑과 금당을 배치한 뒤 높다란 석축을 쌓고 그 위에 강당을 배치했는데 각황전은 강당이 있었던 터가 된다. 이렇게 보았을 때 현재의 대웅전 지역은 초창기 화엄사의 가람에서는 찾아볼 수 없는 것들이 된다. 또 일주문 · 금강문 · 천왕문을 따라 올라오는 진입 공간도 후대에 만들어진 것이고, 본래는 요사채 방향에서 계곡을 건너오는 진입로가 있었을 것으로 보인다.

그러나 현재 화엄사의 가람 배치는 각황전과 대웅전 방향으로 양분되어 복잡한 양상을 띠고 있다. 백제 때 창건되어 통일신라의 화엄종 사찰로 중창되었고, 고려시대 대각국사의 중창을 거쳐 임진왜란으로 불탄 뒤 조선 후기에 다시 지어졌으니 산중의 역사가 변화무쌍할 수밖에 없다. 각 시대별로 건축의 구성이 어떠한 변화를 보여 왔는지 구체적으로 확인할 수는 없지만, 화엄사는 그 세월의 연륜을 고스란히 간직하고 있다. 신라 교종불교의 율종가람에서 선종가람을 거쳐 조선조 유교건축의 영향에 이르기까지 다양한 시대정신이 담겨 있는 것이다.

특히 혁신적 변화를 가져온 시기는 선종의 도입기로 보인다. 일체의 번거로움을 피하는 선종의 정신세계를 건축 속에 구현하기 위해 도량의 중심에 위치한 금당을 들어올려 대웅전이 위치한 북쪽 축대에 배치하고 텅 빈 마당을 확보하여 고요하고 정적인 공간을 확보해 냈다. 그리고 선(禪)적인 깨달음의 경지를 기승전결의 미학으로 승화시켜 보여 주기 위해 일주문에서 천왕문에 이르는 현재의 진입 공간을 만든 것이다.

또 조선 중기 이후 화엄사는 선종의 대본산으로 승격되면서 수많은 선사들을 배출하며 중흥기를 맞는데, 이 시대의 당당했던 면모는 보제루 건

화엄사 4사자 3층석탑
연기조사가 어머니의 극락왕생을 기원하기 위해 세웠다는 이 탑은 네 마리의 사자가 머리에 탑을 이고 있는 형상으로 다보탑과 함께 대표적인 이형석탑이다. 탑 안에는 합장을 하고 선 연기조사의 어머니 상이 조각되어 있다.

사자의 표정과 석인상
4사자 3층석탑을 이고 있는 네 마리 사자의 얼굴은 웃고 성내고 슬퍼하고 기뻐하는 표정을 짓고 있다. 희로애락으로 이루어진 인간세상의 네 감정을 통해 이 탑의 의미를 한층 풍요롭게 해 준다.
탑 앞의 석등 아래에는 무릎을 꿇고 차를 공양하는 연기 조사의 모습이 조각되어 있다.

축이 잘 말해 준다. 2층의 다락집인 누마루는 외부에 대해서는 폐쇄적이면서 내부에 대해서는 개방적인 독특한 구조물이다. 이는 조선시대를 주도한 성리학적 사유에서 비롯된 것으로 서원건축에서 널리 쓰이던 수법이다. 이전의 회랑식 구조보다 훨씬 개방적이고 극적인 효과가 있고 건물의 위엄과 권위를 돋보이게 하는 장점이 있다.

이렇게 시대에 따라 다양한 모습으로 변모를 거듭해 온 화엄사의 건축은 크게 네 개의 공간으로 구분해서 살펴볼 수 있다.

드라마틱하게 전개되는 건축의 미학

첫째는 일주문 · 금강문 · 천왕문을 거쳐 오르는 진입 공간이다. 오른편의 직선형 담장을 기준으로 하여 긴 자루 속으로 들어가는 듯한 동선이 설정되어 있어, 이 길을 따라가다 보면 자신도 모르게 사찰 안으로 점점 빨려 들어가는 듯한 느낌을 받게 된다. 특히 움직이는 축선을 일직선으로 하지 않고 조금씩 각도를 다르게 하여 앞으로 전개되는 진행 방향을 언뜻언뜻 보여 주는 기법을 쓰고 있다. 이는 수행자가 번뇌의 파도를 잠재우고 깨달음의 빛을 찾아가는 과정을 건축적 이미지로 풀어 낸 것이다.

둘째는 보제루와 5층탑이 서 있는 마당 공간이다. 일주문에서 천왕문까지 숨가쁘게 수직상승해 온 거침없는 동선을 육중한 크기의 보제루가 장벽처럼 가로막고 서 있다. 여기에는 인간의 감성에 호소하여 깨달음의 경지가 얼마나 어렵고 환희 넘치는 것인지를 보여 주려는 의도가 담겨 있다. 선의 세계에서 말하는 은산철벽(銀山鐵壁)과 같은 것으로, 이 마지막 빗장을 걷어올려야만 환하게 열리는 깨달음의 세계를 맛볼 수 있게 된다는 의미다.

대부분의 산지사찰이 누마루 밑을 통과하여 법당에 이르는 구성으로 극적 효과를 연출하는데, 화엄사는 보제루를 휘감고 돌아 모퉁이로 진입하게 되어 있다. 이 또한 고도로 계산된 것이다. 주불전을 마지막 순간까지 숨겨 두었다가 돋보이게 하는 점에서는 누하진입(樓下進入)과 동일한 수법이지만, 화엄사 건축에서 굳이 모퉁이를 통해 진입케 한 것은 화엄사의 주불전이 각황전과 대웅전으로 분산되어 있기 때문이다. 누하진입을 했을 경우 시선이 대웅전으로만 모아져 왼쪽의 각황전 지역이 부담스럽게 인식되고, 이렇게 균형감이 상실된 공간은 사람의 마음을 불안케 하는

화엄사로 가는 길
일주문에서 금강문, 천왕문을 지나 오르는 길은 긴 자루 속으로 들어가는 듯한 느낌이다. 세 개의 문을 통과하여 들어가는 이러한 공간 배치는 수행자가 한 단계 한 단계 깨달음을 얻어가는 과정처럼 긴장감과 설렘이 교차한다.

요인이 된다. 대신 모퉁이를 통해 들어서면 마당의 두 탑과 함께 대웅전 · 각황전 지역을 동시에 바라보게 되어 시각적 인식이 자연스럽고 안정감이 느껴진다.

셋째는 보제루 앞마당에서 우러러보이는 축대 위에 지어진 대웅전과 각황전을 중심으로 전개되는 나한전 · 원통전 · 명부전 등의 예배 공간이다. 이 중에서 중심이 되는 건축은 역시 대웅전과 각황전이다.

대웅전은 화엄사의 중심법당이다. 임진왜란 때 소실된 것을 인조 14년(1636)에 벽암대사가 중건했는데, 각황전에 비해 석축 가까이에 바짝 붙여 지은 것이 특징이다. 이는 앞마당에서 바라볼 때 중심법당인 대웅전이 각황전에 비해 상대적으로 왜소해 보이는 것을 방지하기 위한 방편이다.

각황전은 대웅전에서 시작된 석축이 직각으로 꺾이는 곳에 자리잡고 있는, 현존하는 우리 나라 불전 가운데 가장 규모가 큰 법당이다. 거대한 규모이면서도 안정된 비례에 엄격한 조화를 이루고 있으며 위엄과 기품을 동시에 느끼게 하는 건축이다. 본래 이름은 부처님의 몸인 장륙금신을 뜻하는 장륙전(丈六殿)이었는데, 임진왜란 때 불타고 1703년 숙종 29년에 완공되면서 임금으로부터 각황전(覺皇殿)이란 이름을 하사받았다.

정면 7칸, 측면 5칸의 2층으로 이루어진 팔작지붕에 다포 양식을 하고 있으며, 내부는 툭 터진 통층으로 이루어져 있다. 아름드리 적송을 깎아 세운 15개의 기둥이 시원스레 뻗어올라 청신한 기운이 가득하고, 별꽃무늬 창살 너머 쏟아지는 햇살은 처마 끝 풍경 소리처럼 투명하다. 고요한 마룻바닥에 앉아서 바라보는 풍경은 화엄사에서 느낄 수 있는 가장 거룩하고 아름다운 장면이다.

계파스님의 법력과 각황전 전설

각황전은 건축의 위대성만큼이나 흥미로운 이야기를 지니고 있다. 임진왜란으로 불탄 뒤 60년이 넘도록 폐허로 남아 있었는데 이 엄청난 불사를 계파스님이 발원했다. 바닷물을 퍼내어 구슬을 찾는 것처럼 뜻만 있으면 이루지 못할 것이 없다고 믿었던 계파스님은, 사내 대중들을 모아 놓고 백일기도에 들어갔고 자신은 젊은 스님들을 뒷바라지하는 공양주를 자청했다.

백일기도가 끝난 뒤 화주승(化主僧)을 뽑기 위해 법거량을 했는데, 물 묻은 손을 밀가루 자루에 넣었다 꺼내도 손에 밀가루가 묻지 않는 사람을 뽑는 방법이었다. 그런데 기도에 참가했던 젊은 스님들의 손에 모두 밀가루가 묻어 나왔고 계파스님만이 남게 되었다. 화주승을 뽑을 수 없게 되자 하는 수 없이 공양주를 했던 계파스님이 시도해 보았는데 감쪽같이 맨손으로 나왔다. 부엌에서 허드렛일을 했지만, 불사의 간절한 염원은 계파스님을 따를 수가 없었던 것이다.

그러나 화주승으로 뽑힌 계파스님은 걱정이 태산 같았다. 어디서 어떻게 시주를 받아야 할지도 몰랐고, 자신처럼 초라한 노승에게 큰 시주자가 나설 것 같지도 않았다. 이러지도 저러지도 못하고 마음만 졸였는데, 어느 날 꿈 속에서 부처님이 나타나 "걱정하지 말고 내일 아침 일찍 길을 나서면 처음 만나는 사람이 시주자가 될 것이다"고 계시를 해 주었다.

이에 계파스님이 큰 기대를 안고 이른 새벽 절문을 나섰는데, 하필이면 첫번째로 만난 사람이 사찰에 와서 일을 도와 주고 밥을 얻어먹는 가난한 노파였다. 실망은 컸지만 어쩔 수 없이 그 노파에게 시주를 청했다. 노파는 어이없어하다 스님으로부터 꿈 이야기를 듣고는 눈물을 흘리면서 이렇게 서원을 했다. "이 몸이 죽어 왕궁에서 태어나 불사를 성취할 것이니 지리산 문수보살이여 가피를 내리소서" 하고는 몸을 계곡의 물 속에 던져 자진해 버리는 것이 아닌가. 시주자를 만나기는커녕 사람까지 죽게 했으니 큰 죄를 지었다고 생각한 스님은 그 길로 화엄사를 떠나 걸식으로 전국을 떠돌았다.

그러던 어느 해 한양을 지나게 되었는데, 우연히 궁궐에서 밖으로 나들이를 나온 공주를 만나게 되었다. 공주는 스님을 보자마자 우리 스님이라며 정겹게 따랐는데, 스님이 손을 만지자 태어날 때부터 펴지 못했던 주먹손이 펴졌다. 그리고 거기에는 '각황전'이란 글씨가 씌어 있었다. 이 소식을 들은 숙종 임금이 계파스님을 불러 그간의 사정을 듣고는 감격하여

각황전 홍매
각황전은 임진왜란 때 왜병들의 방화로 잿더미가 되었다가 조선 후기 숙종 때 왕실의 후원으로 중건되었다. 이때 화주승이었던 계파스님에 얽힌 흥미로운 전설이 전해진다. 각황전 홍매는 각황전을 중수한 계파스님이 기념 식수 한 것인데 매화꽃의 빛깔이 유난히 붉고 향기로워 흑매라는 별칭으로 불린다.

장륙전을 짓도록 시주를 했다는 것이다. 나라 안에서 최고 가는 이토록 장엄한 건축이 가난한 노파의 마음으로 이루어졌다는 것을 생각하면, 지고지순한 기도의 원력이 얼마나 거룩한 것인지 새삼 깨닫게 된다.

각황전 · 대웅전 · 명부전 · 관음전 · 진영각으로 이어지는 화엄사 예배 공간에서 느낄 수 있는 건축미는 크고 작은 건물들이 이루어 내는 율동과 어울림이라고 할 수 있다. 각기 다른 기능을 가지고 있는 전각들이 크기와 높이의 변화 속에 어우러져 내는 질서는, 인공의 축조물에만 한정되는 것이 아니라 주변의 산세와도 잘 조응하여 거룩한 화엄의 세계를 보여 준다.

화엄사 전경
우리나라에서 가장 큰 법당인 각황전과 그 주변 수많은 전각이 어울려 조화로운 풍경을 만들어 내는 화엄사는 장엄미의 전형을 보여준다. 사찰을 품고 있는 웅장한 지리산 자락에 올벚나무가 화사한 꽃잎을 피워내면 무채색의 산사와 어울려 그윽한 봄날의 풍경이 펼쳐진다.

노고단과 섬진강을 바라보는 효대

화엄사 건축의 마지막 단계인 네번째 영역은 각황전 뒤편 길상봉 기슭에 자리잡은 효대(孝臺)다. 여기에 불국사 다보탑과 함께 우리 나라 이형석탑을 대표하는 4사자 3층석탑이 자리잡고 있다. 탑 앞에는 무릎을 꿇고 공양하는 모습의 인물상이 화사석을 머리에 이고 있는 석등이 있는데, 전해 오는 이야기에 의하면 화엄사의 창건주 연기조사가 어머니의 극락왕생을 기원하는 모습이라고 한다.

효대에 서린 연기조사의 애틋한 효심과 함께 네 마리 사자의 표정에 담긴 희로애락의 감정도 재미있지만, 이곳이 갖는 화엄사 건축 전체에서의 의미는 이제까지 전개해 온 진입 공간과 예배 공간에서의 건축적 흐름을 마무리하고 승화시켜 주는 데 있다. 각황전 뒤편 자연의 오솔길을 따라 오르는 길에서는 긴장미가 느껴지는 진입 공간과는 사뭇 다른 운치와 아름다움을 느낄 수 있다. 송림에 둘러싸인 효대에서 바라보는 지리산의 산세는 장중하기 이를 데 없고, 멀리 구례 들판에는 흰 옷자락 같은 섬진강 줄기가 유유히 흘러가고 있다. 보제루 앞마당에서 느꼈던 엄숙한 분위기와는 사뭇 다른 평화로움이 느껴지는 공간이다.

화엄사 건축은 이렇게 도입부의 자연스러움, 진입 공간에서의 긴장감, 예배 공간에서의 거룩함으로 이어지다 마지막 효대의 소나무숲에서 대자연의 질서 속으로 승화되는 일련의 과정을 보여 준다. 그것은 한편의 드라마처럼 기승전결의 미학적 원리로 이루어져 있고, 소를 찾아 나선 구도자의 일생처럼 극적이다. 고삐를 들고 산 속을 헤매다 소를 발견하고 그 소를 길들여 구멍 없는 피리를 불며 떠돌던 주인공이 자신의 존재마저도 잊어버리고 대자연의 세계를 바라보는 십우도의 경지처럼 화엄사 건축은 생동하는 이야기를 담고 있다.

민중신앙의 터 모악산에 깃든 사연

금산사

금산사는 호남평야의 사람들에게 어머니의 산으로 숭배받고 있는 모악산의 절이다.
새로운 세상을 바라던 백제 유민들의 염원이 깃든 미륵신앙의 도량으로
웅장한 규모의 미륵전이 위용을 자랑한다.

모악산(母岳山)은 우리 나라 최대의 곡창지대인 호남평야에 우뚝 서 있는 산이다. 멀리서 보면 두 팔을 한껏 벌려 사방 몇백 리의 들판을 끌어안고 있다. 그래서 모악산은 예부터 어머니의 산이라 불려 왔다. 이곳 사람들의 이야기에 의하면, 모악산 정상에 어머니가 어린아이를 안고 있는 형태의 바위가 있는데, 이로부터 '엄뫼' 또는 '모악'이라는 이름이 생겨났다고 한다.

굳이 전설 같은 이야기의 실체를 따지지 않더라도, 그 내면에는 모악산이 김제 · 만경평야와 같은 넓은 들판을 안고 기름진 땅을 양육하고 있음을 말해 준다. 실제로 모악산에서 흘러 나온 물줄기가 만경강과 동진강의 수원이 되어 호남평야를 적셔 주고 있다. 그리고 그 물줄기는 들판의 곡식을 길러 낼 뿐만 아니라, 그 곡식으로 유사 이래 이 땅의 사람들을 먹여 살렸으니 이 산은 어머니의 젖꼭지와 같은 셈이다.

풍수적으로도 이 땅의 성스러움은 예외가 아니다. 평지의 땅에서 솟아오른 산이기 때문에, 이 산은 사람의 마음을 잡아끄는 강렬한 에너지를 지니고 있다. 이런 풍토성 때문에 예부터 이곳 사람들은 모악산을 신령한

존재로 숭배했다. 환란의 시대가 오면 그 품속에 들어 새 날을 기약하고자 했으니, 이 산의 역사는 예사롭지 않은 사연을 간직하게 되었고 민중들의 한을 풀어 주는 선지자의 땅으로 인식되었다. 계룡산을 능가하는 신흥종교 발상지가 바로 이곳이었고, 지금도 모악산 기슭에는 강증산을 교주로 모시는 증산교의 여러 종파가 자리잡고 있다.

모악산
모악산은 호남평야에 사는 사람들에게 어머니와 같은 산이다. 계룡산을 능가하는 신흥 종교의 발상지로 미륵신앙의 성지이다.

진표율사가 미륵신앙의 터를 연 곳

어머니의 산이라 불리는 모악산의 정신을 하나의 커다란 세계관으로 승화시켜 새로운 종교를 창시한 이가 강증산이라면, 그 거대한 뿌리를 이

루고 있는 원류는 금산사(金山寺)와 진표율사(眞表律師)다.

금산사 사적기에 의하면, 599년 백제 법왕의 복을 비는 사찰로 창건되었다고 한다. 그러나 이때는 소규모의 사찰이었고, 백제가 멸망한 뒤 이곳 출신 진표율사에 의해 중창되면서 대가람의 면모를 갖추었다.

진표율사는 백제의 만경현 사람이었는데, 열두 살 때 금산사로 출가해 순제법사에게 머리를 깎았다. 그의 일대기를 담고 있는 『송고승전』은 출가 동기를 이렇게 전해 준다.

어려서부터 활을 잘 쏘던 진표는 아버지를 따라 사냥을 하면서 자랐다. 어느 날 모악산 쪽으로 사냥을 나왔던 진표는 개구리를 잡아 버드나무 가지에 꿰어 물 속에 담가 놓았던 것을 깜빡 잊고 집으로 돌아왔다. 그 이듬해 우연히 이곳을 지나가다 자신이 지난해 잡아 두었던 개구리가 그때까지 살아 울고 있는 것을 발견하고는 크게 뉘우쳐 출가의 길을 택했다는 것이다.

진표율사는 또 치열한 참회수행으로도 유명하다. 스승인 순제법사가 사미계를 내리고 『공양차제법』과 『점찰선악업보경』 두 권을 주며 "너는 이 계법을 지니고 미륵과 지장 두 성인 앞에 간절히 구하고 참회하여 친히 계법을 받아 세상을 널리 제도하라"고 했다. 이에 진표는 약간의 양식을 가지고 변산의 부사의방(不思議房)으로 들어가 3년 동안 온몸을 바위에 두들기는 참회 끝에 미륵과 지장보살을 친견했다고 한다. 지장보살에게서는 계본(戒本)을 받고 미륵보살에게서는 두 개의 목간자(木簡子)를 받았다. 그 목간자는 전생의 업을 보게 해 주는 것이었다. 진표율사는 이를 이용하여 점찰법회를 열어 타락한 윤리에 대한 반성과 참회의지를 고취시켰고, 대중교화의 한 방편으로 삼았다. 그리고 금산사로 돌아와 미륵장륙상을 조성하여 미륵신앙의 터를 열었다.

미륵신앙에는 석가모니가 입멸한 56억 7000만 년이 흐른 뒤 미륵이 이 땅에 하생하여 용화수 아래서 세 번의 설법을 통해 모든 중생을 구제한다는 미륵하생 신앙과, 현세에 공덕을 쌓아 미륵보살이 있는 도솔천에 태어나고자 하는 미륵상생 신앙이 있다.

진표율사의 미륵신앙은 물론 미륵하생 신앙이었다. 그는 나당연합군에게 짓밟힌 백제의 후예였다. 신라 정권과의 어쩔 수 없는 결탁도 있었겠지만, 그의 등뒤에는 나라를 잃고 흐느끼는 백제 유민들이 있었다. 그러므로 그가 새로운 세상을 주재한다는 미륵을 친견했다는 것은, 곧 망국의 한과 실의에 빠져 있던 백제 유민들에게는 또 다른 열망의 상징이기도 했을 것이다.

진표율사의 미륵신앙은 이런 점에서 당시 가혹한 현실에 시달리고 있던 백제 유민들에게 희망의 등불이나 마찬가지였다. 현실은 고통스럽지만, 미륵의 출현이 가까워진다는 믿음을 통해서 고난의 세월을 극복하는 정신적 기반이 되었을 것이다.

미륵신앙이 진표율사에 의해 처음 설파된 것은 아니지만, 백제의 멸망과 그 유민들의 슬픔이 어우러져 미래를 기약하는 후천개벽적 성격의 메시아 신앙으로 확대·발전되었다. 현세의 고난이 미륵의 출현으로 일시에 타파된다는 주술적 속성이 가미되어 보다 민중 속으로 파고드는 구원의 신앙이 된 것이다. 그리하여 진표율사 이래 미래의 부처가 이 땅에 강림할 것이라는 믿음이 생겼고, 고통받는 민초들에게 모악산과 금산사는 늘 어머니의 품속과 같은 곳이었고 새로운 사상이 움트는 수원지가 된 것이다.

彌勒殿
龍華之會
大慈寶殿
천일기도 도량

미륵삼존불

우리 나라에서 유일한 3층 법당인 미륵전에는 옥내에 서 있는 불상으로는 동양에서 가장 큰 미륵삼존불이 모셔져 있다. 불상의 받침대를 무쇠솥으로 만들어 모든 사상과 철학을 시루에 쪄내듯 만들어 낸다는 재미있는 이야기가 전해진다.

미륵전과 석련대

미륵전은 평지에 세워진 건축을 장엄하게 보이도록 중층구조로 올린 백제계 건축의 특징을 계승하고 있다. 각 층마다 미륵전 · 용화지회 · 대자보전이라는 편액이 붙어 있는데, 모두 미륵불을 모신 법당이란 뜻이다. 연꽃 조각이 아름다운 석련대는 진표율사가 조성한 미륵불이 서 있던 받침대다.

비운의 왕 견훤의 유폐지

백제인의 한과 꿈이 서린 모악산과 금산사는 후백제를 세운 견훤에게도 각별한 인연이 있었다. 스스로 미륵불임을 자처하며 잊혀진 백제의 희망이 되고자 했던 그는 전란의 와중에서도 금산사를 보수하고 자주 찾았다. 그러나 불행하게도 그는 자신의 아들들에 의해 이곳에 유폐되고 말았다. 넷째 아들 금강에게 왕위를 물려주려 하자 맏아들 신검과 둘째 아들 양검이 아버지를 붙잡아 금산사 미륵전에 가두어 버린 것이다. 그리고 금강을 죽이고 신검이 왕위에 올랐다. 석 달 동안 유폐당했던 견훤은 감시자들에게 술을 먹이고 도망을 쳐 왕건에게 투항한 뒤 자신의 아들을 쳐 줄 것을 부탁했다. 마침내 왕건이 황산벌에서 신검군을 도륙내니 그것이 비극적인 후백제의 최후다. 그 뒤 견훤은 울화병으로 등창이 나 논산의 황산사라는 절에서 죽었다고 한다.

고려시대로 들어와 금산사는 혜덕왕사(慧德王師)가 주석하면서 최대의 전성기를 맞았다. 88당에 711칸이라는 어마어마한 대찰로 중창되었고, 산내 암자가 40여 개에 이를 정도로 스님들도 많았다. 혜덕왕사는 문종의 왕비였던 누이동생의 소생들이 순종 · 선종 · 숙종으로 왕위를 계승하자, 4대에 걸친 제왕의 외척으로 막강한 권력을 행사할 수 있었다. 그 힘을 바탕으로 진표율사의 법상종을 계승하여 고려 법상종의 중흥조가 되었으며 금산사의 대중창주가 되었다.

그러나 오늘 우리가 금산사에서 마주하는 건물들은 모두가 임진왜란 이후의 것이다. 선조 31년(1598) 정유재란 때 당우와 전각들이 불타고 말았다. 임진왜란 때 서산대사 · 사명대사와 함께 구국 3화상이라 불리는 뇌묵당 처영대사가 금산사를 중심으로 승병을 일으켜 활동한 것에 대한

보복이었다. 일부 석조물을 제외하고 대부분은 선조 34년(1601)에 수문대사가 재건하기 시작해 인조 13년(1635)에 완성한 뒤 부분적인 중수를 거쳐 오늘에 이른 것들이다.

금산사의 위용을 보여 주는 미륵전

금산사에서 눈길을 끄는 문화재는 뭐니뭐니 해도 미륵전이다. 일주문과 금강문 · 보제루를 거쳐 절마당에 들어서면 거대한 규모의 3층 법당이 위용을 드러낸다. 겉보기에는 3층이지만 안에 들어가서 보면 모두 하나로 트인 통층으로 설계되었고, 거기에는 39척(약 12m)의 미륵불이 양 옆에 협시보살을 거느리고 서 있다. 이 불상은 본래 철불로 조성되었는데, 정유재란 때 왜병들에 의해 파괴되자 그 뒤 목불로 조성했으며, 1934년 화재로 소실되어 석고로 다시 만든 것이다.

미륵전 법당의 1층에는 대자보전(大慈寶殿), 2층에는 용화지회(龍華之會), 3층에는 미륵전(彌勒殿)이란 현판이 붙어 있다. 모두 미륵불을 모신 법당이란 뜻이다. 미륵은 본래 대승보살로서 자씨(慈氏)라 번역하여 대자보전이 되었고, 또 용화수 아래서 세 차례의 설법을 통해 중생을 제도한다 하여 '용화 삼회'라 한다. 용화지회는 바로 이 용화 삼회의 다른 표현이다.

팔작지붕에 다포 양식을 한 이 법당은 전체 높이가 18.91m, 측면 길이는 15.45m로, 아래층의 규모에 비해 위로 올라가면서 비례적으로 체감되어 매우 장중하고도 산뜻한 느낌을 준다. 마치 목조로 건축된 장엄한 탑을 보는 듯한 인상이다.

금강문의 편액
금산사는 임진왜란 때 뇌묵당 처영대사가 승병을 일으킨 중심지였다. 이에 대한 보복으로 정유재란 때 왜병들에 의해 모두 불태워졌는데, 그때 금강문만이 유일하게 불타지 않았다.

이러한 중층 형식의 목조건축은 속리산 법주사나 부여 무량사, 구례 화엄사와 같은 옛 백제지역의 사찰에 주로 분포해 백제계 건축의 한 특징으로 이해되기도 한다. 조선 후기에 중흥기를 맞은 불교와, 역사의 주체로서 목소리를 내기 시작한 이 지역 사람들의 힘과 염원이 담긴 기념비적 건축이라고 할 수 있다.

미륵전과 함께 또 하나의 중심 법당은 대적광전이다. 정면 7칸, 측면 4칸의 단층 건물로 내부가 28칸이나 되는 대규모 법당이다. 여기에는 아미타불 · 석가모니불 · 비로자나불 · 노사나불 · 약사여래불과 대세지보살 · 관음보살 · 문수보살 · 보현보살 · 일광보살 · 월광보살 등 5여래 6보살을 나란히 모시고 있고, 5백 나한상까지 갖추고 있는 특이한 법당이다. 아마 정유재란 때 불타 버린 대웅전 · 대광명전 · 극락전 · 약사전 · 나한전 등 여러 기능의 법당을 한 건물 안에 통합시켜 놓은 의미인지도 모르겠다.

그런데 보물 475호로 지정되었던 이 건물은 1986년 문화재관리국의 실측 과정 중에 불이 나 전소되고 말았다. 실화인지 방화인지 확인되지 않은 채 무성한 소문만 있었는데, 1980년대의 가장 큰 문화적 손실이었다. 실측된 자료를 토대로 최근에 복원되기는 했지만, 고풍스런 모습과 예전의 불상조각을 볼 수가 없어 안타깝다.

대적광전 앞 대장전도 주목할 만한 건축이다. 서쪽 끝에서 미륵전을 마주 보고 있는 아담한 불전인데, 본래 이 건물은 미륵전 뜰 앞 우측에 자리잡고 있던 목탑이었다고 한다. 지붕의 용마루 가운데에는 목탑의 상륜부를 장식했던 흔적인 복발과 보주가 남아 있다.

또 미륵전 북쪽, 모악산 주봉이 내려온 곳에는 송대(松臺)라는 높다란 언덕이 있다. 금산사에서는 이곳을 방등계단(方等戒壇)이라 부른다. 석탑의 기단부처럼 화강암으로 널따란 이중 기단을 만들어 놓았고 가운데에 석종형 부도가 자리잡고 있다. 이곳은 양산 통도사의 금강계단과 마찬가지로 부처님의 사리를 모신 곳이자, 승려들의 수계의식을 집행했던 장소로 율종사찰을 대표하는 귀중한 유물이다.

수계자들을 계단 중앙에 모아 두고 덕망 높은 스님들이 계를 전수하던 곳으로 방등계단이라 부르는 것은, 수도승의 근본은 계에 있고 계로 인해 얻어지는 자비와 지혜를 이 세상 모든 곳에 평등하게 전하라는 뜻을 담고 있기 때문이다. 금강계단 앞에는 통상적으로 석등을 세우지만 이곳에는 5층석탑이 세워진 것도 이색적이다.

혜덕왕사 응진탑비
고려시대 금산사를 88당 711칸의 거찰로 중창하여 최고의 전성기를 이룩한 혜덕왕사의 탑비. 목이 짧고 살진 돌거북 조각이 꿈틀꿈틀 살아 움직이는 듯하다.

방등계단 아래쪽 절마당에 위치한 석련대(石蓮臺)는 하나의 돌로 조각된 불상 받침대로, 하늘을 향해 피어오른 두 겹의 연꽃이 매우 아름답게 조각된 통일신라 전성기의 작품이다. 특히 이 석련대는 진표율사가 조성한 미륵장륙상이 서 있던 곳으로, 이 자리가 원래의 미륵전이 있던 곳으로 보기도 한다. 그럴 경우 금산사의 가람 배치는 우리가 현재 보고 있는 모습과는 전혀 다른 형태로 존재했음을 추측할 수 있다.

이 밖에도 금산사에는 견훤이 쌓았다고 전해지는 일주문 밖의 석성과 당간지주, 대장전 앞의 석등, 6각 다층석탑, 노주석, 그리고 절 뒤편 부도와 혜덕왕사 탑비의 거북 조각 등이 잊혀진 역사를 지키고 있다.

방등계단

계단은 스님들이 지켜야 할 계를 받는 장소다. 2층으로 쌓은 단 위에 부처님의 진신사리를 모신 부도를 안치해 놓는다. 금산사의 계단을 방등계단이라 부르는 이유는 출가자뿐만 아니라 사부대중에게도 평등하게 수계 의식이 이루어졌기 때문이다.

귀신사

적막해서 좋고 다정하여 편안하다

귀신사는 신라가 삼국을 통일한 뒤 정복지를 교화하기 위해 각 지방의 중심지에 세운 화엄십찰의 하나로 전라도 일원을 관할했다. 지금은 초라하지만 청도리 일대가 모두 귀신사의 영역이었고 한때는 금산사를 말사로 거느렸다.

미륵의 성지 모악산 금산사로 들어가는 용화동 삼거리에서 전주시로 향하는 지방도로를 타고 고개 하나를 넘어가면 김제시 금산면 청도리에 이른다. 모악산의 서북쪽 능선에 해당하는 곳으로 이곳에 귀신사(歸信寺)란 절이 있다.

귀신사. 절집의 이름치곤 을씨년스럽기 짝이 없지만, 조금 눈여겨보면 믿음으로 다시 돌아온다는 뜻이니 그리 이상할 것은 없다. 이 절은 신라 문무왕 16년(676)에 의상대사가 창건한 화엄십찰 중 하나로 당시 이름은 국신사(國信寺)였다.

화엄십찰이란 새로운 통일국가의 지배이념이 된 화엄사상(요체는 모든 것을 하나로 끌어안는 원융무애의 사상)을 전파하기 위해 전국 각지에 세운 사찰을 말한다. 수도가 동남쪽에 치우쳐 있었기 때문에 이를 보완하려 한 효율적인 국토경영과도 관련이 깊다. 태백산 부석사, 지리산 화엄사, 계룡산 갑사, 가야산 해인사, 금정산 범어사, 모악산 국신사 등이 대표적인 사찰이다. 이들 사찰의 가람 배치는 한결같이 높은 산등성이를 이용하여 사방을 내려다보고 있는 것이 특징이다. 삼국통일을 이룬 자신감의 표현이자 강화된 통치력의 상징이기도 하다.

귀신사는 바로 이러한 시기, 통일을 이룩한 신라가 정복지를 교화하고 회유하는 정책으로 세운 화엄십찰 중 호남평야 일대를 관장하던 대찰이었다. 지금은 넓은 사역의 중심에 아스팔트 도로가 관통하고 마을이 들어차 옛 영화를 짐작할 수조차 없지만, 어수선한 민가와 도로를 지워 버리고 생각하면 절터의 위용만은 광활하다. 명맥만 유지하고 있는 가람의 모습도 계단상으로 처리된, 예의 화엄십찰답게 당당했던 흔적을 보여 준다.

주지스님의 설명에 따르면, 고려 때 원명대사가 중창하면서 구순사(狗脣寺)로 바뀌었고, 1873년 고종 때 고쳐 지으며 귀신사(歸信寺)로 개명했는데, 현재는 국신사란 제 이름을 찾으려 한다고 한다.

탑으로 오르는 계단
화엄십찰의 당당했던 흔적을 말해 주는 대적광전 뒤편 돌계단. 이곳에 오르면 귀신사 전역이 한눈에 내려다보이고, 3층석탑과 남근석을 짊어진 돌짐승이 있다.

한때는 금산사를 말사로 거느릴 정도로 사세가 대단했다. 고려 말에는 전주지방에 쳐들어온 왜구 300여 명이 진을 쳤을 정도로 큰 규모였지만 지금은 퇴락할 대로 퇴락해 버렸다. 동시대에 어깨를 나란히 했던 사찰들은 오늘날까지 그 위세를 지켜 오고 있지만, 귀신사는 패망한 나라의 역사처럼 쓸쓸한 뒤안길로 남아 있으니, 마음의 여로를 더듬는 나그네에게는 발길이 오래도록 머무는 곳이다.

대적광전
정유재란 때 불타고 다시 지어진 법당으로 단청이 벗겨져 고풍스런 분위기다. 비로자나불 · 석가모니불 · 노사나불의 삼신불이 모셔져 있는데, 불상의 크기가 법당을 가득 채울 만큼 크다.

더벅머리 소년 같은 동자상

쓸쓸해서 좋고 적막해서 좋다. 탈속한 느낌으로 숨이 막힐 것 같은 경건함보다는, 이끼 낀 기와지붕에 잡풀들이 무성히 자라 있는 고향에 돌아온 듯한 느낌이다. 아주 오랫동안 마음 속으로 그리워했던 곳에 찾아온 듯한 감회랄까, 귀신사는 어쩜 몰락해 버린 선대의 옛 집을 찾아온 이를 반기듯 초행길에도 정 깊은 인사를 건넨다.

옹기종기 살아가는 마을 사람들의 세간살이를 다 구경하는 고샅길이 끝나는 지점에 이르면, 발 아래 민가를 요사채처럼 거느리고 있는 귀신사 경내다. 창건 당시의 잘 다듬어진 돌축대가 반쯤은 허물어져 있고, 그곳을 오르면 훌쩍 사바세계를 벗어난 듯 절마당이다.

오래 된 빛이 역력하다. 낡았다는 표현보다 고풍스런 분위기라는 말이 한층 어울릴 것 같은 목조건축, 대적광전과 명부전이 마주 보고 서 있다. 모두가 단정한 기품이 돋보이는 맞배지붕 건축이다. 정면 5칸, 측면 3칸의 대적광전은 조선 전기의 건축 양식을 계승한 다포계 맞배지붕이다. 이러한 양식은 서산 개심사의 대웅보전처럼 주심포계에서 다포계로 이전해 가는 과도기의 절충 형식이다.

임란 이후의 목조건축물 대부분이 다포계 팔작지붕으로 지어진 데 비해, 귀신사 대적광전은 앞 시대의 양식을 계승하고 있는 것이 특징이다. 지붕의 양 옆에 비바람을 막기 위해 풍판을 달아 놓은 것도, 앞쪽을 장중하게 겹처마로, 뒤쪽은 홑처마로 처리한 점도 특징이다. 그래서인지 당당한 몸체에 비해 지붕의 크기가 옹색해 보이는 것도 사실이다.

이 건물은 정유재란 때 불타 버린 귀신사의 역사를 말해 주고 있다. 임진년 1차 침략 때 귀신사와 금산사가 뇌묵당 처영대사가 이끌던 호남 승병의 근거지였기 때문에, 정유년 2차 침략 때 철저하게 파괴되고 만다.

법당 안에 들어서면 내부 공간이 답답할 정도로 큰 세 분의 부처님이 모셔져 있다. 주존은 법신불인 비로자나불로 법당의 크기에 비해 파탄적인 비례의 거불로 조성되었다. 이러한 양식은 임진왜란 이후의 문화적 현상이다. 전쟁의 상처로 인해 시름에 빠져 있던 백성들에게는 의지할 수 있는 신통력의 소유자인 거대한 부처님이 필요했다. 그래서 수호신적 의미가 강조된 것이다. 전주 송광사에도 법당이 터져 나갈 듯한 거불이 조성되어 있는데, 그 양식과 제작 기법이 흡사하다. 이것은 동시대의 한 지역에서 유행했던 문화적 현상으로 이해할 수 있다.

법당 좌우 벽면에는 16나한상과 석가여래 삼존불이 모셔져 있다. 희극

명부전 동자상
퇴락한 명부전 건물 안에는 지장보살상과 십대제왕을 비롯한 다양한 형상의 조상들이 보물창고처럼 가득 차 있다. 그 중 십대제왕을 시봉하는 동자상의 표정은 골목길에서 뛰노는 시골 아이처럼 천진스럽다.

적이면서도 천진성이 유감 없이 드러난 조각 솜씨다. 본래는 응진전에 따로 모셔져 있었는데, 건물이 허물어져 법당 안에 모셔 두었다. 이들 나한상과 함께 명부전에 모셔진 여러 소조상들은 조선 후기 불교조각의 진수라 할 만하다. 머리에 두건을 쓰고 있는 지장보살상을 중심으로 염라대왕을 비롯한 십대왕들이 재판관처럼 늘어서 있다. 사이사이로 동자상들이 빽빽하게 들어선 명부전은 보물창고에 들어선 듯한 느낌을 준다.

어느 무심한 장인의 솜씨일까. 동자상은 골목길에서 뛰어노는 시골 아이의 모습을 그대로 옮겨 놓은 듯 생생하다. 종교적인 신성이나 권위를 내세우지 않고, 더벅머리 소년의 모습에서 탈속한 경지를 보여 주는 옛 사람의 솜씨가 감탄스러울 뿐이다. 물론 이 명부전의 조각들은 몰락해 버린 귀신사의 역사처럼 주목하는 이가 없다. 그 흔한 문화재 감투 하나 쓰고 있지 않아 찾는 이의 마음이 더욱 뜨겁다.

귀신도 돌아와 쉬고 싶은 절

명부전을 참배하고 대적광전 뒤로 돌아서면 언덕길을 오르는 작은 돌계단이 나온다. 그 길을 따라 오르면 아름드리 느티나무와 시누대밭의 초록 물결이 바람에 휩쓸리는 언덕배기다. 이곳에서 내려다보는 눈맛은 시원하기 그지없다. 그 아름다운 풍경 속에 소슬하게 석탑 하나가 서 있다. 높이 4~5m의 그리 크지 않은 이 3층석탑은 백제 양식을 계승한 고려시대의 탑이다. 통일신라가 망해 갈 즈음 중앙집권적 왕권체제가 무너지자 각 지방에서는 호족들이 일어나고 전 시대의 복고적 양식이 부활하기 시작했다. 귀신사 석탑은 정읍 은선리, 옥구 죽산리 3층탑과 함께 이 지역 사람들이 간직한 백제에 대한 향수를 보여 주고 있다.

백제계 양식이란 2층 기단의 신라 탑에 비해 단층 기단으로 되어 있고, 지붕돌의 두께가 얇으면서도 넓고 층급 받침이 별석으로 이루어진 것을 말한다. 그 뿌리는 모두 부여 정림사지 5층탑에 있으며, 미감에서는 정림사지 탑을 따라가지는 못한다. 하지만 유연하고 소담한 느낌만은 모두가 한 계통임을 금방 알아차리게 한다. 또 이 탑은 법당 앞이 아니라, 가람 배치와는 아무런 연관이 없는 높은 언덕 위에 세워진 것도 특이하다. 고려시대 유행한 풍수비보의 탑으로, 풍수지리상 기가 허한 곳을 보충하거나 큰 인물이 나올 명당의 기운을 누르기 위해 세워진 것이다.

귀신사에 이 탑과 같은 의미로 세워진 아주 특별한 유물이 있다. 자신의 양물(陽物)을 등 위에 짊어진 돌짐승이다. 불교와 민간에서의 남근 숭배사상이 어우러진 것으로 그 유래를 찾아보기 힘들 만큼 독특하다. 조선 후기 농촌 공동체에서는 생산과 풍요를 기원하는 성신앙이 활기를 띠는데, 귀신사 돌짐승은 그러한 민간신앙과 불교가 습합된 예다.

서쪽을 향해 엎드려 있는 돌짐승의 등 위에는 2단으로 분리된 남근석이 세워져 있다. 자세히 보면 이 돌짐승은 목덜미에 갈기가 달린 사자상인데, 마을 사람들은 개의 형상이라 말한다. 풍수지리상 이곳의 형국이 구순혈(狗脣穴), 다시 말해 개의 음부 형국이기 때문에 이 터의 기를 제압하기 위해 그에 상응하는 양물을 세워 놓았다는 것이다. 한때 절 이름이 구순사였던 것도 이러한 풍수적 해석에 대한 의미를 담고 있다.

어쨌든 성스러워야 할 부처님의 집 안에서 매우 상스러운 호기심을 불러일으키는 유물이다. 더구나 대적광전 앞에는 음부 형상의 석조유물이

남아 있어 한층 흥미를 돋운다. 어떤 이는 이를 두고 조선 후기 불교의 잔폐 중의 잔폐라고 한탄하지만, 나는 오히려 낮은 데로 임한 부처님의 또 다른 거룩함으로 보고 싶다.

궁전 같은 법당의 화려함과 고귀함을 버리고 민초들의 희로애락이 있는 삶터로 내려와 그들의 반려자가 되는 모습이다. 수행에 임해서는 모름지기 목숨을 걸고 칼날 위를 걸어가듯 용맹해야겠지만, 산 아래 사람들의 마을에 내려와서는 세상의 모든 것을 부처님으로 우러를 수 있고 그들과 기꺼이 한몸이 될 수 있는 것, 그것이 보살행이고 부처님의 참모습이 아닐까.

귀신사는 이렇듯 마을 사람들과 한몸이 되어 살아가면서 부처님의 법을 연명했으니, 거기에는 남근을 세워 놓고 자식 낳기를 기원하는 아낙네의 마음과 부처님의 말씀이 모두 한가지였음이다. 그래서 나는 이 세상에서 외톨이가 되어 버린 것 같은 참담한 심경에 빠졌을 때, 무너진 고향 마을의 옛 집을 찾듯 귀신사를 찾는다. 그곳에는 언제나 유년 시절의 추억이 살아 있는 고향을 찾아온 듯한 그리움이 있고 호젓함이 있다.

다정하고 편안하다. 겨울날 언덕배기 3층석탑 곁에 서서 모악산의 골바람을 맞는 것도 좋고, 대적광전 처마 밑에서 뚝뚝 떨어지는 낙숫물 소리를 듣는 것도 한량없는 기쁨이다. 그럴 때면 나는 꼭 명부전 지장보살 옆의 동자상이 된 기분이다. 귀신사는 정말 귀신도 돌아와 쉬고 싶은 절이다.

돌짐승과 남근석
불교와 민간신앙의 남근 숭배사상이 결합된 조각이다. 풍수지리상 이곳이 구순혈에 해당하므로 음기를 누르기 위해 세운 것이다. 돌짐승은 갈기가 조각된 사자상으로 보이는데 촌로들은 개의 형상이라고 한다.

3층석탑
백제시대 정림사 탑의 양식을 계승한 고려시대의 탑이다. 절 마당이 아닌 뒷산 언덕에 세워진 이유는 풍수지리설에 따른 비보사탑으로 명당 터의 기운을 누르기 위한 것이다.

건봉사

전화 속에 사라져 버린 옛 거찰의 영광

눈보라 내리치던 참혹했던 싸움터 동부전선 최북단의 향로봉에 서면
겨울산의 뼈대들이 우렁차다. 철책선은 아직도 완강한 모습을 드러내고 있지만
몰아치는 눈보라에는 남과 북이 없다.

흰 눈을 머리에 이고 선 겨울 태백산맥을 따라가면 우리가 갈 수 있는 마지막 산하가 있다. 민통선과 철책선이라는 암울한 현실이 발목을 잡긴 하지만, 성성히 백발을 날리며 서 있는 산하는 의연한 모습으로 고난의 세월을 잘 감내하고 있다.

이곳에 알피니스트가 아니더라도 한 번쯤은 올라 보고 싶은 산 향로봉이 있다. 사시사철 안개 속에 묻혀 마치 향불을 지펴 놓은 듯한 이 산은 해발 1296m로 한반도 남쪽에서는 겨울이 가장 길고 눈이 많이 내리는 곳이다. 금강산 일만이천봉 중 남한에 있는 다섯 봉우리인 향로봉 · 칠절봉 · 둥굴봉 · 삼봉 · 신선봉 중에서 가장 높은 봉우리로 일찍이 금강산의 형제봉이라 불렸다.

맑은 날이면 금강산 비로봉이 거울처럼 마주 보이고, 건봉산 · 큰 까치봉 · 작은 까치봉 · 고황봉으로 이루어지는 산줄기를 따라 해금강의 절경이 아스라이 보인다. 하여 산 아래 사람들에게 향로봉은 늘 외경의 대상이었는데, 불행하게도 이 산은 역사의 제단에 바쳐진 속죄양처럼 온통 상처투성이다. 한국전쟁 당시 동부전선의 최대 격전지였고 분단의 상징인

철책선이 존재하고 있기 때문이다.

향로봉으로 오르는 초입인 진부령 고갯마루에는 그날의 참혹했던 역사를 증언하는 '향로봉지구 전적비'가 서 있다. 향로봉 꼭대기에도 그 시절 격전의 현장을 추념하기 위해 "아! 향로봉 남강은 옛 산 옛 물이로되 눈보라 내리치던 처절한 싸움터에 쓰러진 전우들의 모습은 간 곳이 없구나"라고 새겨진 빗돌이 찬바람을 맞고 있다.

부도전

조선 4대 사찰의 하나로 꼽혔을 정도로 번창했던 건봉사의 영광을 말해 주는 부도전에는 50여 기의 사리탑이 옹기종기 모여 있다. 대부분이 석종형 부도로 조선시대에 왕실의 원찰로서 융성했음을 보여 준다.

왕실의 원당사찰로 영화 누려

건봉사는 눈보라치던 참혹했던 싸움터 향로봉 자락에 자리잡고 있다. 지금은 이름마저 기억하는 사람이 드물지만, 이 절은 송광사 · 해인사 · 통도사와 함께 우리 나라 4대 사찰로 꼽힐 정도로 융성했던 큰 가람이었다.

전쟁 전까지만 해도 건물의 수효가 766칸에 이르렀고 조선 후기 전성기 때에는 무려 3183칸에 이르렀다. 상주하는 스님이 100여 명이 넘었으며 31본산의 하나로 낙산사 · 신흥사 · 백담사 · 화암사 · 수타사 등을 말사로 거느리고 있었다.

그러나 지금 그 옛날 고래등처럼 즐비했던 가람은 흔적도 없이 사라져

폐허로 변한 절터
한국전쟁이 끝날 무렵 동부전선의 교두보였던 향로봉을 놓고 치열한 공방전이 벌어졌을 때, 미군들의 융단폭격으로 천년 고찰 건봉사는 잿더미로 사라져 버렸다.

버렸다. 가시덩굴 우거진 폐허에는 철책선을 넘어온 바람 소리만이 가득하고, 그 한켠에 수색 중대의 막사가 삼엄한 모습으로 서 있을 뿐이다. 장병들의 신앙생활을 위해 법당이 복구되었고 몇 해 전에는 민통선 지역에서 해제되어 드문드문 찾는 이의 발길이 이어지곤 있지만, 속세를 등진 청정 수행도량의 죽비 소리는 들리지 않는다.

건봉사는 지금부터 1500여 년 전 신라 법흥왕 7년에 아도화상이 창건했다고 한다. 하지만 당시 이 지역은 고구려의 영토였으니 그냥 믿기에는 의문스러운 내용이고, 좀더 확실한 창건 연대는 경덕왕 17년(758) 발징화상(發徵和尚)이 원각사(圓覺寺)를 중건하고 염불만일회(念佛萬日會)를 개설했다는 기록에서 찾을 수 있다.

1927년 만해 한용운 선생이 지은 건봉사 사적기에는 사라져 버린 건봉사의 자취가 소상히 기록되어 있다. 발징화상이 주도한 만 일 염불기도에 참여한 서른한 명의 스님들이 모두 아미타불의 가피를 입고 극락왕생했다는 전설 같은 이야기도 소개되고 있다. 이 만 일 염불법회는 조선시대 말엽까지 다섯 차례나 계속되었는데, 기도 중 염불자의 몸에서 빛이 발하는 이적도 있었다고 한다.

창건 당시 이름은 원각사였고, 도선국사가 중창하면서 서봉사(西鳳寺)로 바뀌었다가 고려 말 나옹스님이 주석하면서 건봉사가 되었다.

돌솟대
돌기둥 위에 봉황새 조각이 앉아 있는 솟대형 석간은 건봉사만의 독특한 유물이다. 건봉사가 하늘에서 내려온 봉황새가 머무는 절이라는 뜻이니 이를 상징하는 유물로 추정된다. 조선 후기 장승처럼 솟대가 사찰문화로 유입된 예라 할 수 있다.

그런데 건봉사의 이력을 살펴보면, 고려시대보다 억불정책으로 불교계가 위축되었던 조선시대에 더 활발한 역사를 간직하고 있다. 그 이유는 1464년 세조가 금강산을 다녀오던 길에 건봉사에 머물면서 역대 왕들의 위패를 봉안하는 어실각(御室閣)을 짓고 자신의 원당사찰로 삼았기 때문이다.

또 예종은 즉위와 동시에 교지를 내려 스님들의 노역을 면제해 주었고, 성종은 미역밭 · 소금밭은 물론 사방 10리의 땅을 사패지(賜牌地)로 하사했다. 이렇듯 왕실의 막강한 후원을 받게 되자, 건봉사는 어떤 권력자나 유생들의 횡포에도 시달리지 않고 사세를 유지할 수 있었던 것이다.

사명대사가 이끈 승군들의 근거지

임진왜란 때 건봉사는 사명대사가 이끌던 의승군(義僧軍)들의 근거지였다. 산 속에 묻혀 있던 선승이면서도 어느 누구도 따르지 못할 전략가였던 사명대사는 건봉사를 중심으로 수천의 의승군을 조직, 금강산 일대의 백성을 구했고 평양성 탈환 전투에 참가했다.

전란이 끝나자 사명대사는 일본에서 돌려받은 부처님의 진신사리를 이곳에 봉안하고 퇴락한 당우를 중건하여 다시 한 번 이름을 드높였다. 팔상전 뒤뜰의 부처님 치아 사리탑이 활인보검(活人寶劍) 도량 건봉사의 역사를 말해 준다.

부처님 생존시에 나온 진신치아 사리 8과는 원래 신라의 자장율사가 당나라에 가서 구해 와 통도사의 금강계단에 봉안했는데, 임란 때 왜군들이 통도사에서 훔쳐간 것이다. 사명대사는 강화회담의 사신으로 일본에 건너갔을 때 포로로 잡혀간 3000여 명의 백성과 함께 진신치아 사리를 되찾아 와 이곳에 봉안했다. 가등청정과의 강화회담 때 "그대의 나라에 보배가 있는가"라고 묻자, "그대의 머리가 보배다"라고 답했다는 사명대사의 기상이 이 사리탑 속에도 스며 있다.

임진왜란 뒤 새로운 전성기를 맞은 건봉사는 일제 강점기에도 선교 양종(禪敎兩宗)의 대본산으로 화려한 역사가 계속되었다. 마을 사람들의 구전에 의하면, 건봉사는 그 당시 전국에서 제일 가는 부잣집 절로 사찰에서 봉명중학교를 운영하기도 했다. 초파일이면 관동지방의 여러 고을 사람들이 한데 모여 축구대회와 씨름대회를 열었는데, 이때 모여들던 사람들의 행렬은 인산인해였다고 한다.

하지만 오늘날 건봉사는 산중에도 흥망이 있다는 노랫말처럼 초라하

다. 화려했던 역사가 하루아침에 잿더미로 변하고 말았으니, 그것은 동족 상잔이라는 돌이킬 수 없는 전쟁 때문이었다.

한국전쟁이 끝나 갈 무렵, 동부전선의 교두보였던 향로봉 산맥을 놓고 치열한 공방전이 벌어졌을 때 미군들의 B29기에 의해 융단폭격이 내려졌고, 그 목표물 중 하나가 적들이 은거할 수 있다는 건봉사였다. 건봉사는 이때 초토화되고 말았다. 대웅전 · 극락전 · 낙서암 · 팔상전 지역으로 즐비했던 가람은 흔적도 없이 사라져 버렸고, 울창했던 소나무숲도 불타 버렸다.

불이문
수백 칸에 이르던 건봉사 건물 중에서 폭격으로 소실되지 않고 유일하게 살아남은 건물이다. 돌기둥에는 사된 것을 물리친다는 금강저가 조각되어 있고, 불이문이란 현판은 조선 말의 명필 해강 김규진이 쓴 것이다.

화려했던 건봉사의 역사를 제일 먼저 말해 주는 것이 부도전이다. 사찰로 들어가는 탑고개 기슭에 50여 기의 부도와 12기의 탑비가 줄지어 서 있는데, 비림(碑林)이라 할 만큼 숲을 이루고 있다. 대부분 조선 후기에 세워진 석종형(石鐘形) 부도로 당시 번창했던 건봉사의 사세를 한눈에 말해 준다.

부도전을 지나 산모퉁이를 돌아 자그마한 돌다리를 건너면 고풍스런 자태의 불이문(不二門)이 서 있다. 그 너머 계곡을 중심으로 좌우로 펼쳐진 건봉사 전역이 한눈에 들어온다. 불이문은 건봉사 가람의 산문에 해당하는 곳으로, 한국전쟁 당시 포탄의 불바다에서 유일하게 살아남은 건물이다. 예전에는 불이문 앞 마당이 봉명중학교 운동장이었고 목장승이 서 있었다고 하지만, 지금은 황량한 빈터에 주차장이 들어서 있다.

눈 쌓인 부도
새로 복원된 팔상전 뒤뜰에 부처님 진신사리탑과 함께 서 있는 석종형 부도. 조선시대 건봉사에서 수행했던 어느 스님의 부도였는지 알 수는 없지만 눈 덮인 모습이 평화롭다.

불이문을 지나 계곡을 따라 오르면 능파교(凌波橋)라 부르는 돌다리가 나온다. 1708년 숙종 때 만들어졌다는 이 다리는 건봉사 일원에 있는 네 개의 돌다리 중 그 규모가 가장 크고 원형이 잘 보존되어 있다. 특히 계곡 아래쪽에서 올려다보면, 무지개 모양으로 만들어진 홍예의 자태가 순천 선암사의 승선교 못지않게 아름답다.

'능파'란 가볍고 아름다운 미인의 걸음걸이를 형용하는 말로, 여기에서는 고해의 파도를 헤치고 부처님의 세계로 건너간다는 뜻이다. 능파교를 건너면 최근에 복원된 건봉사의 중심도량 대웅전에 이른다.

건봉사는 본래 계곡을 중심으로 두 영역으로 나뉘어졌는데, 대웅전 · 극락암 · 낙서암 · 팔상전 지역이 각기 독립된 영역을 확보하고 있었다. 최근에 복원된 대웅전과 팔상전 지역을 제외하곤 모두 빈터만 남아 있다. 대가람을 이루었던 극락전 · 관음전 · 만일원 · 보안원 · 사성전 · 명부전 · 산신각 · 어실각 등 그 많던 자취를 헤아려 보지만 모두가 허망하기 그지없다. 폐허로만 남아 있는 영광이고 가슴 아픈 잔해들뿐이다.

그래도 끈질기게 살아남은 것이 돌덩이의 완강함이다. 폭격을 맞아 나뒹구는 기단석과 반쯤 허물어진 돌축대의 맵시, 네모난 돌기둥 위에 봉황새가 앉아 있는 솟대형 석간, 대웅전으로 오르는 길의 십바라밀 석주……. 그 중에서도 솟대형 석간과 바라밀 석주는 어느 사찰에서도 찾아볼 수 없는 독특한 유물로 먼 길을 찾아온 길손들에게 이야깃거리를 제공해 준다.

솟대형 석간은 불이문을 지나 극락

적멸보궁
팔상전을 복원하면서 통도사 금강계단을 모방하여 만든 탑전에 진신사리를 모셨다.

치아 진신사리
자장율사가 중국에서 구해 온 부처님 치아 진신사리는 임진왜란 때 통도사에서 왜놈들이 훔쳐간 것을 사명대사가 찾아와 건봉사에 봉안했다.

전 지역으로 들어가는 자연암반 위에 3m의 높이로 서 있는데, 어떠한 의미로 세웠는지는 아는 이가 없다.

다만 먼 곳에서도 잘 보이도록 서 있으므로 사찰을 알리는 표석으로 볼 수도 있고, 건봉사가 하늘에서 내려온 봉황이 머무는 곳이라는 뜻이니 이름 그대로 건봉사의 상징물이자 경배의 대상으로 세워졌다고 볼 수도 있다.

수행자의 정신이 담긴 십바라밀도

십바라밀 석주는 능파교를 건너 대웅전 지역으로 진입하는 계단의 양쪽에 서 있다. '바라밀'이란 범어로 지혜의 세계를 건너간다는 뜻이며, '십바라밀'은 대승불교의 수행법인 보시(布施)·지계(持戒)·인욕(忍辱)·정진(精進)·선정(禪定)·지혜(智慧)의 6바라밀에, 이를 보조하는 방편(方便)·원(願)·역(力)·지(智)의 4바라밀을 첨가하여 구성한 것이다.

십바라밀 석주는 기둥 한 면에 다섯 개씩 상징적인 문양이 새겨져 있는데, 벽화처럼 교화적인 내용을 담고 있다. 그 문양들에 담긴 뜻을 살펴보면, 먼저 둥근 달 문양은 보시 바라밀이다. 재물과 진리와 두려움을 없애 주는 보시는 모름지기 보름달이 세상을 두루 비추는 것과 같이 해야 한다는 뜻이다.

반달과 별이 새겨진 지계 바라밀은 계율을 잘 지키면 초

승달이 자라 반달이 되는 것처럼 선업이 쌓인다는 뜻이고, 말발굽 모양의 인욕 바라밀은 해탈로 가는 길이 지극히 어려우니 튼튼한 신날로 말발굽을 하는 인욕의 자세를 가르친다.

가위가 새겨진 정진 바라밀은 가위로 물건을 자르듯 하는 철저한 수행을 말하고, 구름이 새겨진 선정 바라밀은 선정에 든 모습이 일체의 번뇌를 구름처럼 덮어 버린다는 뜻이다. 금강저로 표현한 지혜 바라밀은 밝고 예리한 금강저로 난관을 물리치고 피안에 도달한다는 뜻이며, 우물 두 개가 좌우로 나란히 선 좌우 쌍정은 방편 바라밀이다. 목마른 자에게 물이 필요하듯 중생을 인도하는 방법으로 샘물을 나누어 주는 이타행을 뜻한다.

우물 두 개가 위아래로 나란히 선 전후 쌍정은 원 바라밀로, 우물을 위아래로 둔 것은 귀하고 천함, 높고 낮음을 표시하지만 부처님의 품안에서는 귀천에 구애 없이 누구나 해탈할 수 있다는 뜻이다. 둥근 원 안에 네모가 들어 있는 고리 두퇴는 역 바라밀이다. 마치 집 주위에 담장을 치고 재산을 지키는 것처럼 수행할 때는 집중해야 한다는 뜻이다. 둥근 원 안에 세 개의 작은 원이 들어 있는 성중 원월은 지 바라밀이다. 삼계와 삼세의 지식을 세 개의 조그만 원으로 표시했고, 불교의 지혜를 바깥의 큰 원으로 표현했다. 반야의 지혜는 이 두 가지 지혜를 모두 갖추어야 한다는 뜻이다.

잿더미로 변해 버린 옛 가람의 폐허에서 무심코 지나치기 쉬운 십바라밀도는, 불교도가 아닐지라도 마음 속에 새겨볼 수 있는 지혜와 수행자의 정신이 담겨 있어 가람의 의미를 향기롭게 가르쳐 준다.

십바라밀 석주
능파교를 건너 대웅전 영역으로 들어가는 계단 양편에 서 있는 십바밀 석주는 수행의 여러 과정을 알기 쉬운 상징으로 표현하여 대중교화의 수단으로 삼은 것이다.

경주 남산

신라인이 꿈꾸던 불국정토의 세계

경주 남산은 서라벌의 옛 사람들이 꿈꾸던 이상향의 세계다.
7세기 초 산중불교의 바람이 불기 시작하면서 이곳은 수많은 탑과 불상이 세워져
부처님이 계시는 도솔천의 세계로 꾸며졌다.

우리 나라 사람치고 경주를 다녀오지 않은 사람은 없을 것이다. 학생 시절의 수학여행을 비롯하여 신혼여행과 효도관광 등을 통해 누구나 한 번쯤은 경주를 구경하고 눈을 감는다 해도 지나친 말이 아니다.

시가지 한복판에 즐비하게 늘어선 왕릉이며 석굴암 본존불의 거룩함과 석가탑의 빼어남, 에밀레종의 전설과 문무대왕의 해중릉, 화려한 금관, 안압지의 조원, 첨성대 등 이루 헤아릴 수 없이 많은 볼거리가 있고 천년 세월의 영화를 누린 도읍지답게 역사의 향기를 간직하고 있다. 유네스코에서도 세계의 문화유산으로 선정했으며 도시 전체가 거대한 박물관처럼 느껴지는 곳이다.

그러나 경주에는 이러한 명성 때문에 오히려 빛을 보지 못하는 문화유산도 적지 않다. 그 중 하나가 경주 남산을 장엄하고 있는 수많은 불상들이다. 불교 신자나 전문가들에게는 알려졌겠지만, 관광버스를 타고 여행하는 사람들에게는 언제나 미지의 세계다.

도솔천의 세계

경주 남산은 신라의 서울이었던 서라벌 남쪽에 솟아 있는 산이다. 서라벌은 선도산 · 금강산 · 명활산이 연봉을 이루고 성벽처럼 둘러싸고 있는데, 남산은 남쪽에서 경주분지를 수호하는 산이다. 중심 봉우리는 468m의 금오봉과 494m의 고위봉으로, 동서로 길게 엎드려 있는 거북 같은 형상이다. 얼핏 보기에는 평범한 산 같지만 안으로 들어서면 40여 개의 골짜기가 광활하게 펼쳐져 있고, 기암괴석이 많아 뜻밖의 명산임을 실감하게 한다.

시조왕인 박혁거세가 탄생한 곳이며, 최초의 궁궐 터인 창림사지도 자리잡고 있어 개국 초부터 신라 사람들에게 신성한 산으로 숭배되었다. 불

남산 전경
남산은 신라의 서울이었던 서라벌의 남쪽을 지키는 산이다. 금오봉과 고위봉이 길게 엎드려 있는 거북 같은 형상으로, 평범해 보이지만 40여 개의 골짜기를 거느리고 기암괴석으로 이루어진 뜻밖의 명산이다.

교가 전파된 이후 남산은 천상의 부처님이 내려와 머무는 도솔천의 세계로 신앙되어 수많은 절들이 세워지고 탑과 불상이 바쳐졌다. 조사된 바에 의하면 100여 곳의 절터와 60여 구의 석불, 40여 기의 탑이 산재했던 곳으로, 남산 구석구석에는 절과 불상이 가득 차 있었음을 알 수 있다.

우리 나라에서 이처럼 독립된 지역에 불상과 탑이 집중된 경우는 경주 남산이 유일하다. 불교를 받아들여 왕권체제를 확립하고 고대국가로서의 자신감을 획득한 신라는 7세기 초부터 남산을 성지로 개발했고, 그 사업은 통일대업을 이룩한 시기에 절정을 이루었다. 전 국토를 불국토화시켜 부처님의 가호로 나라를 통치하려 한 신라 문화의 상징적 의미가 깃들어 있는 것이다.

그러나 지금 경주 남산은 무너진 절터나 목 잘린 돌부처가 무상할 뿐이다. 고려 왕조가 들어서면서 도읍이 송도로 옮겨 간 뒤 경주는 한반도의 동남쪽에 위치한 작은 고을로 전락, 화려했던 옛 명성을 회복하지 못했다. 더구나 성리학으로 지배이념이 바뀐 조선조에는 불교 사원에 대한 박해가 이루어져 화를 면하기 어려웠다. 탑은 무너지고 불두(佛頭)는 잘리고 절터에는 무덤들이 들어서고…….

그런데 이 폐허의 땅은 오히려 우리의 마음을 따뜻하게 감싸 주고 친밀한 감정을 전해 준다. 무덤과 어울린 적막한 분위기는 옛 시절의 화려했던 역사를 모두 자연으로 육화시켜 더욱 큰 생명력으로 드러나게 한다. 풍화되지 않는 옛 사람들의 살냄새가 배어 나올 것 같은 산야에 천둥벌거숭이처럼 서 있는 탑과 불상들. 경주 남산의 매력은 여기에 있다.

삼릉계에서 상선암까지

소나무 숲

경주 남산의 소나무 숲은 천년의 숲이다. 지금도 아침이면 서라벌의 안개가 피어오르고 저녁나절이면 스러지는 잔광을 머금고 서라벌의 어둠이 내린다.

40여 개의 골짜기로 펼쳐진 남산을 하룻길에 다 보고 올 수는 없지만, 서남산 기슭인 삼릉계곡을 타고 오르면 남산 불적의 80%는 섭렵할 수 있다. 삼불사의 배리삼존불과 삼릉계의 여러 불상을 둘러보고 상선암을 거쳐 금오봉 정상을 오른 뒤, 용장사 터를 살펴보고 다시 계곡을 거슬러 올라 칠불암 쪽으로 하산하여 동남산 자락을 답사하는 방법이 최상의 코스다.

먼저 삼릉계를 찾아가려면 경주 시내에서 오릉을 벗어나 언양 쪽으로 빠지는 국도를 타고 10여 분 달린다. 포석정을 지나 소나무숲이 울창하게 드리워진 곳이 삼릉계인데, 아달라왕 · 신덕왕 · 경명왕의 세 왕릉이 있어 그렇게 불린다. 이곳은 사시사철 시원한 계류가 끊이지 않아 냉골이라고도 불리며 남산에서 가장 많은 불상 조각이 분포되어 있다.

첫번째로 찾아가는 곳은 삼불사의 삼존불인데, 기품 있는 소나무숲에 둘러싸여 젖먹이 아이의 얼굴에서 볼 수 있는 해맑은 미소가 일품인 고신라 7세기 중엽의 작품이다. 불교가 서민들 사이에서 포교 활동을 벌이던 초창기의 친근감이 드러나는데, 자비롭다는 불성보다 소년처럼 천진난만

배리삼존불
포석정 근처 삼불사에 모셔진 이 삼존불은 어린아이처럼 귀여운 동안의 미소를 지니고 있다. 불교가 전래되던 초기의 다정하고 친절한 이미지를 보여 주는 불상으로 삼화령 아기부처와 쌍벽을 이룬다.

한 모습이다. 어쩌면 부처님을 믿으면 이처럼 평화로운 세계를 얻을 수 있다는 종교적 의미가 형상화되었는지도 모르겠다. 흔히 배리삼존불이라 불리는 이 불상은 근처 선방사 터에 흩어져 있던 것인데, 1923년에 발굴되어 지금의 위치에 모셔졌다. 움직이는 햇빛에 따라 변화하는 미소가 신비롭기로 이름났는데, 지금은 보호각이 씌워져 옛 미소를 느낄 수가 없다.

배리삼존불을 보고 골짜기로 들어서면 입구에서 느껴지던 부드러운 산자락은 어느 새 우람한 암봉의 바위산으로 바뀌어 있다. 계곡의 물줄기도 청신한 기운을 뿜어 내듯 흘러내린다. 바로 거기, 남산의 진면목이 열리기 시작하는 그 자리에는 산길을 가로막고 목 잘린 부처님이 앉아 있다.

목 잘린 불상
경주 남산은 신라인들의 환희와 슬픔이 배어 있다. 순교자처럼 팔이 잘리고 몸뚱이가 갈라지고 싹독 모가지가 잘렸을지라도 거기에는 하늘까지 닿고 싶었던 염원의 표상으로 가득차 있다.

남산의 불상 중에서 가장 거룩하고 장엄한 모습이다. 손발이 잘리고 모가지마저 댕강 끊어졌는데, 그 모습이 너무나도 의연하여 숨이 막힐 지경이다. 털끝만큼의 동요도 없이 바위에 고요히 앉아 피를 흘리는 순교자와 같은 모습이다. 비단결 같은 질감을 느끼게 하는 옷 주름과 섬세한 조각

수법으로 보아 통일신라 최전성기의 불상이다.

목 잘린 불상에서 왼쪽으로 난 오솔길을 따라 조금 올라가면 원뿔처럼 솟은 바윗돌에 관음보살상이 새겨져 있다. 오른손은 가슴에 모으고 왼손은 정병을 들고 있는데, 입술을 천연암벽의 붉은 색조를 이용하여 조각, 요염한 자태를 느끼게 한다. 특히 이 불상은 크지 않은 몸매를 창공을 향해 드러내고 있기 때문에 피어나는 듯한 미소는 황홀할 정도다.

선각으로 처리된 조형 기법

관음보살상을 보고 200m쯤 올라가면 개울 건너 널찍한 곳에 암벽이 펼쳐져 있고, 이곳에는 선각여래입상 삼존불과 선각여래좌상 삼존불이 새겨져 있다. 연꽃 위에 앉아 설법을 하고 있는 석가여래를 향해 꽃을 바치고 있는 보살상의 모습도 보인다. 전체가 선각으로만 처리된 특이한 조형 기법으로 불화를 보는 듯한 회화적인 느낌을 준다. 이러한 수법은 입체적인 조각 기술의 퇴조를 반영한 것으로 9세기에 유행한 양식이다.

선각여래상에서 왼쪽의 산허리를 가로질러 500m쯤 돌아가면 고려 때 조성된 것으로 추측되는 선각여래상이 있고, 다시 돌아와 산길을 타고 1km쯤 올라가면 화상 입은 얼굴을 한 여래좌상이 있다. 얼굴이 파손되어 시멘트로 발라 놓아 흉한 모습이 되었지만, 연꽃좌대와 광배의 조각 솜씨

삼릉골 관음보살상
삼릉이 자리잡은 울창한 소나무 숲을 지나 바윗길로 접어들면 원뿔처럼 솟아오른 돌기둥에 환한 미소를 머금은 마애불상이 조각되어 있다. 풍만한 몸매와 붉은 입술이 매력적이다.

삼릉골 선각보살상
삼릉에서 상선암으로 오르는 길에 자리잡고 있는 마애선각 육존불상 중 본존불을 향해 꽃을 공양하고 있는 협시보살이다. 다듬지 않은 넓은 바위 면에 그림을 그리듯 조각했는데 살아서 움직이는 듯한 선이 마치 회화 작품을 보는 듯하다.

상선암 마애불
삼릉계곡 정상에서 경주 들판을 바라보고 있는 상선암 불상은 거대한 크기에서 뿜어 나오는 위엄과 함께 자신감 넘치는 얼굴 표정으로 신심을 불러일으킨다.

는 옛 모습 그대로다. 이 석불에서 다시 가파른 산등성이를 2km쯤 오르면 삼릉계의 정상인 상선암에 다다른다.

상선암은 남산에서 제일 높은 곳에 위치한 암자이고, 뒤편의 거대한 암봉에 여래좌상이 조각되어 있다. 6m가 넘는 거대한 불상으로 얼굴 부분은 돋을새김하여 입체감을 표현했고 몸체는 선각으로 유연하게 처리했다. 남산 자락과 경주평야를 한눈에 내려다보며 설법을 하고 있는 부처님의 모습이다. 근엄하고 위엄 있는 표정이 역력하고 지금도 많은 사람들이 찾아와 경배한다. 권위와 딱딱한 추상성이 드러나기 시작하는 통일신라 후기의 작품이다.

상선암 마애불에서 한달음으로 정상에 오르면 상사암이 나오는데, 이곳은 상사병에 걸린 사람들이나 아기를 원하는 사람들이 찾아와 치성을 드리면 소원이 이루어진다는 곳으로 남산 불적 중에서 가장 이색적이다. 13m 가량 되는 암봉 중턱에는 여자의 아기 낳는 곳처럼 생긴 형상이 있고, 남자의 성기처럼 생긴 길쭉한 바위가 기대어 있다. 그 생김새가 음양의 조화를 상징해 신통력을 발휘한다는 것이다. 기원을 드리던 곳은 네모난 감실이 파여 촛불을 밝힐 수 있게 돼 있고, 그 아래쪽에는 목 잘린 불상 한 구가 서 있다.

이곳은 불교가 들어오기 전부터 숭배되었던 토속신앙의 흔적이 간직된 곳으로 토착신앙과 불교가 습합된 현장이기도 하다. 남산 골짜기에는 지금도 촛불을 밝히고 소원을 비는 여인네들의 발길이 끊이지 않고 있다. 바위 속에서 간절하게 타오르는 촛불을 대하면, 이곳 남산이 적막한 유물의 산이 아니라 살아 호흡하는 산임을 깨우치게 된다.

남산에서 가장 큰 불상

상사암에서부터 시작되는 남산의 오솔길은 어떤 경지를 느끼게 한다. 정상을 향해 오르는 수고로움도 없고 등뒤에 산을 두고 가는 아쉬움도 없다. 다만 거기에는 고통과 열망이 모두 사라진 뒤의 한가로움과 오랫동안 접어 두었던 사색의 갈피들이 펼쳐져 있을 뿐이다. 마치 수많은 불상들로 장엄된 수미산의 꼭대기에 올라선 느낌이다.

골짜기에선 은은하게 부처님의 미소가 피어오르고 먼 옛날 신라 사람들이 귀 기울였던 목탁 소리, 풍경 소리가 들려오는 듯하다. 누군들 이 오솔길을 걸으며 시름 많은 세상사를 부려 놓고 스쳐 가는 솔바람 소리에

귀를 적셔 보고 싶지 않을까.

남산의 오솔길에는 그러한 수많은 순례자들의 체취가 남아 밀어처럼 속삭인다. 이 오솔길을 여러 갈래로 나누어서 길잡이를 해 주는 곳이 남산의 우두머리 금오봉이다. 정상에는 헬기장이 들어서 운치가 덜하지만, 급경사가 시작되는 산마루에서 내려다보는 경주분지의 풍경은 지금도 천년의 영화를 꿈꾸고 있는 듯하다. 선도산 · 명활산 · 금강산 · 토함산 등 옛 서라벌의 역사를 에워싸고 있는 첩첩한 산줄기들도 한눈에 조망된다.

역시 남산의 제일 승경은 수많은 봉우리들을 거느리고 소요하는 듯한 금오봉 기슭에서 사방을 내려다보는 맛일 것이다. 그런 까닭인지 금오봉이 가파르게 흘러내린 산줄기에는 남산의 기념비적인 불상이 조각되어 있다.

이 마애대불은 높이 8.6m에 너비 4m인 거대한 자연암벽에 옷 주름과 수인 등을 조각했는데, 떨어져 나간 불두까지 포함하면 10m가 넘는 남산 최대의 부처님이다. 특히 거대한 암벽 전면에 대담하게 새긴 옷자락은 직선과 곡선이 한데 어우러져 장쾌한 느낌을 준다.

땅 위에는 별석으로 만들었던 부처님의 발가락을 찾아서 세워 놓았는데, 그 발가락만으로도 장엄했을 부처님의 위용을 상상할 수 있다. 오른손은 대지를 향하고 왼손을 들어올려 설법인을 했는데, 머리를 조아리고 있는 여러 산봉우리들을 호령하고 있는 장수 같은 느낌이다. 이러한 거불은 고려시대 호족들에 의해 크게 유행하게 되는데, 이 불상이 그들의 선구가 되는 셈이다. 마애불이 있는 곳에서 500m쯤 내려가면 또 다른 절터가 나온다. 석탑 부재와 기왓장이 널려 있고 항마촉지인에 결가부좌를 튼 목 없는 불상이 땅 속에 묻혀 있다. 이 불상은 위의 마애대불과 함께 남산 불상조각의 최전성기를 보낸 9세기경의 작품으로 추정한다.

약수골 마애대불

금오봉 정상에서 약수골로 내려가는 정상 부근에 자리잡고 있는 이 마애대불은 남산에서 가장 큰 불상이다. 두상은 어디론가 사라지고 9m에 이르는 거대한 암벽에 장쾌하게 새겨진 몸체와 발가락만이 남아 있다.

용장사터 석불좌상
둥근 형태로 이루어진 특이한 모습의 3층 좌대에 모셔져 삼륜대좌불이라 불리는 이 불상은 목이 잘려 나가 거룩한 순교자처럼 느껴진다. 이곳에 살던 대현스님이 불상 주위를 돌면서 염불을 하면 불상도 함께 얼굴을 돌렸다는 전설이 전해진다.

옛 용장사 터의 전설

다시 금오봉 정상으로 올라와 산천경계를 둘러보며 이르는 곳은 용장사 터다. 절터는 가파르기 그지없는 바위절벽에 터를 잡았는데, 이름도 지형에서 연유한 탓인지 뿔처럼 길다는 용장사(茸長寺)다.

용장사는 매월당 김시습이 세상을 등지고 떠돌다가 만년에 은거하여 『금오신화』를 쓴 곳으로 유명하다. 『동경잡기』에 의하면 "김시습은 나라 안의 명산을 두루 편력하여 발길이 닿지 않은 곳이 없었는데, 만년에는 금오산에서 불우한 생애를 마쳤다"고 한다. 매월당이란 호도 이곳 금오산의 매화와 달에서 따온 것이다.

김시습이 은거하던 조선 중기까지만 해도 용장사는 건재했던 모양이지만, 지금은 빈터에 석탑과 삼륜대좌불 · 마애불만이 자취를 남기고 있다. 맨 먼저 눈에 띄는 것이 3층석탑이다. 운무가 흘러가는 날에는 구름 위에 탑이 떠 있는 듯한 선경을 보여 준다.

이 탑은 석가탑으로 대표되는 통일신라기의 전형적인 3층석탑인데, 바위산 전체를 기단부로 삼고 그 위에 또 하나의 기단을 쌓고 3층의 탑신을 올려놓았다. 계곡 아래에서 보면 마치 거대한 바위산을 기단으로 삼고 솟아올라서 하늘로 날아갈 듯하다. 부처님이 계시는 도솔촌의 세계로 향하고자 했던 옛 사람들의 염원이 그러했을 것이다.

탑이 하늘로 오르고자 한 사람들의 마음이라면, 그 아래쪽 수레바퀴 모양의 좌대 위에 앉아 있는 삼륜대좌불은 하늘의 부처님이 땅 위로 내려오는 모습이다. 『삼국유사』에 의하면 "용장사에는 높이 열여섯 자가 되는 돌미륵상이 있었는데, 유가종의 대덕인 대현스님이 이 미륵상을 돌며 염불을 하면 이때 돌미륵상이 스님을 따라 얼굴을 돌렸다"는 기록이 있다. 이 삼륜대좌불의 높이가 대좌까지 합하면 모두 열여섯 자가 되니 틀림없이 전설 속의 부처님인 셈이다.

그 당시 유가종이라면 미륵불을 신앙의 대상으로 삼았던 종파였으니, 이 삼륜대좌불은 천상의 세계에서 강림하시어 후천개벽을 설법하시는 미래불의 모습을 형상화한 것인지도 모른다. 그런데 고약하게도 누군가 이 부처님의 머리를 떼어 가고 없다. 불국토를 펼치기 위해 내려오신 미륵불이 뜻을 이루지 못하고 순교자가 되어 있는 모습이다.

삼륜대좌불의 왼쪽 바위벽에는 또 한 분의 마애불이 있다. 연꽃 위에 앉아 항마촉지인을 했는데, 꼭 다문 입술과 날카로운 눈매가 흡사 고려시

대 불상과 같은 분위기를 느끼게 한다.

신선암 마애불과 칠불암

용장사의 폐허를 뒤로 하고 골짜기로 내려와 다시 길을 바꿔 타고 굽이굽이 산길을 헤쳐 가면 동남산의 정상에 오르게 된다. 서남산 기슭의 불적들을 돌아봤으니 이제 동남산이 남아 있는 셈이다. 동남산의 정상인 암봉에 서면 멀리 토함산 줄기가 건너다보이고, 울산으로 빠지는 국도변의 평야지대가 내려다보인다. 이곳 암봉에는 신선암이 있었다고 하나 그 터조차 찾아볼 수 없고, 바위벼랑에 조각된 수려한 마애불을 만날 수 있다. 동트는 동해바다를 향하고 있으며 요염한 자태와 신비스런 미소가 일품이다. 육감적인 몸매, 치렁치렁한 옷자락, 화려한 보관은 신라 전성기의 영화로운 세월을 느끼게 한다.

이 불상은 결가부좌를 틀고 한 발을 내려놓은 채 자유스럽게 앉아 있다. 이를 유희좌라고 한다. 오른손은 보상화 가지를 들고 있고 왼손은 설법인을 결하였는데, 그 유연한 모습은 이름 그대로 살아 있는 신선과 같은 생동감을 느끼게 한다. 특히 바위 면을 경사지게 깎아 내고 조각하여 비가 와도 젖지 않도록 배려한 점과 주변 처리를 거칠게 하여 섬세한 조상 부위와 대비시킨 점은 빼어난 감각이다.

신선암에서 내려다보이는, 발 아래 수십 척이나 되는 낭떠러지에는 칠불암이 위치하고 있다. 절벽을 등지고 돌출한 암벽에 일곱 부처님이 조각되어 있다. 반달처럼 깎아지른 바윗돌의 마애삼존불과 그 앞 네모난 돌 각면에 조각된 사방불을 합하여 칠불이라 한다.

삼존불 중 가운데에 자리잡은 본존불은 연꽃 위에 항마촉지인을 하고 당당하게 앉아 있는데, 석굴암 본존불과 같은 위엄을 갖추고 있다. 양쪽의 협시보살은 감로수병과 연꽃을 들고 있으며, 본존불에 비해 훨씬 부드럽고 여성스러운 신체 표현을 강조했다.

사방불은 각기 방향에 따라 손 모양을 다르게 하고 앉아 있으며 조각 솜씨는 삼존불보다 떨어진다. 사방불은 불국정토를 대표하는 부처님을 조성하는 신앙으로 통일기에 유행했다. 이는 불법의 힘으로 통일대업을 이룩했고, 이제 통일된 국토가 현실 속에서 화엄정토로 인식되었음을 증거하는 것이기도 하다.

신선암 마애불
깎아지른 바위벼랑의 동쪽 면에서 세상을 굽어보고 있는 신선암 마애불은 그 이름처럼 천상의 세계에 머무는 부처님 같다. 부드러운 얼굴에는 자비로운 미소가 넘치고 오른발을 대좌 밑으로 내린 유희좌를 하고 있다.

쌍탑과 미륵골 부처

칠불암을 돌아서면 곧바로 하산길이다. 내려오는 동남산 기슭의 소나무 숲길도 예스런 정취를 잘 간직하고 있다. 온몸을 꿈틀거리며 솟아오른 소나무숲은 살아있는 그대로 남산의 또 다른 역사다. 어느 것 하나 시련 없이 성장한 모습이 아니련만, 뒤틀리고 굽었을망정 꺾이지 않는 것이 남산 소나무의 기백이다. 사시사철 푸르른 그 청청함만큼이나 품격이 높고 지조롭다. 특히 진달래가 온 산을 가득 채우고 남는 봄날, 이 남산 기슭의 소나무숲을 거닌다면 누구든 조선 소나무의 예찬론자가 될 것이다. 붉게 타오르는 진달래의 빛깔과 천년 세월을 간직한 소나무숲의 푸르름은 확실히 우리 민족의 원초적 감정과 통하는 그 무엇이다.

그 동남산 소나무숲을 빠져 나오면 우마 소리 요란한 속세에 들

칠불암 마애불

반달 모양의 큰 바위에 새겨진 삼존불과 그 앞 사각형 바위에 새겨진 네 분의 부처님을 합해 칠불암이라 부른다. 남산 불적 가운데 가장 규모가 크고 뛰어난 조각 솜씨를 보여 준다.

미륵사 석불좌상(측면)
남산의 동쪽 기슭에 자리잡은 미륵사 불상은 연꽃이 피어오른 아름다운 좌대 위에 앉아 있다. 미소년 같은 아름다운 얼굴과 화려한 광배 등이 갖추어진, 완숙기에 접어든 통일신라 전 성기의 작품이다.

고, 나그네의 아쉬운 마음을 달래기라도 하듯 잘생긴 쌍탑이 기다리고 있다. 본래 피리사(避里寺)였는데, 이곳에 살던 스님의 염불 소리가 어찌나 낭랑하던지 그 소리만 듣고도 근심걱정이 사라지게 돼 염불사라 고쳐 불렀다는 절이다.

지금은 빈터를 두 석탑만이 적막하게 지키고 있다. 동탑은 벽돌탑을 모방한 형식으로 직선적이고 장중한 느낌의 남성적인 탑이고, 서탑은 날씬한 맵시의 여성적인 탑이다.

서탑의 상층 기단부에 팔부중상이 새겨져 있다. 팔부중상이란 부처님이 휘하에 거느린 신인데, 불교가 전파되면서 각 지방의 토착신들을 수용했다. 9세기경에 이르면 수호신이 탑신에 조각되는 양식이 유행한다.

쌍탑을 보고 화랑교육원을 지나면 남산 순례의 마지막 코스인 미륵골, 탑골, 부처골이 보이기 시작한다.

제일 먼저 찾아가는 곳은 미륵골. 이곳에는 여승들이 사는 미륵사란 절이 있다. 예전에는 보리사라 불렀는데, 새롭게 단장하면서 이름도 바뀌었다. 이 절의 위쪽 단에는 잘생긴 얼굴에 자비로운 미소가 가득한 부처님이 앉아 있다. 통일신라 전성기의 조각 솜씨가 유감 없이 발휘된 작품이다. 그 우아한 모습은 주저 없이 남산 불상의 최고작으로 꼽힌다.

화려한 광배에는 본존의 윤곽선에 맞춰 꽃띠가 장식되었고, 그 안에 여섯 구의 화불(化佛)이 그려졌다. 여백에는 타오르는 불꽃 무늬가 채워졌고, 옷 주름의 섬세함이나 신체의 볼륨감 등 어느 한 곳 흠잡을 데가 없다. 시선은 정토신앙의 염원이 담긴 듯 해뜨는 곳을 바라보았고, 부다가야의 보리수 나무 아래에서 마귀를 굴복시키며 정각을 이룬 석가모니의 수인을 하고 있다. 수인으로 보면 석가여래나 아미타불 같지만, 광배의 뒷면에 앞쪽 부처님을 본떠 약사여래가 음각되어 동방유리광정토의 약사여래로 보기도 한다.

이른 아침 먼동이 터 올 무렵, 이 부처님의 온몸은 수줍은 듯 붉게 타오르고 찬란한 햇살을 뿜어 내는데, 그 충만한 모습이 실로 감격스럽다. 부

미륵사 석불좌상(정면)
조용한 미소를 머금고 단아하게 앉아 있는 이 불상은 석굴암 불상처럼 거룩한 이상미와 종교적 위엄으로서가 아니라 편안하고 다정한 느낌으로 감동을 준다.

탑골 부처바위
동남산 자락 탑골에 위치한 부처바위는 높이 9m, 둘레 30m의 거대한 자연암반에 탑·불상·비천상·승려상·사자상 등 다양한 형상들이 그림처럼 조각되어 있다.

처님의 영험을 믿으며 산중에 들어와 머리를 조아리는 여인들의 마음을 이해할 듯도 싶다. 마치 보이지 않는 바람이 숲을 흔들고 지나가듯 사람의 마음을 움직이게 하는 그런 감동을 전해 준다.

화엄정토의 세계를 구현한 탑골

미륵사를 내려와 탑골로 향하는 길에서 한적한 시골 마을과 인접한 들판을 지난다. 이곳은 그저 곡식들이 자라는 평범한 평야지대에 불과하지만, 그 옛날 신라 때에는 17만여 호가 즐비했던 서라벌의 중심지였다.

세월이 흐르고 나라가 바뀌면서 서라벌은 그 중심을 더 넓은 쪽으로 옮겨 갔고 지금은 들판으로 변해 있지만, 이 땅이 모두 시가지였다면 이 들녘에 발을 뻗어 내린 동남산 자락은 그만큼 예사롭지 않은 신앙의 터전이었을 것이다. 그 징표들이 미륵골 · 탑골 · 부처골의 유적인데, 그 중에서도 탑골은 매우 흥미롭다. 남산이 부처님으로 장엄된 도솔촌의 세계라면 탑골은 그 축소판처럼 불국토를 표현하고 있기 때문이다.

부처바위 승려상
부처바위 동면에는 중앙의 본존불을 중심으로 협시보살상과 비천상, 나무 아래서 선정에 든 승려상 등 많은 조각이 화화처럼 전개되는데, 한쪽 구석에 향로를 들고 열심히 기도하는 승려상이 보인다.

지금 탑골에는 불무사(佛無寺)란 멋진 이름의 절이 있다. 불무사는 『삼국유사』에 그 유래가 나온다. 효소왕이 불공을 드리러 가서 누추한 차림의 거지 중을 보고 못마땅하여 "왕이 참가한 행사에 참석했다는 말을 하지 말라"고 하자 "왕께서는 진신석가를 공양하셨다는 말씀을 하지 마시오"라고 하며 남산 비파암으로 날아가 버렸다. 왕이 이 일을 크게 뉘우치고 비파바위 앞에 석가사와 불무사를 지었다고 하는데, 남산에 불무사가 다시 세워진 셈이다.

불무사란 이름은 탑골의 사찰명으로는 더없이 잘 어울린다. 탑골이야말로 바위 속에 부처님의 세계가 하강하여 있으니, 이곳 절간에서는 부처님을 찾지 말라는 것이다. 아니면 한 발 더 나아가 법당에서 부처님을 찾지 말고 마음 속에서 찾으라는 뜻인지 모르겠다.

불무사에서 뒷산 오솔길을 따라 오르면 10m가 넘는 거대한 암봉이 나오고, 이곳 부처바위에는 불 · 보살 · 신장상 · 승려 · 동물 · 탑 · 비천 · 수목 등이 장엄하게 수놓아져 있다. 칠불암의 사면석불과 동일한 계통의 사

방불 신앙의 현장이다. 사방불 신앙이란 신라가 삼국통일을 이룩한 뒤 화엄정토의 세계가 바로 이 땅에서 실현되었다는 자신감을 반영한 것인데, 헤아릴 수 없이 광대한 불법의 세계를 압축하여 표현한 것이다.

올라가는 길에서 마주 보이는 곳 북면에는 황룡사 목탑을 본뜬 9층탑과 7층탑이 새겨져 있다. 탑 중앙에 부처님이 앉아 계시는데, 머리 위에 화려한 장식의 천개(天蓋)가 씌워졌다. 천개는 인도의 귀족들이 사용한 햇빛 가리개와 같은 것인데, 높은 신분을 표시하는 장식이다. 탑 아래쪽에는 두 마리의 사자가 새겨졌고, 탑의 추녀에는 풍경들이 줄줄이 매달려 있다.

부처바위 마애탑
부처바위 북면에 새겨진 마애탑은 기단부 · 탑신부 · 상륜부를 갖추고 있으며, 추녀 끝에 풍경까지 달려 있어 황룡사 9층탑과 같은 신라시대 목탑의 형태를 알 수 있는 귀중한 자료다.

북면을 살펴보고 왼쪽의 비탈길로 올라서면 동면이다. 이곳은 부처바위 중에서 가장 넓은 면으로 조각들이 이야기처럼 펼쳐진다. 중앙의 본존불을 향해 보살과 스님이 예배하고 있고, 그 주위에는 둥그런 원을 그리며 하늘에서 내려오는 일곱 비천이 찬미하고 있다. 한쪽에는 보리수 아래 명상에 잠긴 스님이 계시고 금강역사상도 새겨졌다.

동면이 끝나는 비탈길을 올라서면 널따란 대지가 나온다. 이곳이 탑골 유적의 중심으로 정면에 해당하는 남쪽 방향이다. 기왓장이 출토되어 건물지였던 곳으로 추정되며 3층석탑의 위치도 이를 증명해 준다. 이 골짜기를 탑골이라 부르는 이유도 이 3층석탑이 있었기 때문이다. 허물어진

성벽처럼 바윗덩이가 널브러져 있고 각 면마다 다섯 분의 부처님이 새겨져 있다. 이마와 눈 부위가 떨어져 나가 여래입상이 수문장처럼 서 있고, 자연석에 석등을 세웠던 자리도 남아 있다. 정면 가장 큰 바위에 새겨진 삼존불은 비바람에 마멸이 심한 상태지만, 주존을 향해 손을 모으고 공양하는 협시보살의 표정이 해맑다.

남면을 둘러보고 반대편 길로 돌아가면 서쪽 면을 볼 수 있다. 부처바위 암벽 중 조각할 면적이 가장 빈약한 곳으로 한 분의 부처님이 있다.

이 조각들의 조성 시기를 7세기 말경으로 보는 학자도 있으나, 통일신라 후기에 조성되었을 거라는 설이 더 유력하다. 고졸한 맛을 풍기는 삼국기의 분위기보다 퇴보한 조각 기법과 함께 자유분방하고 회화적 구성이 두드러지는 9세기의 것이라는 설이 더 유력하다.

부처골 감실 할머니부처

탑골 건너편 골짜기가 부처골로, 남산 순례의 마지막 코스다. 마을을 벗어나 산길을 오르면 출렁이는 산죽의 물결이 언제 가 보아도 환상적인 곳이다. 암벽을 굴착하여 석굴사원처럼 조성했는데, 아담한 규모와 분위기 때문에 흔히 감실 할머니부처로 통한다.

바위 속에 들어앉아 명상에 잠긴 모습은 더없이 평화롭고 친밀감이 넘친다. 감긴 듯한 눈망울의 표현은 전형적인 삼국시대의 조각 수법으로 남산 부처님들 중에서 가장 연장자다. 이 시기 부처님들은 대개 어린아이처럼 천진스럽거나 할머니와 같은 인자한 모습들이었다. 이것은 불교가 이 땅에 들어온 이래 대중 속으로 파고들던 때의 친절성을 보여 주는

부처골 석불좌상
산죽이 우거진 소나무숲 속의 작은 바위 속에 앉아 있는 이 부처님은 고개를 약간 숙이고 수줍은 듯 미소를 짓고 있다. 삼단 같은 머리를 앞가슴 쪽으로 흘러내리고 두 손을 소매 속에 넣은 자태가 여성스러워 할머니부처란 애칭으로 불린다.

형식이다.

감실 부처는, 어느 일본인 유학생이 달빛에 비친 아름다운 모습에 반해 그 옆에서 찬이슬을 맞으며 밤을 지샜다는 일화를 남기기도 했다. 소쩍새가 우는 봄 밤, 그윽한 달빛이나 흔들리는 촛불 아래서 이 부처님을 본 사람이라면 밤이 새도록 이곳을 떠나지 못했다는 이국에서 온 청년의 심정을 헤아리게 될 것이다.

이제까지 우리는 말을 타고 산을 보는 사람처럼 경주 남산을 살펴보았다. 그러므로 경주 남산을 보았다는 말은 금물이다. 남산은 우리가 미처 생각지 못한 곳에서 무궁무진한 진면목을 간직하고 있다. 우리는 다만 그 한 자락을 슬쩍 들춰 보았을 뿐이다.

우리가 본 남산의 아름다움은 뭐니뭐니 해도 자연과 종교와 예술이 삼위일체된 그 자연스러운 조화에 있다. 더구나 그곳은 노천박물관처럼 천년의 비바람과 눈보라를 호흡하고 있다. 다정다감하게 살아오는 친절성에서 권위와 위엄을 갖춘 이상적 아름다움으로, 그리고 질서와 체제가 무너진 시대의 자유분방함과 파격적인 힘으로, 남산은 시대와 역사에 따라 그렇게 변화무쌍한 역동성을 보여 준다. 이것이 언제 어느 때 찾아가도 늘 신비롭고 새로운 감동을 주는 남산의 매력인지도 모른다.

산사로 가는 길

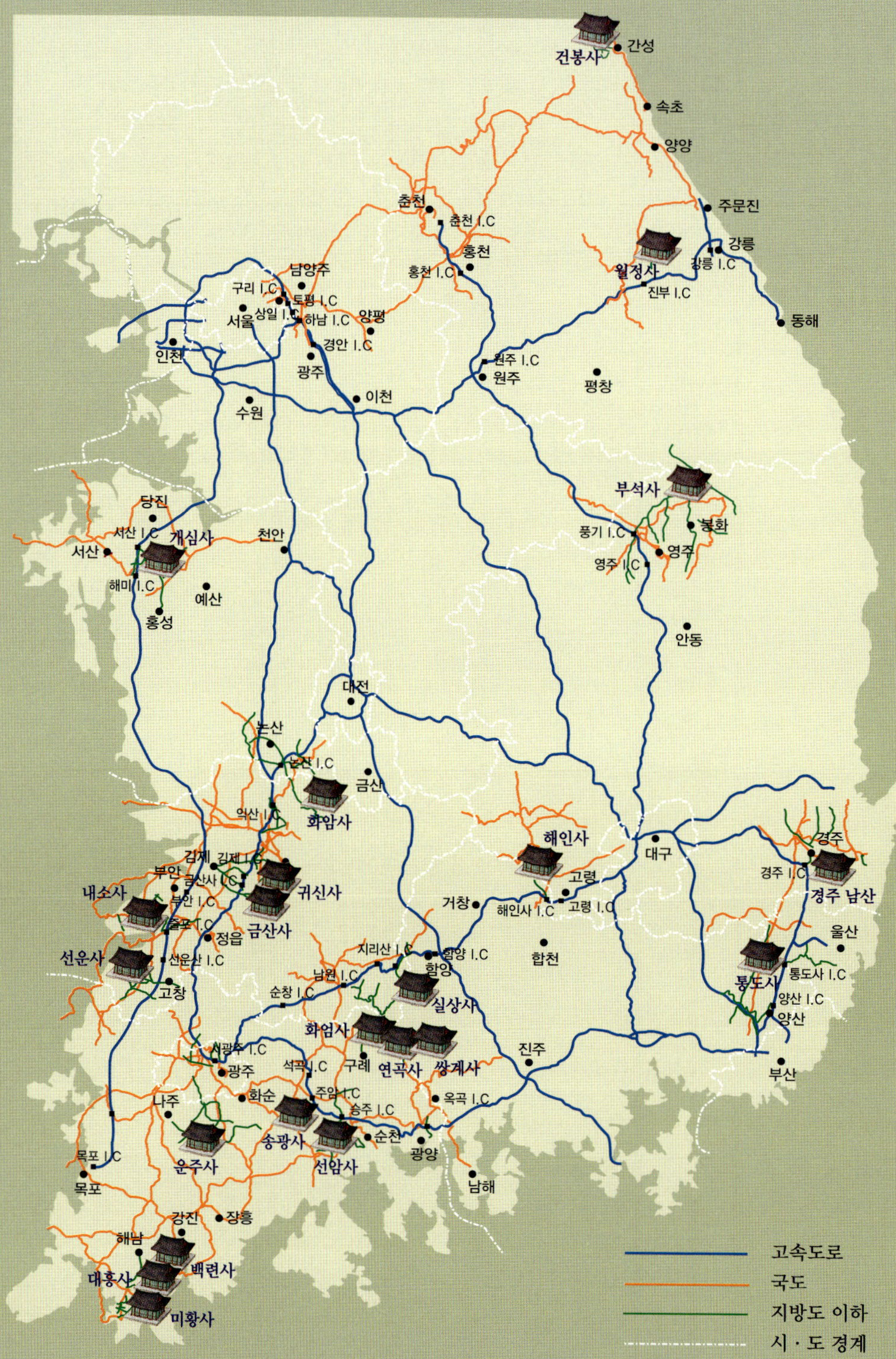

건봉사
간성
속초
양양
주문진
강릉
강릉 I.C
월정사
진부 I.C
동해
춘천
춘천 I.C
홍천
홍천 I.C
남양주
구리 I.C
토평 I.C
상일 I.C
하남 I.C
양평
서울
경안 I.C
인천
광주
이천
원주 I.C
원주
평창
수원
부석사
풍기 I.C
봉화
영주
영주 I.C
당진
서산 I.C
개심사
천안
서산
해미 I.C
예산
홍성
안동
대전
논산
논산 I.C
금산
화암사
익산 I.C
해인사
대구
경주
경주 I.C
경주 남산
김제
김제 I.C
부안
금산사 I.C
귀신사
내소사
부안 I.C
줄포 I.C
금산사
정읍
거창
해인사 I.C
고령
고령 I.C
울산
선운사
선운산 I.C
지리산 I.C
함양 I.C
함양
합천
통도사
통도사 I.C
고창
남원 I.C
순창 I.C
실상사
양산 I.C
양산
화엄사
서광주 I.C
광주
석곡 I.C
구례
연곡사
쌍계사
진주
부산
나주
화순
주암 I.C
승주 I.C
옥곡 I.C
목포 I.C
목포
운주사
송광사
선암사
순천
광양
남해
강진
장흥
해남
백련사
대흥사
미황사
고속도로
국도
지방도 이하
시 · 도 경계

개심사 : 충남 서산시 운산면 신창리 1번지
http://www.gaesimsa.org / 041-688-2256

내소사 : 전북 부안군 진서면 석포리 268번지
http://www.naesosa.org / 063-583-7281

부석사 : 경북 영주시 부석면 북지리 148번지
http://www.pusoksa.org / 054-633-3464

대흥사 : 전남 해남군 삼산면 구림리(대흥사길 400)
http://www.daeheungsa.com / 061-534-5502

송광사 : 전남 순천시 송광면 신평리 12번지(송광사안길 100)
http://www.songgwangsa.org / 061-755-0107

선암사 : 전남 순천시 승주읍 조계산 죽항리 산802번지
http://www.seonamsa.net / 061-754-5247

선운사 : 전북 고창군 아산면 삼인리 500번지(선운사로 250)
http://www.sununsa.org / 063-561-1422

화암사 : 전북 완주군 경천면 가천리 1072번지
063-261-7676

미황사 : 전남 해남군 송지면 서정리(미화사길 164)
http://www.mihwangsa.com / 061-533-3521

실상사 : 전북 남원시 산내면 입석리 50번지
http://www.silsangsa.or.kr / 063-636-3031

해인사 : 경남 합천군 가야면 치인리 10번지
http://www.haeinsa.or.kr / 055-934-3000

백련사 : 전남 강진군 도암면 만덕리 246번지
http://www.baekryunsa.net / 061-432-0837

월정사 : 강원도 평창군 진부면 동산리 63번지
http://www.woljeongsa.org / 033-339-6800

운주사 : 전남 화순군 도암면 대초리 20번지
http://www.unjusa.org / 061-374-0660

통도사 : 경남 양산시 하북면 지산리(통도사로 108)
http://www.tongdosa.or.kr / 055-382-7182

쌍계사 : 경남 하동군 화계면 운수리 208번지
http://www.ssanggyesa.net / 055-883-1901

연곡사 : 전남 구례군 토지면 내동리 1017번지
061-782-7412

화엄사 : 전남 구례군 마산면 황전리 12번지
http://www.hwaeomsa.org / 061-783-7600

금산사 : 전북 김제시 금산면 금산리 39번지
http://www.geumsansa.org / 063-548-4441

귀신사 : 전북 김제시 금산면 청도리 81번지
http://www.guisinsa.org / 063-548-0917

건봉사 : 강원도 고성군 거진읍 냉천리 36번지
http://www.geonbongsa.org / 033-682-8100

경주남산 : 경북 경주시 남산동 남산 일원 / 054-745-2771